革命家的品格

王尧——著

四川人民出版社

图书在版编目（CIP）数据

革命家的品格 / 王尧著. —成都：四川人民出版社，2017.3（2024.5重印）
ISBN 978-7-220-10077-2

Ⅰ.①革… Ⅱ.①王… Ⅲ.①革命传统教育-中国-通俗读物 Ⅳ.①D642-49

中国版本图书馆 CIP 数据核字（2017）第 066416 号

GEMINGJIA DE PINGE
革命家的品格
王 尧 著

出 品 人	黄立新
总 策 划	刘周远
责任编辑	罗晓春　董 玲　谢 寒
营销策划	张明辉
装帧设计	象上设计
责任校对	韩 华
责任印制	祝 健

出版发行	四川人民出版社（成都三色路 238 号）
网　　址	http://www.scpph.com
E-mail	scrmcbs@sina.com
新浪微博	@四川人民出版社
微信公众号	四川人民出版社
发行部业务电话	(028) 86361653　86361656
防盗版举报电话	(028) 86361653
照　　排	四川胜翔数码印务设计有限公司
印　　刷	四川机投印务有限公司
成品尺寸	170mm×240mm
印　　张	20.5
字　　数	320 千
版　　次	2021 年 4 月第 2 版
印　　次	2024 年 5 月第 5 次印刷
书　　号	ISBN 978-7-220-10077-2-01
定　　价	59.80 元

■版权所有·侵权必究

本书若出现印装质量问题，请与我社发行部联系调换
电话：（028）86361653

目录

序　言 …………………………………………………………… 001

• 第一编 •

毛泽东：谁赢得人民，谁就赢得未来 …………………… 002
　　学不成名誓不还 ………………………………………… 004
　　愚公移山为人民 ………………………………………… 008
　　团结——批评——团结 ………………………………… 011

周恩来：鞠躬尽瘁，死而后已 …………………………… 018
　　要立大"志"，不要存大"己" ………………………… 020
　　活到老，学到老，改造到老 …………………………… 023
　　永远不脱离群众并帮助他们 …………………………… 025

刘少奇：历史是人民写的 ………………………………… 030
　　坚持真理的马克思主义品格 …………………………… 032
　　"对人民忠心耿耿、鞠躬尽瘁"的共产党员党性 …… 038
　　处理与领袖、群众、亲友关系中的人格魅力 ………… 041

朱　德：要革命的跟我走 ·· 050
　　政治原则：对马克思主义和共产主义矢志不移 ············ 052
　　是非原则：坚持真理，求真、求实、求是 ·················· 056
　　治军原则：党指挥枪，勇敢加技术 ····························· 060
　　党性原则：善于团结，开展批评与自我批评 ··············· 064

任弼时：一切工作都要从群众的利益出发 ······················· 072
　　勤奋成就"青年最亲密的导师" ································· 074
　　奋斗不息的"骆驼精神" ··· 080
　　视"名誉为第二生命"的革命者 ································· 085

邓小平：我是中国人民的儿子 ·· 092
　　"一百年不动摇"的坚定意志 ····································· 094
　　"三落"能"三起"中的乐观主义因素 ······················· 099
　　终生不返乡的人民情怀 ·· 102

陈　云：讲真理，不讲面子 ··· 106
　　探求真理——"用 90％以上的时间做调查研究" ········· 108
　　发展真理——"不唯上、不唯书、只唯实" ················ 113
　　对待真理——"论事不论脸" ···································· 116

江泽民：以身作则，身体力行 ·· 122
　　身体力行：领导干部必须具备的突出素质 ·················· 124
　　坚持深入基层体察民情的表率 ··································· 127
　　带头到第一线抓落实解难题 ······································ 130

• 第二编 •

彭德怀："我不能白吃人民的东西" ·································· 142
　　面对民族危难——敢于"横刀立马" ························· 144

捍卫真理——"九死其犹未悔" ··············· 148
　　与士兵关系——"有盐同咸、无盐同淡" ··········· 153
　　拒绝对他的宣传——"我不过是毛主席路线的追随者和执
　　行者" ······························ 155
　　遭遇磨难之后——"不要因为我给他们留下什么牵连"
　　 ································· 156

刘伯承：做"中国的布尔什维克" ··············· 160
　　做"中国的布尔什维克"，多次丢官，信念弥坚 ······· 162
　　"治军必先治校"，不计个人得失，主动请缨办军校 ······ 170

贺　龙：怕死不革命 ······················· 174
　　"两把菜刀闹革命"，南昌起义中的非共产党员总指挥 ···· 176
　　挫败张国焘的阴谋，顶住林彪的淫威，绝不允许"军
　　权高于一切" ·························· 179
　　官兵一致，爱兵如子，人格魅力产生巨大凝聚力、战斗力
　　 ································· 182

陈　毅：人民"重生亲父母" ··················· 186
　　勇改己过，"道歉亲上门" ···················· 188
　　待人以宽、以信、以诚，"周围是友情" ············ 191
　　生活俭朴，"勤俭是吾宗" ···················· 192
　　重学习、修养：留下历史箴言 ················· 194

罗荣桓：有一份精力，就要为党多做一点工作 ········· 200
　　忠诚令毛泽东感动："国有疑难可问谁？" ··········· 202
　　厚德溶化分歧："善于团结的楷模" ··············· 205
　　严师与慈父齐名："永远干革命"成为留给子女的最后
　　遗言 ······························· 207

徐向前：任务重于生命 ·· 212
　　同张国焘共事五年多，50％不能合作。关键时刻挺身而出：
　　"哪有红军打红军的道理？" ···································· 214
　　严于责己，让功揽过，对红四方面军南下和西路军失败后
　　执行返回陕北的"决议"，"抱憾终身" ························ 218
　　对部下"教之严，爱之深"，对群众温暖如春，"是帅又是
　　兵" ··· 221

聂荣臻：功劳是大家的，责任是自己的 ······················ 224
　　原则性的分歧必须讨论清楚，工作上的意见分歧不可盛气
　　凌人，个人之间的分歧"和为贵" ································ 226
　　"政治食粮和吃饭一样重要"，在危机和困难面前，靠什么
　　鼓舞士气？唯一的方法就是做思想政治工作 ···················· 231
　　"人是不可以一天没有精神食粮的"，我一辈子从事革命活
　　动，怎么能不知道不关心国家大事呢？ ·························· 233

叶剑英：虚心劲节是吾师 ······································ 238
　　人生定向：为人民"矢志共产宏图业" ···························· 240
　　关键时刻："吕端大事不糊涂" ··································· 242
　　伟人暮年："应向青年寻后继" ··································· 246

• 第三编 •

张闻天：要为实现自己的理想奋斗到底 ······················ 252
　　赤心向党，最年轻的马克思主义传播者 ························· 254
　　坚持真理，修正错误，毕生不悔 ································ 257
　　淡泊名利，三让"总负责"，被毛泽东称为"明君" ················· 260
　　勤于学习，博学多才，为党留下丰富精神财富 ·················· 262
　　"诲人不倦"的"红色教授" ······································· 264

李先念：不能把成功的事业当成自己私人的家当 …… 268
 为革命发奋学习 …… 270
 为信仰历尽艰辛 …… 272
 为维护真实的历史挺身而出 …… 273
 为党和国家前途命运殚精竭虑 …… 277

杨尚昆：为人民甘当"马掌铁，磨灭方休" …… 282
 破数万卷书，秘诀在于"精读加速读" …… 284
 尽"听用"之责：中办的工作必须忠诚和低调 …… 286
 靠清白传家，"廉洁是根本" …… 289

粟　裕：勤勤恳恳打仗，战战兢兢做人 …… 292
 勇于探索，百战百胜 …… 294
 忠诚为国，三次直陈 …… 296
 淡泊名利，三次让贤 …… 300

黄克诚：写历史人物，要学司马迁 …… 306
 不盲从，不苟同，勇于坚持真理 …… 308
 不谋私，不懈怠，对党赤胆忠心 …… 311
 不居功，不擅权，终始谦虚谨慎 …… 313

序　言

　　每个人都有一个梦想——成就一番事业，成为对国家、对社会、对家庭有用的人。

　　许许多多的人从孩提时就开始为自己的未来进行着各种各样的美好设计。有的梦想做一名科学家，以自己的智慧造福人类；有的希望成为一名工程师，用自己的技能建造幸福乐园；有的想当一名人民公仆，为国家和民族贡献自己的青春和力量；有的想当一名解放军战士，用鲜血和生命保卫幸福家园；还有的梦想成为实业家，用自己的双手创造财富，再不过先辈们曾经经历的苦难生活。

　　这种梦想成为人们刻苦求学、寒窗苦读、磨炼意志、成人成才的精神支柱。

　　这种梦想成为人们挑战自我、挑战极限、拼搏进取、创造佳绩的力量源泉。

　　这种梦想成为人们战胜敌人、战胜对手、战胜一切艰难险阻的强劲动力。

　　现实生活中，我们看到许多人"有志者事竟成"。中国历史上，项橐7岁为孔子师；甘罗年12为秦上卿；霍去病22岁拜骠骑大将军。放眼世界，杰出的科学家一般在20多岁到30多岁就已成名。有人作过统计，杰出科学家成名的年龄16世纪在22岁，17世纪在26岁，18世纪在29岁，19世纪在31岁，20世纪在33岁。在我们党的历史上，更不乏年轻有为的杰出政治家、革命家、军事家、理论家、外交家、经济学家。毛泽东在党的三大上当选为中央执行委员会委员、会后被选为中央局成员时只有30岁，在他成功地找到中国革命的正确道路"农村包围城市，武装夺取政权"时，也只有36岁。周恩来29岁就成为临时中央政治局常委，领导著名的南昌起义。邓小平23岁时担任中共中央秘书长，25岁就领导和发动了著名的百色起义。胡锦涛40岁担任共青团中央书记处书记、全国青联主席，49岁就当选为中共中央政治局常委。

当然，大千世界，碌碌无为度过一生者也大有人在。无需列举。

凡碌碌无为者，有一个共同特征：当回首往事的时候，他们的最大感慨就是"不如意"：对人生的些许"遗憾"，对同龄人中成功者的"不服气"，对后来居上者的"轻蔑"……

凡碌碌无为者，当告别人生的时候，他们的共同遗产是：给这个世界留下太少值得后人怀念的东西，留下更多的只是对往昔的留恋、对亲人的亏欠、对自己的悔恨……

凡碌碌无为者，他们的共同教训是：总是把失败归结为客观条件不好，而很少正确地反思主观上的原因，不愿承认所犯下的一个个错误，不愿为自己的愚钝承担失败的责任。

同样一个普普通通的人，为什么有的成为杰出的伟人，有的平庸一生、毫无建树，有的甚至犯下滔天大罪，反差如此之大呢？

这里面原因很多。就以时下很多人感觉自己"不成功"的现象来说，也要进行实事求是的分析。

第一，要分析是不是真的不成功，成功就是达成所设定的目标。我们不妨回顾一下，自己一直以来追寻的目标，有多少实现了？有多少失败了？如果自己想办的事多数办成了，那就是说，你的人生是成功的。人的欲望是无止境的，不可能事事顺意，给人生留下一点缺憾没什么不好。因为，"十全十美是个陷阱"。千万不要同顶峰人物比成就，这没有可比性。

第二，要分析没有成功的原因，是不是好高骛远？人的能力总是有限的，欲速则不达是一个客观规律，如果给自己设计的人生目标超出个人能力，不成功则是必然的。

第三，要分析是不是主观努力不够，奋斗是成功的阶梯，实干方可兴邦。不停步才能有进步。有位专业水平很高的领导同志谈到他的成才之道时讲：我不是比你们聪明，而是比你们下功夫多。此话朴实无华，却道出了成就事业的真谛。

对于大多数人而言，如何成功成才是一门永远完不成的学业。每个成功人士都有自己不同的路径，每条成功的线路都是一本一生读不完的教科书。那么，如何才能找到一条捷径，使有志于成功成才的人少走一些弯路、多出一些成果，使我们的国家快出一些人才，更好更快地推进中国特色社会主义伟大事业，成为摆在各级领导干部、教育部门和有关研究工作者面前的一项重大课题。

于是，研究工作者放宽视野，把古代的、近代的、现代的，中国的、外国的、地区的，政治的、经济的、军事的、外交的、科技的、文艺的等等方面的杰出人才梳理出来，总结他们的成才规律，分析他们的成才环境，研究他们的成功与外部条件、自身努力、本人综合素质等方面的关系。

中共党史人物的成长规律自然也包含其中。研究中共党史不仅离不开研究重要的党史人物，而且更重要的是首先要研究好党史人物。中共党史是中国共产党人的历史，一个个党史人物以自己的毕生心血和伟大实践，书写着党的历史的光辉篇章。每一个党史人物，都是党的历史的一个缩影。

随着研究的不断深入，对革命先辈生平业绩的更多了解，我产生了这样的感觉：老一辈无产阶级革命家个人的成功，与他们坚定的共产主义信念、深厚的马克思主义思想理论修养、卓越的领导水平和专业素质、高尚的道德情操密切相关。不管哪一位老一辈革命家，他们都是坚定理想信念、坚持真理的典范；实事求是、理论联系实际的典范；勤奋学习、勤于实践、精通业务和具有丰富的领导工作经验的典范；谦虚谨慎、严于律己、团结同志、艰苦朴素的典范。

老一辈无产阶级革命家的成长、成才、成业的伟大实践，不就是当今中国青年成就事业的康庄大道吗?!

老一辈无产阶级革命家从如何做人入手，以自己的良好修养、高尚情操、人格魅力，不断践行马克思主义世界观、人生观，在推进中国革命、建设、改革的伟大事业中，一步步把自己锻造成为坚定的无产阶级革命家、政治家、军事家、经济学家、外交家、理论家的历程，不就是当今中国青年所追寻的成才捷径吗?!

老一辈无产阶级革命家用革命实践描绘出情操——奋斗——成业的"成功路线图"，印证了做人是立身之本这一哲理，说明情操修养和人格魅力是一个人走向成功的基本前提，贯彻了中共十八大报告提出的"坚持德才兼备、以德为先"的选人用人原则。

高尚情操，在心理学中分为四种：求知欲、道德感、审美感、信仰。

所谓求知欲,是对探求知识的强烈欲望;所谓道德感,是用道德准则去感知、比较、评价人的行为举止时的复杂的情感体验;所谓审美感,是人对客观事物和对象美的特征的体验;所谓信仰,是对某种主张、主义、宗教或某人极度相信和尊敬,拿来作为自己行动的指南或榜样。因此,周恩来关于《抗战军队的政治工作》一文中指出:"要以耐心说服诱导的精神,争取官兵和人民的信仰,团结他们在革命主义与政纲的领导下而坚决奋斗。"

在毛泽东看来,具有高尚情操的人就是:"一个高尚的人,一个纯粹的人,一个有道德的人,一个脱离了低级趣味的人,一个有益于人民的人。"① 受到白求恩革命精神的启发,毛泽东在《纪念白求恩》一文中,把一个人的高尚情操分为五个层级:

高尚的人——就是"把中国人民的解放事业当作他自己的事业"。毛泽东说:白求恩同志是加拿大共产党员,50多岁了,为了帮助中国的抗日战争,受加拿大共产党和美国共产党的派遣,不远万里,来到中国,不幸以身殉职。一个外国人,毫无利己的动机,把中国人民的解放事业当作他自己的事业,这是什么精神?这是国际主义的精神,这是共产主义的精神。

纯粹的人——就是不掺杂私心杂念,"毫不利己专门利人"。白求恩曾经发表《从医疗事业中清除私利》一文,明确提出:"让我们把盈利、私人经济利益从医疗事业中清除出去,使我们的职业因清除了贪得无厌的个人主义而变得纯洁起来。让我们把建筑在同胞们苦难之上的致富之道,看作是一种耻辱。"毛泽东说:"白求恩同志毫不利己专门利人的精神,表现在他对工作的极端的负责任,对同志对人民的极端的热忱。"毛泽东批评我们党内"不少的人对工作不负责任,拈轻怕重,把重担子推给人家,自己挑轻的。一事当前,先替自己打算,然后再替别人打算。出了一点力就觉得了不起,喜欢自吹,生怕人家不知道。对同志对人民不是满腔热忱,而是冷冷清清,漠不关心,麻木不仁。这种人其实不是共产党员,至少不能算一个纯粹的共产党员。"

有道德的人——就是要有无私的献身精神、高尚的敬业精神、顽强的

---

① 《纪念白求恩》(1939年12月21日),见《毛泽东选集》第二卷,人民出版社1991年版,第660页。

拼搏精神和严谨的科学精神。也就是要坚持积极向上的人生态度，恪守职业道德。白求恩在晋察冀军区模范医院开幕典礼上曾经说过："一个医生，一个护士，一个护理员的责任是什么？只有一个责任，就是我们的病人快乐，帮助他们恢复健康，恢复力量。你必须把每一个病人看作是你的兄弟，你的父亲，因为他们比父兄还亲——他们是你的同志。"毛泽东指出："白求恩同志是个医生，他以医疗为职业，对技术精益求精；在整个八路军医务系统中，他的医术是很高明的。"他批评我们队伍中"一班见异思迁的人，对于一班鄙薄技术工作以为不足道、以为无出路的人，也是一个极好的教训"。

脱离了低级趣味的人——就是要保持高尚的生活情趣。他告诫党内同志不要迷恋于物质和感官的享受，而要树立远大的理想抱负。

有益于人民的人——就是要树立"毫无自私自利之心的精神"，全心全意为人民服务。在谈到学习白求恩时，毛泽东指出："我们大家要学习他毫无自私自利之心的精神。从这点出发，就可以变为大有利于人民的人。"

对于怎样做一个具有高尚情操的人，让高尚情操为人生成功助力，却是一个永恒的课题。

中国共产党第十八次全国代表大会报告明确提出："抓好党性教育这个核心，学习党的历史，深刻认识党的两个历史问题决议总结的经验教训，弘扬党的优良传统和作风，教育引导党员、干部牢固树立正确的世界观、权力观、事业观，坚定政治立场，明辨大是大非。抓好道德建设这个基础，教育引导党员、干部模范践行社会主义荣辱观，讲党性、重品行、作表率，做社会主义道德的示范者、诚信风尚的引领者、公平正义的维护者，以实际行动彰显共产党人的人格力量。"要"围绕保持党的先进性和纯洁性，在全党深入开展以为民务实清廉为主要内容的党的群众路线教育实践活动"。① 2013年4月19日，中共中央总书记习近平主持召开政治局会议，决定从今年下半年开始，用一年左右时间，在全党自上而下分批开展党的群众路线教育实践活动。会议要求，开展党的群众路线教育实践活动，要紧紧围绕保持党的先进性和纯洁性，以为民务实清廉为主要内容，以县处级以上领导机关、领导班子和领导干部为重点，切实加强全体党员

---

① 《中国共产党第十八次全国代表大会文件汇编》，人民出版社2012年版，第46—47页。

马克思主义群众观点教育，把贯彻落实中央八项规定作为切入点，进一步突出作风建设，坚决反对形式主义、官僚主义、享乐主义和奢靡之风，着力解决人民群众反映强烈的突出问题，提高做好新形势下群众工作的能力，保持党同人民群众的血肉联系，发挥党密切联系群众的优势，为推动经济持续健康发展、全面建成小康社会、实现中华民族伟大复兴的中国梦提供坚强保证。党的群众路线教育实践活动全过程，要贯穿"照镜子、正衣冠、洗洗澡、治治病"的总要求。

为党员、干部、群众特别是广大青少年学习成才和加强修养提供历史借鉴和实践启示的使命感，促使我坚定创作本书的信念。于是，从近年来所研究的党和国家领导人中，选取了21位有关情操修养的理论与实践的活动片断，包括中国共产党的领袖人物、人民解放军元帅和少数大将等。每篇分为四部分：第一部分是主人公情操修养经典提要，第二部分是主要经历，第三部分是情操实践，第四部分是历史评说。这样设计篇章结构，力求做到：通过第一部分介绍，使读者大体了解主人公情操修养的主要内容；通过第二部分介绍，使读者大体了解主人公的人生经历；通过第三部分介绍，使读者深入了解主人公的修养实践和人格魅力；通过第四部分介绍，使读者了解主人公的历史贡献和社会影响，从伟人的人生实践中进一步感受革命修养的伟大力量，从中受到教益，增长智慧。历时三年时间，终于完成此作。

这篇文字能否对广大读者的学习、工作、生活起到一点启示作用，最终由广大读者去评判。

著者以虔诚的态度、感恩的心情，期盼这一时刻的到来，迎候那神圣的检阅，哪怕是来自广大读者的批评意见。

由于本人学识和水平有限，错漏在所难免，敬请读者见谅。

革命家的品格

第一编

毛泽东

谁赢得人民,谁就赢得未来

| 经典摘录 |

☆对以前的错误一定要揭发，不讲情面，要以科学的态度来分析批判过去的坏东西，以便使后来的工作慎重些，做得好些。这就是"惩前毖后"的意思。但是我们揭发错误、批判缺点的目的，好像医生治病一样，完全是为了救人，而不是为了把人整死。任何犯错误的人，只要他不讳疾忌医，不固执错误，以至于达到不可救药的地步，而是老老实实，真正愿意医治，愿意改正，我们就要欢迎他，把他的毛病治好，使他变为一个好同志。这个工作决不是痛快一时，乱打一顿，所能奏效的。对待思想上的毛病和政治上的毛病，决不能采用鲁莽的态度，必须采用"治病救人"的态度，才是正确有效的方法。

☆要用民主的方法，用"团结—批评—团结"的公式，作为从政治上处理人民内部矛盾的原则；解决经济领域中的矛盾，应依据发展生产，统筹安排，兼顾国家、集体和个人三者利益的原则；科学文化上的问题，应采取"百花齐放，百家争鸣"的方针；民族关系中的矛盾，应采取加强民族团结，帮助各少数民族发展经济文化的方针；在与民主党派关系上，应实行"长期共存，互相监督"的方针。

☆我赞成有些共产主义者研究各种教的经典，研究佛教、伊斯兰教、耶稣教等等的经典。因为这是个群众问题，群众有那样多人信教，我们要做群众工作，我们却不懂得宗教，只红不专。

主要经历

毛泽东，汉族，1893年12月26日生，湖南湘潭人，原字咏芝，后改润之。是中国共产党的创始人之一。

1921年7月，出席中共第一次全国代表大会。1923年6月，在中共三大上当选为中央执行委员会委员，会后被选为中央局成员，任中央局秘书，首次进入中央领导层。"八七会议"后，作为中央特派员领导湘赣边秋收起义，创建工农革命军第一师，在井冈山创立了第一个农村革命根据地。1930年1月，写下《星星之火，可以燎原》一文，宣告了以农村包围城市武装夺取政权的道路正式确立。1931年11月起，任中华苏维埃共和国中央执行委员会主席、中央执行委员会人民委员会主席。1935年1月，在遵义会议上，确立了他在红军和党中央的领导地位。1936年12月至1976年9月，任中共中央军委主席。1945年4月至6月，在中共第七次全国代表大会上，毛泽东思想被确定为中国共产党的指导思想。在中共七届一中全会上当选为中央委员会主席。中华人民共和国成立后，当选为中央人民政府主席。是中共第六届政治局常委、中央政治局主席、中央书记处主席，第七届、八届、九届、十届中央委员会主席，中华人民共和国第一任主席，政协第一届全国委员会主席，政协第二届、第三届、第四届全国委员会名誉主席，1976年9月9日在北京逝世。

主要著作有：《毛泽东选集》《毛泽东文集》《建国以来毛泽东文稿》《毛泽东外交文选》《毛泽东诗词》等。

情操实践

学不成名誓不还

毛泽东的童年时代大部分时间是在外婆家度过的。外婆虽然是农民，但毛泽东有一个开馆教书的舅舅，这使毛泽东有机会较早地接受一些新知识。1902年，在9岁时，毛泽东正式入私塾读书。天资聪颖的毛泽东很快读完了《三字经》《幼学琼林》《论语》《孟子》《中庸之道》《大学》等儒家经典。学问不深的老师以出对联、背书难为毛泽东，都被他轻松应对。1904年秋，毛泽东转学到关公桥私塾。不到半年，再次转学。然而，老师所授的课程仍然不能满足他饥渴的求知欲。于是，毛泽东开始利用课余时间读一些被视为"杂书"的《精忠传》《水浒传》《三国演义》《西游记》等。这些书对培养毛泽东对英雄的崇拜，激发他对改造客观世界的历史使命感，产生了重要作用。毛泽东的同窗好友邹普勋回忆起毛泽东时说："他读书时，十分认真，特别是善于独立思考，经常在书上打圈点，写批语。他的记忆力和理解能力非常强，除了老师授的经书外，还喜欢看《水浒传》《三国演义》等小说。"①

随着年龄的增长和学习的知识增多，毛泽东越来越感到私塾教育不能适应他的求知欲望。1906年，他在井湾里私塾呈毛宇居老师诗一首：

天井四四方，周围是高墙。
清清见卵石，小鱼圈中央。
只喝井里水，永远养不长。②

这首诗充分反映了毛泽东对学习现状的不满和对新生活的渴望。

四年后，毛泽东所渴望的新生活终于来到，他考入湘乡县立东山高等小学堂读书。这是毛泽东人生道路上的一次重要转折。行前，他曾抄诗一首送给父亲：

孩儿立志出乡关，学不成名誓不还。
埋骨何须桑梓地，人生无处不青山。

这首诗表达了毛泽东一心向学、志在四方的决心。

走出韶山冲的毛泽东，果然如鱼得水。1912年上半年，他读了《资治通鉴》中一则"商鞅徙木立信"的故事，讲的是公元前359年，秦孝公任

---

① 龙剑宇著：《毛泽东与蒋介石的人生道路》，经济日报出版社2010年版，第112页。
② 龙剑宇著：《毛泽东与蒋介石的人生道路》，经济日报出版社2010年版，第119页。

命商鞅为左庶长，准备实行变法。变法令公布之前，为了展示朝廷的决心，获取公众的信任，就贴出告示：凡能把"三丈之木"从国都市南门搬到北门者重奖"十金"。搬一段木头能得到这样的重赏，这使很多人不敢相信。于是，朝廷又下令："能徙者予五十金！"俗话说"重赏之下，必有勇夫"。结果，有一人抱着试试看的态度把"三丈之木"从国都市南门搬到北门，朝廷果真"辄予五十金"。"徙木即赐"，让人们亲眼看见并且相信朝廷颁布的任何命令都是要执行的，从而为变法实行新政作了思想准备。

这则故事蕴含的道理并不深奥，但毛泽东却运用他所知道的美国民主政治制度和当时世界上崇尚的民主、法制等比较先进的治国理念，与这则故事联系起来，写了一篇寄托着他的远大抱负的天下奇文《商鞅徙木立信论》，全文如下：

> 吾读史至商鞅徙木立信一事，而叹吾国国民之愚也，而叹执政者之煞费苦心也，而叹数千年来民智之不开、国几蹈于沦亡之惨也。谓予不信，请罄其说。
>
> 法令者，代谋幸福之具也。法令而善，其幸福吾民也必多，吾民方恐其不布此法令，或布而恐其不生效力，必竭全力以保障之，维持之，务使达到完善之目的而止。政府国民互相倚系，安有不信之理？法令而不善，则不惟无幸福之可言，且有危害之足惧，吾民又必竭全力以阻止此法令。虽欲吾信，又安有信之之理？乃若商鞅之与秦民适成此比例之反对，抑又何哉？
>
> 商鞅之法，良法也。今试一披吾国四千余年之纪载，而求其利国福民伟大之政治家，商鞅不首屈一指乎？鞅当孝公之世，中原最鼎沸，战事正殷。举国疲劳，不堪言状。于是而欲战胜诸国，统一中原，不綦难哉？于是而变法之令出，其法惩奸宄以保人民之权利，务耕织以增进国民之富力，尚军功以树国威，孥贫怠以绝消耗。此诚我国从来未有之大政策，民何惮而不信？乃必徙木以立信者，吾于是知执政者之具费苦心也，吾于是知吾国国民之愚也，吾于是知数千年来民智黑闇、国几蹈于沦亡之惨境有由来也。
>
> 虽然，非常之原，黎民惧焉。民是此民矣，法是彼法矣，吾又何怪焉？吾特恐此徙木立信一事，若令彼东西各国文明国民闻之，当必

捧腹而笑，噭舌而讥矣。乌乎！吾欲无言。①

此文虽然只有400多字，但紧密联系中国社会的实际，借鉴美国等西方法制国家理念，提出了救国安邦的思路，表现出了毛泽东忧国忧民的思想情怀和"利国福民"的改革抱负。文章切中时弊，道出中国的根本问题是"国民之愚""民智黑暗"，最高当局未能唤醒民众、开启人们参与政治和追求幸福的热忱。国文教员柳潜看到此文后，十分高兴。1912年6月28日，柳潜将毛泽东此作评为100分的满分，批示："传观"，并作了很长的评语。评语说：此文："实切社会立论，目光如炬，落墨大方，恰似报笔，而义法亦入古。逆折而入，笔力挺拔。历观生作，练成一色文字，自是伟大之器，再加功候，吾不知其所至。力能扛鼎，积理宏富。有法律知识，具哲理思想，借题发挥，纯以唱叹之笔出之，是为压题（点题）法，至推论商君之法为从来未有之大政策，言之凿凿，绝无浮烟涨墨绕其笔端，是有功于社会文字"。②

柳潜将毛泽东此作评为100分，是基于怎样的考虑，后人无法得知，但他评价毛泽东"自是伟大之器……吾不知其所至。力能扛鼎，积理宏富"则体现了他的"目光如炬"，有先见之明。毛泽东后来果然如他预见，"力能扛鼎"，成为中国人民的伟大领袖。

成了伟人的毛泽东仍然十分重视学习。曾经担任毛泽东的图书管理员、后来担任中央文献研究室主任的逄先知回忆说：

> 毛泽东常常废寝忘食地阅读古今中外的各种书籍。即使在最艰苦最紧张的革命战争环境，他也总是不忘读书。到陕北以后，毛泽东通过各种渠道，尽一切可能，从国民党统治区购买各类书报。到了延安，他的书逐渐多起来了，并有专人替他管理。他的书起先放在离住处不远的一排平房里，后因日机轰炸，搬到一个很深的窑洞里，保护起来。1947年从延安撤退的时候，别的东西丢下了很多，但是他的书，除一部分在当地埋藏起来以外，大部分，特别是他写了批注的那

---

① 毛泽东：《商鞅徙木立信论》，见《毛泽东最早文稿 1912.6—1920.11》，第1页，原件存中央档案馆。

② 毛泽东：《商鞅徙木立信论》，见《毛泽东最早文稿 1912.6—1920.11》，第2页。

一些,经过千辛万苦,辗转千里,以后搬到了北京。这些书是毛泽东藏书中最宝贵的一部分,是研究毛泽东思想的珍贵资料。

毛泽东读书的范围十分广泛,从社会科学到自然科学,从马列主义著作到西方资产阶级著作,从古代的到近代的,从中国的到外国的,包括哲学和经济、政治、军事、文学、历史、地理、自然科学、技术科学等方面的书籍以及各种杂书。他对宗教问题是比较重视的。代表中国几个佛教宗派的经典如《金刚经》《六祖坛经》《华严经》以及研究这些经典的著述,都读过一些。对于禅宗的学说,特别是它的第六世唐朝高僧慧能的思想更注意一些。《六祖坛经》一书毛泽东有时外出还带着,这是一部在慧能死后由慧能的弟子编纂的语录。哲学刊物上发表的讲禅宗哲学思想的文章,毛泽东几乎都看。基督教的《圣经》,他也读过。毛泽东阅读宗教经典,既作为哲学问题来研究,也当作群众工作问题来看待。他说:"我赞成有些共产主义者研究各种教的经典,研究佛教、伊斯兰教、耶稣教等等的经典。因为这是个群众问题,群众有那样多人信教,我们要做群众工作,我们却不懂得宗教,只红不专。"①

1958年,刘少奇曾以唐朝诗人贺知章的诗《回乡偶书》"少小离家老大回,乡音无改鬓毛衰。儿童相见不相识,笑问客从何处来",作为古代官吏禁带家属的例证。毛泽东觉得不妥,为查明此事,不仅翻阅了《全唐诗话》等书,还特地查阅了《旧唐书·列传》的贺知章传,发现贺传中并无不带家属的记载。毛泽东随即写信给刘少奇,陈述自己的看法,并送去载有贺传的那本《旧唐书》。

愚公移山为人民

毛泽东是一个具有坚定信念的伟人。他在自述中说:"1920年,我接受了马克思主义,认定它是对历史的正确解释,以后,就一直没有动摇过"。② 对马克思主义的坚定信仰,使毛泽东勇敢地承担起全中国人民求解放、谋幸福的历史使命。

20世纪二三十年代,年轻的中国共产党由于缺乏经验,盲目接受苏联

---

① 毛泽东1961年1月23日同班禅的谈话。
② 《毛泽东自述》,人民出版社1993年版,第39页。

经验和共产国际的指导，给中国革命造成严重损失。毛泽东从第一次大革命失败看到中国革命必须在马克思主义的指导下走自己的道路。他把秋收起义失利后的部队拉上井冈山，创建工农武装割据政权，走出一条具有中国特色的"以农村包围城市"的正确道路。由于这条道路不同于苏俄十月革命采取的"以城市包围农村"的斗争模式，因而受到奉行"左"倾路线的临时中央的排挤。

——1931年10月，削弱毛泽东的军事指挥权。由博古签署中共临时中央政治局致中共苏区中央局电，作出在即将成立的中华苏维埃中央人民政府中成立革命军事委员会的决定，并提出革命军事委员会主席团人选为：朱德任主席，王稼祥、彭德怀任副主席。这等于把毛泽东担任的苏维埃中央军委主席一职撤销了。中革军委成立后随即取消了红军总司令、总政委名义，这又变相地把毛泽东担任的红军总政委撤销了。

——1933年，开展反罗明路线的斗争，消除毛泽东在红军和苏区的影响。博古在党的七大的发言中承认："苏区中反对罗明路线，实际是反对毛主席在苏区的正确路线和作用，这个斗争扩大到整个中央苏区和周围的各个苏区，有福建的罗明路线，江西的罗明路线，闽赣的罗明路线，湘赣的罗明路线等等。"①

——在1934年1月召开的标志着把"左"倾错误发展到顶点的中共六届五中全会上，议题之一是进一步削弱毛泽东在苏维埃中央政府的职权。这时，毛泽东在中央政府担任两个职务：一是中央政府主席（即国家主席），一是中央政府人民委员会主席（相当于总理）。这次会议决定将毛泽东担任的拥有一定实权的人民委员会主席一职安排给张闻天。同年，博古又建议让毛泽东去苏联养病，以逐步消除毛泽东在党和红军中的影响。据时任中华苏维埃中央政府土地部长高自立后来回忆说，1934年五六月份，博古等派我到莫斯科参加共产国际第七次代表大会，并向中共驻共产国际代表团王明等报告了国内情况。我在报告中转达了博古的口信：毛泽东"大事有错，小事没有错的"；"毛、周想到苏联养病"。王明插话说，毛泽东"能抓得大事"；"这么大的人物来，谁保险？"这样，让毛泽东去苏联

---

① 黎辛等主编：《博古，39岁的辉煌悲壮》，学林出版社2005年版，第168页。

治病之计又未实现。①

在逆境中，毛泽东百折不挠，忍辱负重，终于赢得党内多数同志的支持，在遵义会议上改变了临时中央的错误领导，重新确立了他在党和红军中的领导地位。

毛泽东自信所坚持的道路是正确的，来源于他对马克思主义真谛的深刻理解，他对当时中国革命的主要力量——农民阶级的正确认识。早在井冈山割据时期，毛泽东在农村调查中就发现，农民人口占全国人口总数的80%以上。在井冈山割据内，60%以上的土地在地主手里，40%以下在农民手里。江西方面，遂川的土地最集中，约80%是地主的；永新次之，约70%是地主的；万安、宁冈、莲花自耕农较多，但地主的土地仍占大多数，约60%，农民只占40%。湖南方面，茶陵、酃县两县均有约70%的土地在地主手中。对此，毛泽东指出："中国革命最大部分的目标在于使农民得到解放，农民如不得解放，国民革命断不能完成。"从此，他把革命的基点建立在农民这支革命的生力军上。

1945年6月，中共七大胜利闭幕。面对抗战胜利后内战即将爆发的严峻形势，毛泽东再一次认识到，在国共的角逐中，谁赢得人民，谁将赢得未来的中国。大会提出："党的路线，就是放手发动群众，壮大人民力量，在我党的领导下，打败日本侵略者，解放全国人民，建立一个新民主主义的中国。"② 为了坚定全党和全国人民的胜利信心，毛泽东在大会闭幕时发表了题为《愚公移山》的著名讲话，借用中国古代"愚公移山"的寓言故事，说明"只要努力，就能成功"的道理。要求全党下定决心，不怕牺牲，排除万难，去争取胜利；要让全国人民坚定这样的信心：中国是中国人民的，不是反动派的。在七大精神的鼓舞下，我们党依靠全国人民，发扬愚公移山精神，经过三年解放战争，打败了国民党反动派，建立了社会主义的新中国。

依靠人民群众与维护人民群众的根本利益是一致的。中国共产党的宗旨是全心全意为人民服务，全党一切工作的根本出发点和落脚点是维护人民的根本利益。1944年9月8日，毛泽东在中央警备团战士张思德追悼大

---

① 吴亮平：《为真理而斗争的一生》，参见《回忆张闻天》，湖南人民出版社1985年版，第55页。

② 《毛泽东选集》第三卷，人民出版社1991年版，第1101页。

会上发表著名演说，深刻论述为人民服务的重要意义，借用司马迁"人固有一死，或重于泰山，或轻于鸿毛"一语，强调"为人民利益而死，就比泰山还重；替法西斯卖力，就比鸿毛还轻"。号召全党要坚持全心全意为人民服务，"只要我们为人民的利益坚持好的，为人民的利益改正错的，我们这个队伍就一定会兴旺起来"。①

对于那些贪赃枉法、损害人民利益的害群之马，毛泽东始终绝不轻饶。1949年初，在中共即将掌握全国政权之际，毛泽东即向全党发出"两个务必"的警示。1953年，天津市发生新中国成立以来第一贪污大案：原任地委书记刘青山和现任行署专员张子善贪污腐化的问题被揭露出来。在天津市因战争创伤及不法商人投机倒把、囤积居奇，不少群众无粮无衣、冻饿街头的情况下，刘青山竟接受不法商人的巨额行贿，用中央救济款建造自己的豪华官邸，吊打詈骂体力不支的工人；张子善不仅贪污受贿，还下令驱打来访的群众，以"反革命分子"名义逮捕无辜群众。当时，党内对这一案件的处理出现两种意见。一种认为对"违法乱纪，（要）明正典刑"；一种认为，建国之初，干部奇缺，刘青山、张子善是经过战火考验的年轻的"老革命"，有功之臣，应戴罪立功。面对前来讲情的人，毛泽东说："正因为他们两个人的地位高、功劳大、影响大，所以才下决心处决他们，只有处决他们，才可能挽救二十个、二百个、二千个犯有不同程度错误的干部。"

团结——批评——团结

在一个班子、一个群体中，工作中出现不同意见是正常的，也是不可避免的。如果不能正确地处理同志间的意见分歧，就会成为团结的障碍。在党的历史上，宗派主义一度对党的事业造成重大损失。在王明"左"倾教条主义统治全党的四年多时间里，宗派主义盛行，一些没有"喝过洋墨水"、在中国土地上土生土长成长起来的领导干部不被重视甚至遭到排挤。长征途中，张国焘依仗人多兵多，向党要官、要权、闹独立，甚至"另立中央"，最后叛逃当了国民党的特务。抗日战争开始后，王明回国，以共产国际钦差大臣自居，对中央的工作指手画脚，否认抗日统一战线中的独立自主原则，主张抗日民族统一战线中"一切经过统一战线"，"一切服从

---

① 《毛泽东选集》第三卷，人民出版社1991年版，第1104—1105页。

统一战线",放弃党对统一战线的领导权。抗战初期在武汉任长江局书记时给党带来很大损失。

党内出现的这些问题,既与领导干部个人的政治品德、思想修养、能力素质有关,也与党内政治生活制度有关。为了从根本上统一全党思想,确立实事求是、一切从实际出发的马克思主义思想路线,在毛泽东领导下,全党开展了一场思想整风运动(即延安整风运动)。在整风运动中,毛泽东创造性地提出了"惩前毖后,治病救人"的方针,他解释说:对以前的错误一定要揭发,不讲情面,要以科学的态度来分析批判过去的坏东西,以便使后来的工作慎重些,做得好些。这就是"惩前毖后"的意思。但是我们揭发错误、批判缺点的目的,好像医生治病一样,完全是为了救人,而不是为了把人整死。任何犯错误的人,只要他不讳疾忌医,不固执错误,以至于达到不可救药的地步,而是老老实实,真正愿意医治,愿意改正,我们就要欢迎他,把他的毛病治好,使他变为一个好同志。对待思想上的毛病和政治上的毛病,绝不能采用鲁莽的态度,必须采用"治病救人"的态度,才是正确有效的方法。这一方法后来被概括为"团结——批评——团结"的公式,即从团结的愿望出发,通过积极的思想斗争达到新的团结。

运用这一马克思主义的思想武器,使我们党不断在解决自身存在的问题中前进。即使发生了"文化大革命"那样全局性的严重错误,在全党的共同努力下,粉碎了林彪、"四人帮"两个反党集团,结束了十年内乱,实现了党的指导思想的拨乱反正,开辟了改革开放和社会主义现代化建设的新道路。上世纪80年代末到90年代初,在苏东剧变、国际共产主义运动进入低潮的严峻考验面前,党中央团结全党和全国人民,坚持"一个中心、两个基本点",顶住了外部压力,粉碎了西方敌对势力对我实施"分化"、"西化"、和平演变的图谋,奋力把中国特色社会主义推向前进。

加强团结,作为共产党人必须勇于开展批评与自我批评,对他人的缺点和错误,从对党的事业高度负责和对同志的关心爱护出发及时予以指出,对自己的缺点和错误,勇于开展自我批评,自觉解决自身问题。毛泽东虽然是党的领袖,一生中为党和人民的事业建立不可磨灭的功勋,同时也犯过错误甚至发生过"文化大革命"那样全局性、方向性的严重错误。但对自己的不足,一旦认识就认真改正。他说:"犯错误是难免的。谁不犯错误呢?难道帝国主义犯错误犯得少吗?算账总有正负,对错误即负的必须批评，成功的经验即正的必须保护。错误往往是由于经验不足造成的，马克思主义总共只有一百多年的历史。错误是一定会犯的，各个国家的革命和建设都会发生错误。中国将来也一定会犯错误。认真一些，就会少犯错误，少犯全国性的错误，即使犯了全国性的错误也会及早纠正。"①

1958年开始的"大跃进"运动和农村人民公社化运动，不久就发现存在严重问题，以高指标、瞎指挥、浮夸风和"共产风"为主要标志的"左"倾错误的严重泛滥，造成严重恶果，使我国国民经济在1959年到1961年发生严重困难，国家和人民遭到重大损失。面对这些困难，在1958年底到1959年7月中央政治局庐山会议期间，毛泽东和党中央已经觉察这一错误，并试图予以纠正。由于庐山会议后期毛泽东错误地发动了对彭德怀的批判，在经济上打断了纠正"左"倾错误的进程。此后，毛泽东写下《十年总结》，特别是对1958年以来的三年工作进行深刻反思，认真作了自我批评，指出："我本人也有过许多错误。有些是和当事人一同犯了的。"他说，高指标要下决心改，改过来就完全主动了。"主动权是一个极端重要的事情。主动权，就是'高屋建瓴''势如破竹'。这件事来自实事求是，来自客观情况在人们头脑中的真实的反映，即人们对于客观外界的辩证法的认识过程。"他承认："我们对于社会主义时期的革命和建设，还有一个很大的盲目性，还有一个很大的未被认识的必然王国，我们还不深刻地认识它。我们要以第二个十年时间去调查它，去研究它，从其中找出它的固有的规律，以便利用这些规律为社会主义的革命和建设服务。"1962年1月30日，在七千人大会上，毛泽东再一次作了自我批评，说："凡是中央犯的错误，直接的归我负责，间接的我也有份，因为我是中央主席。"毛泽东说："社会主义经济，对于我们来说，还有许多未被认识的必然王国。拿我来说，经济建设工作中间的许多问题，还不懂得。工业、商业我就不大懂。"②

九一三事件后，毛泽东在一次与朱德谈话时，对"文化大革命"中处理贺龙、罗瑞卿、杨成武等人的问题，坦承自己有错误。他说："我看贺龙同志搞错了。我要负责呢。""杨、余、傅也要翻案呢，都是林彪搞的。我是听了林彪一面之词，所以我犯了错误。小平讲，在上海的时候，对罗

---

① 毛泽东：《要团结一切可以团结的力量》，（1956年4月29日）。
② 《毛泽东文集》第八卷，人民出版社，1999年版，第296、302页。

瑞卿搞突然袭击，他不赞成。我赞成他。也是听了林彪的话，整了罗瑞卿呢。有几次听一面之词，就是不好呢，向同志们做点自我批评呢。"① 他曾痛悔自己对林彪认识不准，重用了身边的赫鲁晓夫。九一三事件后，毛泽东曾引用唐朝诗人白居易的诗："周公恐惧流言日，王莽谦恭未篡时。向使当初身便死，一生真伪复谁知。"说明认识一个人常常需要一个过程。

毛泽东是善于团结的模范。他善于团结党内同志，善于团结各党派人士，善于团结各个阶层思想进步的人们。甚至可以说，毛泽东赢得了国内外不同肤色、不同党派、不同政见的人们的尊重和敬仰。在领导班子的团结方面，他通过《党委会的工作方法》《关于健全党委制》等文章阐明了团结的极端重要性及如何维护团结。即便在长征之前和途中他深受"左"倾宗派主义者排挤的情况下，毛泽东也能加强与王稼祥、张闻天、周恩来等人的沟通交流，与之达成广泛的思想共识，团结一致、协力纠正博古、李德等在军事指挥上的错误。在善于团结和争取其他党派方面，毛泽东通过统战工作把各民主党派团结起来。抗日战争全面爆发前夕，毛泽东主张建立广泛的抗日民族统一战线。1936年12月西安事变发生后，他领导和制定"和平处变"方针，通过有条件释放蒋介石，团结国民党，顺利实现了国共第二次合作，为实现全民抗战、打败日寇奠定了重要基础。在善于团结最广大人民群众方面，毛泽东通过军队的工作队作用，最大限度地动员发动群众，通过军队生产队的作用和坚决执行三大纪律八项注意，与人民群众建立血肉相依的鱼水关系。通过军队战斗队作用，切实保卫人民群众切身利益，使人民群众坚定跟党走，为了共同目标贡献一切，甚至是生命。

中国出了个毛泽东，这是中国共产党的骄傲，是中国人民的骄傲，是中华民族的骄傲。毛泽东表现出的伟大革命领袖高瞻远瞩的政治远见、坚定不移的革命信念、炉火纯青的斗争艺术和杰出高超的领导才能，赢得了全党和全国各族人民的爱戴和敬仰。

---

① 《朱德传》，中央文献出版社2000年版，第919页。

历史评说

毛泽东是伟大的马克思主义者，伟大的无产阶级革命家、战略家和理论家，中国共产党、中国人民解放军和中华人民共和国的主要缔造者和领袖，毛泽东思想的主要创立者。他对马克思列宁主义的发展、军事理论的贡献以及对共产党的理论贡献被称为毛泽东思想。毛泽东被视为现代世界历史中最重要的人物之一。

中共十一届六中全会通过的《关于建国以来党的历史问题的决议》指出："毛泽东同志是伟大的马克思主义者，是伟大的无产阶级革命家、战略家和理论家。他虽然在'文化大革命'中犯了严重错误，但是就他的一生来看，他对中国革命的功绩远远大于他的过失。他的功绩是第一位的，错误是第二位的。他为我们党和中国人民解放军的创立和发展，为中国各族人民解放事业的胜利，为中华人民共和国的缔造和我国社会主义事业的发展建立了永远不可磨灭的功勋。他为世界被压迫民族的解放和人类进步事业作出了重大的贡献。"[①]

党的十八大报告指出："以毛泽东同志为核心的党的第一代中央领导集体带领全党全国各族人民完成了新民主主义革命，进行了社会主义改造，确立了社会主义基本制度，成功实现了中国历史上最深刻最伟大的社会变革，为当代中国一切发展进步奠定了根本政治前提和制度基础。""为新的历史时期开创中国特色社会主义提供了宝贵经验、理论准备、物质基础。"

邓小平曾说："如果没有毛泽东同志的卓越领导，中国革命有极大的可能到现在还没有胜利，那样，中国各族人民就还处在帝国主义、封建主义、官僚资本主义的反动统治之下，我们党就还在黑暗中苦斗。"

江泽民指出："毛泽东同志是从人民群众中成长起来的伟大领袖，永远属于人民。他的革命精神具有强大的凝聚力，他的伟大品格具有动人

---

① 《关于若干历史问题的决议》（1945年4月20日）、《关于建国以来党的历史问题的决议》（1981年6月27日），中共党史出版社2010年版，第101页。

的感染力,他的科学思想具有非凡的号召力。他的名字、他的思想、他的精神,将永远鼓舞着我们继续推动中国社会向前发展。"

胡锦涛指出:"毛泽东同志是伟大的马克思主义者,伟大的无产阶级革命家、战略家和理论家,是近代以来中国伟大的爱国者和民族英雄,是领导中国人民彻底改变自己命运和国家面貌的一代伟人。他早年投身革命,在长期艰苦的革命斗争中成长为党的第一代中央领导集体的核心。他为中国新民主主义革命的胜利、社会主义革命的成功和社会主义建设的进行,为实现中华民族的独立和振兴、中国人民的解放和幸福,作出了彪炳史册的贡献。毛泽东同志毕生最突出最伟大的贡献,就是领导我们党和人民找到了新民主主义革命的正确道路,完成了反帝反封建的任务,建立了中华人民共和国,确立了社会主义基本制度,并从中国实际出发探索社会主义建设的道路,为古老的中国赶上时代发展潮流、阔步走向繁荣昌盛创造了根本前提,奠定了坚实的理论和实践基础。"

毛泽东也赢得了国际社会的尊敬。

英国陆军元帅、1944年6月6日指挥盟军进攻诺曼底并取得登陆作战胜利的蒙哥马利说:"毛泽东是一个十分有吸引力的人,非常有才智,处理问题很讲实际,对西方世界了解是惊人的,对一些政界领袖评论非常准确。毛泽东的基本哲学非常简单,就是人民起决定作用。因此,要求干部每年下基层一个月,保持和人民的联系,赢得人民的信任……毛泽东建设了一个统一的,人人献身的和有目的感的国家。"

美国作家史沫特莱评价毛泽东:"中国共产党的其他领袖人物,每一个都可以同古今中外社会历史上的人物相提并论,但无人能够比得上毛泽东。"

美国学者施拉姆说:"一百年之后,毛泽东仍是世界人民最为关注的思想家与军事家。"

日本剧作家、日中文化交流协会代表团团长河原崎长十郎著文说:"毛主席是诗人,又是哲学家,是革命家、军事家,又是政治家,他有压倒一切的令人无法形容的伟大人格,他有令人觉得不是初次见面的那种吸引人的平易近人的态度。这一切的一切,深深感动了我,使我意识到站在我的面前的就是第一次统一了全中国的伟大的毛泽东主席啊!"

在英国著名女作家韩素音的眼睛里,毛泽东是一位完美的人。她认为："毛已经和他的事业结成一体，他的思想和行动就是革命，如果要把毛和革命分割开来，就会使历史失去原有的雄伟壮观。革命就是他的骨肉、心血，就是他生活的意志、力量和前提。"韩素音认为："革命造就了毛，毛也造就了革命。毛的一生不仅是他个人的一生，而且也是中国整整一个历史时期的象征。"

在英国，无论你问任何成年人："中国的四大发明有哪些？孔子对中国产生哪些影响？"英国人可能说不出几个。但如果谈起毛泽东，他们居然能背诵出毛泽东多条经典语录。毛泽东的"丢掉幻想，准备斗争（Cast away illusions, Prepare for Revolution。）"的精美语言，被许多英国人作为座右铭牢记在心。毛泽东通俗而古典的理论修养和强势逼人的领袖气魄，吸引了一代又一代的英国年轻人。曾几何时，毛泽东这个名字，成为英国师生讨论最多的国外话题。

周恩来

鞠躬尽瘁，死而后已

| 经典摘录 |

☆志在金钱者,其终身恒乐为富家翁;志在得官者,百计钻营不以为耻,此志卑之害也。故立志者,当计其大舍其细,则所成之事业,当不至限于一隅,私于个人矣。

☆我今年65岁了,是不是修养很好不必改造了呢?我不敢这样说。我的确常说我也要改造这句话,现在还在改造中,我愿意带头,我希望大家承认思想改造的重要性。

☆我是政府总理,如果邓颖超是政府的一个部长,那么我这个总理和她那个部长就分不清了;人家会把她那个部长说的话,把她做的事当成是我支持的……只要我当一天总理,邓颖超就不能到政府里任职。

主要经历

周恩来,汉族,1898年3月生,祖籍浙江绍兴,生于江苏淮安,字翔宇,1921年春加入旅法中国共产党早期组织,成为中国共产党党员。

1919年4月,参加五四运动,是天津学生界主要领导人之一。1922年6月,与赵世炎等发起成立旅欧中国少年共产党。1927年3月,领导上海工人第三次武装起义;8月1日,领导南昌起义。1936年12月,作为中共全权代表赴西安,为西安事变的和平解决开展工作。1949年4月,率中共代表团同国民党政府代表团在北平和平谈判。中华人民共和国成立后,任中央人民政府政务院总理,兼任外交部部长。1954年6月,访问印度、缅甸,同印、缅政府总理共同倡导和平共处五项原则。1971年,两次会见美国总统特使基辛格,实现美国总统尼克松访华。是中共第五届中央政治局常委(代理)、临时常委、中央临时政治局常委,第六届、七届中央书记处书记,第六届、八届、九届、十届中央政治局常委,第八届、十届中央委员会副主席,第一届、第二届、第三届、第四届国务院总理,政协第二届、第三届、第四届全国委员会主席。1976年1月8日在北京逝世。

主要著作有:《周恩来选集》《建国以来周恩来文稿》《周恩来统一战线文选》《周恩来军事文选》《周恩来外交文选》等。

情操实践

要立大"志",不要存大"己"

什么是"大志"?周恩来说:"志在金钱者,其终身恒乐为富家翁;志在得官者,百计钻营不以为耻,此志卑之害也。故立志者,当计其大舍其细,则所成之事业,当不至限于一隅,私于个人矣。"[①]在他看来,一个人

[①]《周恩来传》一,中央文献出版社1998年版,第25页。

必须立大志，为国家民族，不能被金钱左右或谋一官半职，"私于个人"。1918年2月6日，周恩来在日记中写道："有大志向的人，便想去救国，尽力社会。"他认为，立大志对于一个人走好人生之路非常重要，他写道："凡同一人类，无论为何种事业，当其动作之始，必筹划其全局，预计其将来，抱无穷之希望。然后按此希望之路径以前进，则其结果不致与此希望相径庭。希望者何？志是也。"① 为此，周恩来自幼起就立志救国，"为了中华之崛起"而发愤读书。

周恩来的一生为中国人民解放事业和社会主义事业建树了卓著功勋。在大革命中，他出色领导了国民革命军军政工作、震惊中外的上海工人武装起义，成为我们党最早认识武装斗争重要性和最早从事军事工作的领导人之一。大革命失败后，他领导发动举世闻名的八一南昌起义，打响了武装反抗国民党反动派的第一枪，党领导的人民军队从此诞生。党的六大后，他成为实际上主持党中央工作的领导人，为推动"农村包围城市，武装夺取政权"道路的形成作出了突出贡献。红军长征途中，在具有深远历史意义的遵义会议上，他旗帜鲜明地支持毛泽东的正确主张，为确立毛泽东在党和红军中的领导地位，为在危难中挽救红军、挽救党，发挥了重要作用。西安事变爆发后，在民族危亡的关键时刻，他根据党中央的既定方针，前往西安，推动西安事变和平解决，促成了国共合作、团结抗日的新局面。解放战争时期，他协助毛泽东运筹帷幄，推动第二条战线的形成，转战陕北，指挥一系列改变中国命运的战略大决战，筹备召开新政协、主持起草《共同纲领》等，功勋卓著。新中国成立后，周恩来担任总理长达26年，为积极探索符合我国国情的社会主义建设道路，全面组织和实施社会主义各项建设事业，作出杰出贡献。

周恩来居功不骄，行事低调，从来不考虑个人名利、安危。

（一）1931年，党中央总书记向忠发被捕叛变被国民党枪杀后，由谁接任这一最高职务呢？

共产国际远东局最看好的是王明，但王明没干几天代理总书记就厌倦了。因为顾顺章、向忠发被捕叛变后，中共上海地下党遭到严重破坏。为了确保王明的安全，党组织安排他到上海郊区的一个疗养院和一个尼姑庵住过一段时间，躲避敌人的搜捕。为此，王明曾写过一首《尼庵小住》

---

① 《周恩来传》一，中央文献出版社1998年版，第25页。

的诗：

> 警犬觅踪何所之？尼庵同隐学禅师。
> 党人本领通天大，结伴神仙鬼不知。①

这首诗生动地描述了当时恶劣的政治环境，同时也表露了王明对所处环境的不满。向忠发被捕杀头的前车之鉴，令缺乏严酷斗争历练的王明对走出尼庵有着极大的恐惧。通过一番痛苦的思考，王明选择了重返莫斯科，出任共产国际中共中央代表团团长。

王明放弃任中共中央总书记一职后，论水平、能力、贡献、资历、威信，周恩来是当之无愧的，但周恩来谦逊地表示，他不适合担任党的总书记。

时任中共中央政治局委员卢福坦自告奋勇去向王明毛遂自荐，请求出任总负责，王明让他去找周恩来谈谈，周恩来对卢福坦的意见不置可否。王、周的态度表明，他俩都不支持卢福坦。后来的事实证明，没有选择卢福坦是正确的。因为，仅仅过了一年多，卢福坦就于1933年1月被捕叛变投敌。

最后，共产国际远东局挑选了当时还不是中央委员、年仅24岁的团中央书记博古担任临时中央"总负责"。临时中央政治局的其他成员有：张闻天、卢福坦、李竹声、康生、陈云，其中博古、张闻天、卢福坦被指定为常委。

（二）1932年7月，苏区中央局提议由周恩来兼任红一方面军总政委，周恩来没有接受。他两次向中央局提出由毛泽东担任该职，并反复陈述理由："如果由自己任总政委，将会弄得多头指挥，而且使政府主席（毛泽东当时任中华苏维埃共和国临时中央政府主席——引者注）将无事可做。""泽东的经验与长处还须尽量使他发展"，并强调"有泽东负责，可能指挥适宜"。②

（三）六届五中全会后，张闻天遭排斥，周恩来在中共党内成为排位仅次于博古的重要领导人。但在遵义会议上，他积极支持毛泽东的正确主

---

① 戴茂林等著：《王明传》，中共党史出版社2008年版，第170页。
② 侯树栋主编：《一代伟人周恩来》，中国青年出版社1998年版，第327页。

张,坚决拥护确立毛泽东同志在红军和党中央的领导地位,并为此发挥了重要作用。

(四)在"文化大革命"中,周恩来以"鞠躬尽瘁、死而后已"的精神,甘撑危局,不顾个人安危,与林彪、江青两个反革命集团进行了坚决的斗争,保护了一大批老干部。

活到老,学到老,改造到老

学习是周恩来终身的追求。1943年3月18日,是他农历45岁生日。这天,南方局的同事们为他准备了茶点祝寿,但他并未出席,而是在办公室写下了一份《我的修养要则》,强调如何学习和怎样学习:

一、加紧学习,抓住中心,宁精勿杂,宁专勿多。

二、努力工作,要有计划,有重点,有条理。

三、习作合一,要注意时间、空间和条件,使之配合适当,要注意检讨和整理,要有发现和创造。

四、要与自己的他人的一切不正确的思想意识作原则上坚决的斗争。

五、适当的发扬自己的长处,具体地纠正自己的短处。

六、永远不与群众隔离,向群众学习,并帮助他们。过集体生活,注意调研,遵守纪律。

七、健全自己身体,保持合理的规律生活,这是自我修养的物质基础。

周恩来认为,一个人必须"活到老,学到老,改造到老"。不然,就不能适应迅速发展的革命形势。他认为学习必须"抓住中心,宁精勿杂,宁专勿多"。必须结合工作实际,"习作合一"。1943年7月,周恩来回到延安参加整风运动。从11月15日起,他在整风学习会上接连作了五天报告,深刻地总结了过去的工作失误和不足,表示在今后"必须从专而精入手。宁可做一件事,不要包揽许多。宁可做完一件事,再做其他,不要浅尝即止。宁有所舍,才能有所取。宁务其大,不务其小。这样,做出一点成绩,才能从头到尾,懂得实际,取得经验。"

1949年5月7日,周恩来在中华全国青年第一次代表大会上作报告,向广大青年发出"学习毛泽东"的号召,他要求"青年人学习毛泽东,不仅要懂得毛主席指示的方向、原则、真理,还要研究他的具体的政策、策略,才能使我们的工作深入实际。我们青年人不是要空谈,而是要实行……毛泽东思想的特点,就是把普遍真理具体化,运用到中国的土壤上。我们青年要在这上边来学习"。①

学习的过程就是改造思想的过程,但是,要把学习的成果转化为能力素质和坚强的党性,必须与思想实际、工作实际相结合,自觉加强修养。周恩来十分强调和重视自我教育和自我改造,把它看作是自我完善的基本途径和方法,指出"为了克服党内的各种非无产阶级思想,必须进行自我改造。要把思想改造看成像空气一样,非有不可。"他联系自己的经历论证思想改造的重要性。他说他出身于破落的封建官僚家庭,受过资产阶级教育,做过统战工作,跟蒋介石打过交道,在台湾有那么多朋友,常接触外国人,有时还到资本主义国家访问。他说:"这么一个复杂的情况,我就得注意自己的思想。我今年65岁了,是不是修养很好不必改造了呢,我不敢这样说。""我的确常说我也要改造这句话,现在还在改造中,我愿意带头,我希望大家承认思想改造的重要性。"②

如何进行自我改造呢?周恩来提出要在实践中加强自我教育和自我改造,并总结出一套行之有效的教育改造方法。

一是要参加社会实践。他主张自我改造不"闭门修养",不能搞与世隔绝的"修身养性"。自我改造的正确途径是参加社会实践。

二是向群众学习,向书本学习。群众是智慧的源泉。个人的水平总是有限的,只有向别人学习,"取他人之长,补自己之短",才能不断提高修养水平。

三是严于解剖自己。自我改造的过程,是一个认识自己、解剖自己的过程。对此,周恩来认为:"为了改造旧思想,就经常解剖自己的思想,这样才能逐步进步。"

四是长期改造世界观。周恩来认为,"思想改造是长期的",即使是"一万年以后,在人们的头脑中还会有先进和落后的矛盾,新与旧

---

① 《人民日报》,1978年10月8日。
② 《周恩来道德修养的主要特点》,见《江苏淮阴师范学院学报》,1999年第4期,第24页。

的矛盾，个人与集体的矛盾，还会有思想改造的问题。"因此，他说，"要一辈子改造世界观。"

周恩来认为，一个领导者思想改造的最高境界，是看能否做到宠辱不惊，能屈能伸，"照顾大局，相忍为党"。从1955年开始，中国经济出现了急躁冒进的苗头。周恩来敏锐地发现了这一问题并实施了反冒进的一些措施，但毛泽东认为反冒进阻碍了经济发展，他把反冒进提高到反马克思主义的高度，认为"他们离右派只有50米了……"并对周恩来作了严肃的批评。那时，周恩来心情很沉闷，但为了国家、党和人民的利益，他把个人名利抛到脑后，主动作了检讨。在"文化大革命"中，周恩来忍辱负重，苦撑危局，顽强抗争，维系党和国家的工作运转。他曾说："'文革'中我只有八个字：鞠躬尽瘁、死而后已。"

永远不脱离群众并帮助他们

周恩来是党的群众路线的倡导者和实践者。早在1929年，他就明确提出了"群众路线"这个概念。他认为，领袖来自于群众，必须面向群众，与群众同甘共苦。1943年4月22日，在《怎样做一个好的领导者》的讲话中，周恩来指出："相信群众力量。""不仅要教育群众，还要向群众学习，因为领导者本身知识还不完全，经验还不够，领导地位并不能使你得到知识和经验，所以面向群众，汲取群众经验，十分必要。"他要求各级领导干部：第一，与群众接近和联系，在某种程度上要与他们打成一片；第二，倾听群众意见；第三，向群众学习；第四，教育群众，不做群众的尾巴。①

他主张在社会主义革命和建设中团结一切可以团结的力量，要争取多数，"那个多数一直要包括到敌人营垒中的少数开明分子。""凡是有群众的地方一定要进去工作"，包括黄色工会。他教育党员要有"团结广大人民群众一道前进"的气概，"要画一个最大的圈子"，把党外凡能团结的人都团结起来，共同建设社会主义。②

"文化大革命"中他保护了大批老干部。为了保护陈毅，他多次去陪

---

① 《周恩来选集》上卷，人民出版社1980年版，第128—132页。
② 侯树栋主编：《一代伟人周恩来》，中国青年出版社1998年版，第347页。

斗。他把贺龙及其夫人薛明接到自己家中住。邓小平、陈云等革命家都是周恩来设法保护下来的。解放初期,有一位老部长对周恩来的工作部署不理解、不执行,影响了工作。有关部门准备调离他的工作,作降职使用。周恩来得知后,明确表示:"不能这样做,他想不通,可以让他继续想想,可以等待。工作变动一下可以,但不能降职。"这个老部长得知后十分感动。后来他去世时,周恩来还送去花圈,出席了追悼会。

  周恩来对自身要求非常严格。他规定,一天24小时,凡有重要紧急的事情,要随时随地向他报告。有一次,河南发大水,为处理此事,周恩来几天几夜没怎么合眼。那天,他刚睡下,又来了急件。秘书就想等他醒了再报告。结果,他醒后处理了急件,严肃地批评了秘书,说:"我的时间不属于我个人。我少睡点觉算什么,发大水关系到几百万人的生命安全问题。"

  在家庭生活中,周恩来对亲属及其子女也从严要求。他教育晚辈有三条戒律:一是要不靠关系自奋起;二是要不搞特殊化;三是要艰苦奋斗一辈子。新中国成立伊始,在确定政务院各部门领导人选时,有的民主人士找到周恩来,提请让邓颖超在政府里担任一项职务。的确,邓颖超在当时的女干部中是出类拔萃的,当个部长实不为过。但遭到周恩来坚决回绝。他说:"我不能这样做!""我是政府总理,如果邓颖超是政府的一个部长,那么我这个总理和她那个部长就分不清了;人家会把她那个部长说的话,把她做的事当成是我支持的……"他坚决地说:"只要我当一天总理,邓颖超就不能到政府里任职。"在周恩来的教育下,他的侄儿、侄女都到了最艰苦的地方去工作。

  1975年12月20日,周恩来病情已很危重。这时他突然提出要见中央调查部部长罗青长。当罗青长走进病房时,周恩来已经昏睡过去。几个小时后苏醒过来。看见罗青长,周恩来急切地用微弱的声音说:"我们不要忘了台湾同胞,更不能忘了那些为革命作过贡献的台湾朋友,哪怕他一生中只做过一件有益于革命的事,比如还在台湾的两位姓张的朋友……"

  周恩来所说的两位姓张的朋友,一位是发动西安事变的张学良,另一位是曾任国民党重庆宪兵司令张镇。张学良因为发动西安事变,迫使蒋介石结束了长达10年的国共内战,开始了联合中共合作抗日的进程。张学良这一壮举,对于中国共产党和中华民族而言,都是不世之功。张镇因为曾经保护过毛泽东——1945年秋,毛泽东在赴重庆谈判期间,国民党特务系统不时传出有人企图谋害毛泽东的消息。为确保毛泽东在渝安全,周恩来找到了张镇。张镇爽快地答应了周恩来的请求,亲自布置毛泽东的警卫工作,与毛泽东同车出行,并亲自护送毛泽东登上回延安的飞机。毛泽东安全地回到了延安。对于张镇的"护驾"之功,周恩来多次提及并至死不忘。他经常拿这件事提醒做对台工作的同志,说:"张镇的职务是宪兵司令,按我们的政策,是格杀勿论的特务,是没有好果子吃的。只有做对台工作熟悉历史情况的同志记住朋友,才可能处理合适得体,对得住老朋友,坚持滴水之恩,涌泉相报。"

这就是周恩来,赤诚待人,肝胆相照,不管党内党外,他都是最可信赖的同志和朋友。生命最后一息,想的仍是党的事业,报他人的滴水之恩。

历史评说

周恩来是伟大的马克思主义者,党和国家主要领导人之一,中国人民解放军主要创建人之一,伟大的无产阶级革命家、政治家、军事家和外交家。

1943年9月,在中央政治局扩大会议上,毛泽东高度评价:"恩来同志有三大长处:一是对敌人勇敢,二是对工作拼命,三是有广泛的群众联系。"新中国成立后,毛泽东又说:"恩来的最大优点之一,就是同党内外都有广泛的联系,善于团结一切可以团结的人。"毛泽东曾经说过:"恩来同志是我指挥人民解放战争的最主要助手。"

"文化大革命"初期,邓小平说:"恩来同志从不打自己的旗帜,不搞圈圈摊摊,全党高级干部要学习他的这一作风。"[①] 粉碎"四人帮"后,邓小平多次号召全党学习周恩来。他特别强调这样两点:一是周恩来的忘我工作精神。说"周总理是一生勤勤恳恳、任劳任怨工作的人。他一天的工作时间总超过12小时,有时在16小时以上,一生如此。"二是周恩来的艰苦奋斗精神。他说:"我们的毛泽东同志、周恩来同志以身作则,严于律

---

① 石仲泉著:《我观周恩来》,中共党史出版社2008年版,第370页。

己，艰苦奋斗，几十年如一日，成为我党我军优良传统和作风的化身。我们的党员、干部，特别是高级干部，一定要努力学习周恩来等同志的榜样，在艰苦创业方面起模范作用。"①

1998年2月23日，时任中共中央总书记江泽民在周恩来诞辰一百周年纪念大会上的讲话指出：周恩来"崇高的精神和人格，丰碑似的屹立在中国共产党和中华民族的历史上，深深地铭刻在中国各族人民的心里"。"在他的身上，凝铸着中华民族的传统美德和工人阶级的优秀品格。他的崇高精神和人格，感召和哺育着一代一代共产党人，已经成为推进我们党和国家事业的一种巨大力量。""周恩来的精神，就是共产主义远大理想同脚踏实地的工作作风的结合。""就是对上负责同对下负责的结合。""就是高度的原则性同高度的灵活性的结合。"他号召全党全军和全国各族人民，特别是各级领导干部，都要努力学习周恩来同志的崇高精神，并努力贯彻到自己的思想和行动中去，把各项工作做得更好。②

三年困难时期，陈毅曾对文艺界人士说："廉洁奉公、以正治国者，周恩来也。"

李先念还说："恩来同志在长期斗争中，同党内党外的广大干部和人民群众建立了亲密的感情。尤其是在十年动乱时期，环境复杂而又艰险，他如同'在荆棘中前行，在泥泞中苦战'，几乎耗尽了所有精力，做一切力所能及的工作：减少政治损失，维持经济生活，保护广大干部，支持正义群众，改善对外关系，等等。恩来同志这种为共产主义理想无私无畏的献身精神，在广大干部和群众中，以至在国际人士中，树立了忠诚、亲切、勤奋、坚毅、无私、无畏的崇高形象。"③

曾任国家主席杨尚昆撰文说："恩来同志是中国共产党的卓越领导人，也是人民军队的主要缔造者之一。1921年，他在法国参与组建中国共产党8个发起组之一的巴黎共产主义小组，是中国共产党的第一批党员和创建人之一。大革命时期，他出色地领导过国民革命军的军政工作、广东东江地区的政权工作和上海工人第三次武装起义，是党内出名的实干家。国共合作破裂后，他领导了著名的南昌起义，打响武装反抗国民党反动派的第

---

① 石仲泉著：《我观周恩来》，中共党史出版社2008年版，第371页。
② 《江泽民在周恩来同志诞辰100周年纪念大会上的讲话》，见《人民日报》1998年2月24日。
③ 安建设编：《周恩来的最后岁月》，中央文献出版社1995年版，第3页。

一枪,创建第一支人民军队。""自 1927 年进入中央政治局常委会,到 1976 年病故,在长达半个世纪的日子里,恩来同志一直是党的核心领导成员。这在中国共产党内,只有恩来同志一个人。他长期在中央做实际工作,是党中央各个历史时期几乎所有重大决策和事件的参与制定者和指挥者。历史证明,毛泽东同志作为全党的领袖是当之无愧的主帅,恩来同志是名副其实的副帅。他在政治、经济、军事、国防、外交、统战、科技、教育、文艺等多方面的建树,极大地丰富了毛泽东思想的理论宝库。他一生走过的革命道路,可以说是中国共产党历史的一个重要缩影。"①

周恩来的高风亮节,不仅教育了中国共产党人,而且令世人敬仰。

外国友人评价说:"周恩来具有许多难得的品德,而像他那样德才兼备于一身,是在任何时代、任何政府首脑中都罕见的。"②

党外人士说:"我一想到中国共产党,脑子里就浮现出周恩来的形象。"还有的说:"我过去本来是信仰上帝的。上帝我们谁也没见过。我从见到的周恩来身上看到了我向往的那种真正高尚无私的人格,是他使我由信上帝变成信共产党。"③

作为以毛泽东为核心的党的第一代中央领导集体的重要成员,周恩来从新中国成立即开始担任政务院总理、国务院总理,长达 26 年,为积极探索符合我国国情的社会主义建设道路,全面组织和实施社会主义各项建设事业,倾注了大量心血,作出了奠基性的贡献。

他的卓著功勋、崇高品德、光辉人格,深深铭记在全国各族人民心中。

---

① 杨尚昆:《相识相知五十年——我所了解的恩来同志》,见《人民日报》,1998 年 2 月 27 日。
② 石仲泉著:《我观周恩来》,中共党史出版社 2008 年版,第 370 页。
③ 石仲泉著:《我观周恩来》,中共党史出版社 2008 年版,第 400 页。

刘少奇
历史是人民写的

| 经典摘录 |

☆党内斗争是一件最严重最负责的事，绝不可以草率从事，我们必须以最严肃最负责的态度来进行；必须自己首先是完全站在正确的党的立场上，站在为党的利益、工作的进步，为帮助其他同志改正错误和弄清问题的大公无私的立场上来进行；必须自己首先把事情弄清楚，把问题弄清楚，实行系统的调查研究，同时还必须是有组织地、有领导地、有准备地去进行。

☆一个好党员、一个好领导者的重要标志，在于他熟悉人民的生活状况和劳动状况，关心人民的痛痒，懂得人民的心。

☆将来，我死了以后，你们要把我的骨灰撒在大海里，像恩格斯一样。大海连着五大洋，我要看着全世界实现共产主义。你们要记住，这就是我给你们的遗嘱！

主要经历

刘少奇,汉族,1898年11月生,湖南宁乡人,原名刘绍选,字渭璜,1921年冬转为中国共产党党员,是中共最早的党员之一。

1921年,赴苏联莫斯科东方劳动者共产主义大学学习。回国后,与李立三等共同领导了安源路矿工人大罢工。参与和领导了五卅运动、省港大罢工和武汉工人群众收回汉口英租界的斗争。1936年春,先后任中共中央代表、北方局书记,提出了关于白区工作的正确的理论和策略。1943年3月,任中共中央书记处书记、中央革命军事委员会副主席,首次进入中央领导核心。1945年,在中共七届一中全会上当选为中央书记处书记,同年8月在毛泽东赴重庆同蒋介石谈判期间,代理中共中央主席职务。中华人民共和国成立后,当选为中央人民政府副主席。1959年4月,在第二届全国人民代表大会第一次会议上,当选为中华人民共和国主席、国防委员会主席。1962年初起,主持国民经济全面调整。"文化大革命"中受到错误批判,并被开除党籍,撤销党内外一切职务。1969年11月12日在河南开封逝世,1980年2月中共中央为其平反昭雪。是中共第六届、七届中央书记处书记,第八届中央委员会副主席,第一届全国人大常委会委员长,第二届、第三届中华人民共和国主席。

主要著作有:《刘少奇选集》《建国以来刘少奇文稿》《论共产党员的修养》等。

情操实践

坚持真理的马克思主义品格

刘少奇1898年11月24日生于湖南省宁乡县。1919年夏,参加五四运动。1920年10月,加入中国社会主义青年团。1921年7月,到苏联莫斯科东方共产主义劳动大学学习,转入中国共产党,是中共最早的党员之一。1922年春，从莫斯科回国。经陈独秀介绍，到湖南，在毛泽东领导下，与李立三等共同领导了安源路矿工人大罢工，随后任安源路矿工人俱乐部代主任、主任。1925年5月，出席第二次全国劳动大会，当选为全国总工会副委员长。参与和领导了五卅运动、省港大罢工和武汉工人群众收回汉口英租界的斗争。是中国共产党领导的工人运动的著名领袖和主要领导者。1930年夏，出席在莫斯科召开的赤色职工国际第五次代表大会，当选为执行局委员，留在赤色职工国际工作。1931年1月，在中共六届四中全会上，当选为政治局候补委员。因反对赤色职工国际的"左"的错误，被扣上"右倾机会主义"的帽子，回国后任中共中央职工部部长、全国总工会党团书记。1936年春，赴华北，先后任中共中央代表、北方局书记，坚定地执行中共中央关于建立抗日民族统一战线的新政策，并对过去党的秘密工作中的错误——关门主义和冒险主义进行了系统的批评，提出了关于白区工作的正确的理论和策略。抗日战争全面爆发后，任中共北方局书记。遵照毛泽东关于"深入敌后、发动群众、开展游击战争"的方针，领导开辟了华北敌后抗日根据地。1939年7月，在延安马列学院作《论共产党员的修养》的著名演讲，对广大党员提出了党性锻炼的要求。1943年3月，任中共中央书记处书记和中央革命军事委员会副主席。这是他首次进入中央领导核心，成为毛泽东的重要助手。1945年5月14日至15日，在中共七大全体会议上，作《关于修改党的章程的报告》，高度概括并系统阐述了毛泽东思想。在毛泽东赴重庆同蒋介石谈判期间，代理中共中央主席职务。此后，毛泽东外出或生病期间，中央的日常工作均由他主持。1949年6月至8月，秘密访问莫斯科，与斯大林等苏共领导人进行会谈，达成了一系列共识。此次访苏加快了新中国成立的进程，中苏由此进入全面合作的时代。中华人民共和国成立后，当选为中央人民政府副主席。在制定新民主主义国家政治、经济、文化、教育、外交等方针政策方面发挥了重要作用。1954年9月，出席第一届全国人民代表大会，作《关于中华人民共和国宪法草案的报告》，当选为全国人民代表大会常务委员会委员长。1959年4月，在第二届全国人民代表大会第一次会议上，当选为中华人民共和国主席、国防委员会主席。1965年1月在第三届全国人大第一次会议上，再次当选中华人民共和国主席、国防委员会主席。1966年"文化大革命"爆发后，受到错误批判，并遭到林彪、江青反革命集团的政治陷害和人身摧残。1968年，在党中央的领导工作和党内生活极不正常的情况下,中共八届十二中全会批准关于刘少奇的"审查报告",通过决议,开除其党籍,撤销其党内外一切职务。1980年2月,中共十一届五中全会通过决议,为刘少奇平反。

投身革命后,为了真理,刘少奇曾多次与党的"左"倾错误进行斗争。在早期工人运动中,特别是安源罢工斗争中和罢工斗争胜利后,都出现过"左"倾冒险行动。安源大罢工开始时,有人要求八方井锅炉房和电机处的工人也来罢工,并要求俱乐部下令给井下停水停电,李立三和刘少奇及时地制止了这种盲目的冒险行动。

后来,在分析大革命失败的原因时,刘少奇指出:"大革命的失败,无疑是由于右倾的错误,但在失败以前及以前很久,并不是没有'左'倾错误的;这种错误至少帮助了反革命,帮助了右倾。"①

20世纪30年代初期,刘少奇又同王明"左"倾机会主义路线进行了不懈的斗争,为此,曾被指责为"右倾机会主义分子",并被撤销职务。

建国前夕,刘少奇对在城市工作中出现的"立即消灭资产阶级"的"左"的倾向,也进行了批评和纠正。在天津讲话中,他不只一次地指出:"在我们的国家里,私人资本主义不但可以允许存在,而且还需要一定程度的发展。资产阶级在他们的青年时代,对于社会生产力的提高,有过他们的历史功绩。""今天中国资本主义是青年时代,正是发展他们的历史作用、积极作用、建立功劳的时候。"

在同"左"倾错误进行斗争中,刘少奇不断地探索真理。

中国共产党历史上在处理理论与实践的关系上,曾经走过两个极端:一种是过分强调实践,轻视理论的重要性,轻视理论对实践的指导作用;另一种是过分强调理论,轻视实践的重要性,轻视实践对理论的基源性。因此,解决理论与实践的结合问题,就成为中国共产党人探索符合中国实际的革命和建设道路的基本问题。

刘少奇从大革命失败的教训中较早地看到这个问题。他认为,中国党的一个极大的弱点,"就是党在思想上的准备、理论上的修养是不够的,是比较幼稚的。因此,中国党过去的屡次失败,都是指导上的失败,是在指导上的幼稚与错误而引起全党或重要部分的失败,而并不是工作上的失败……中国党只要克服了这个弱点,就能有把握地引导中国革命到完全的

---

① 《刘少奇论工人运动》,中央文献出版社1988年版,第214页。

胜利。"①

围绕党的"理论准备不足"、理论指导错误，导致中国革命几次遭受重大挫折的问题，1936年4月，刘少奇写了《肃清关门主义与冒险主义》一文，从理论上分析了自八七会议以来中央在全局工作指导上存在的"左"倾错误，提出"关门主义与冒险主义，是目前党内的主要危险"的重要战略判断。一年后，随着西安事变的和平解决、国共合作抗日局面的形成，刘少奇提出的反对关门主义与冒险主义的思想的重要性进一步显示出来，中共中央接受刘少奇的意见，在党内开始了反对关门主义与冒险主义的斗争，从而推动了抗日民族统一战线的建立。

1941年7月2日至3日，刘少奇在华中党校发表《论党内斗争》的演讲。总结党内斗争的经验教训，历数党内机械的过火的斗争的种种表现，阐述了正确开展党内斗争的理论原则和重要方法：

> 第一，党内斗争是一件最严重最负责的事，绝不可以草率从事，我们必须以最严肃最负责的态度来进行；必须自己首先是完全站在正确的党的立场上，站在为党的利益、工作的进步，为帮助其他同志改正错误和弄清问题的大公无私的立场上来进行；必须自己首先把事情弄清楚，把问题弄清楚，实行系统的调查研究，同时还必须是有组织地、有领导地、有准备地去进行。
>
> 第二，党内斗争基本上是党内不同思想不同原则的斗争，不同思想不同原则上的对立。思想原则上界限的明确划分是完全必要的。但是在组织上，在斗争的方式上，在说话与批评的态度上，应该尽可能的不对立，尽可能采取温和的方式来商讨或争论。尽可能不采取组织手段及做组织结论。尽可能完全采用诚恳坦白的态度，多做正面的教育，去求得思想上、原则上的一致。只有在逼不得已的时候，在十分必要的时候，才可以采取对抗的斗争方式与组织手段。
>
> 第三，对党的组织、对同志、对工作的批评要适当，要有分寸。一切过分的批评，夸大人家的错误，滥给别人戴大帽子，都是不对的。党内斗争不是斗得愈厉害愈好，而应有适当限度，应讲求适当，"过"与"不及"都是要不得的。

---

① 《刘少奇选集》上卷，人民出版社1981年版，第220页。

第四，应从总结工作、检查工作中来指出各种缺点错误。应该首先"对事"，然后"对人"。应该首先把事实弄清楚，把问题弄明白，把错误与缺点的性质、严重程度、产生的原因弄清楚，然后再指出对这些缺点错误的负责人，主要的、次要的由谁负责，而不要首先去追究错误的负责人。

第五，必须给被批评被处罚的同志以一切可能的申诉的机会。在给同志做鉴定和组织结论的时候，通常均应通知本人，当面做结论。

毛泽东看到刘少奇这篇演讲后，给予高度评价，称赞是"理论地又实际地解决了关于党内斗争这个重大问题，为每个同志所必读"。

这个时候，刘少奇作为我党理论家的形象被树立起来。当时，在延安的党中央内，被普遍认为理论水平高的，首推毛泽东。毛泽东在党内理论家的地位，自从他作了《中国革命战争的战略问题》《实践论》《矛盾论》《论持久战》等一系列报告之后，就已牢固地确立。他在六届六中全会的报告、《新民主主义论》的演讲以及关于整风的三个报告，更进一步证明了他既是党的政治领袖，也是党的理论领袖。再加上刘少奇和张闻天，在不少干部的心目中，他们是中国共产党的"理论三杰"。

刘少奇是这样一个伟人：为了真理，不惜牺牲自己一切。一旦认识到了一个真理，就坚决地始终如一地捍卫和实践这一真理。

刘少奇逐渐认识到，毛泽东是我们党成立以来最为成熟的领袖，毛泽东的思想、理论、方针、原则，指出了中国革命胜利的正确道路。从延安时期起，他就积极加入到研究和大力宣传毛泽东的功绩和理论贡献中。1942年6月30日，在中共山东分局召开纪念"七一"干部大会上，刘少奇作党的奋斗史的报告，突出地宣传了毛泽东的领袖作用。他指出：21年来，我党为民族为阶级而英勇奋斗取得很大成绩，在中国社会的政治生活中起了很大作用。在抗日斗争中更起了伟大的作用，创造了许多抗日根据地，牵制了半数以上的敌人。党已有了经过长期锻炼的坚强干部，也有了正确的政治路线，更有了精通马列主义和中国实际情况为每一个党员所拥护的党的领袖——毛泽东同志。[①] 1943年7月4日，为纪念中国共产党诞生22周年，刘少奇撰写了《清算党内的孟什维主义思想》一文。该文分析

---

① 《刘少奇年谱（1898—1969）》上卷，中央文献出版社1996年版，第401页。

了中共党内存在的两条路线斗争问题,提出了"毛泽东同志的思想体系"概念,认为毛泽东"是22年来在各种艰苦复杂的革命斗争中久经考验的、精通马列主义战略战术的、对中国工人阶级与中国人民解放事业抱无限忠心的坚强伟大的革命家"。① 文章指出,党22年来的各种经验中最重要的一条经验,就是要区别真假马克思主义,这就需要"用心研究与学习毛泽东同志关于中国革命的及其他方面的学说,应该用毛泽东同志的思想来武装自己,并以毛泽东同志的思想体系去清算党内的孟什维主义思想"。② 这篇文章把当时对毛泽东和他的思想的宣传提高到了一个新的水平。

1944年5月后,受党中央委托,刘少奇把主要精力转向起草七大的政治报告和修改党章上。在吸收了延安整风以来、特别是在讨论历史决议过程中全党研究毛泽东思想的理论成果的基础上,刘少奇把毛泽东思想的历史地位和主要内容作了完整概括,充分阐明了作为毛泽东思想主要创立者的毛泽东同志的伟大贡献。他指出:"毛泽东同志,是我国英勇无产阶级的杰出代表,是我们伟大民族的优秀传统的杰出代表。他是天才的创造的马克思主义者,他将人类这一最高思想——马克思主义的普遍真理与中国革命的具体实践相结合,而把我国民族的思想水平提到了从来未有的合理的高度,并为灾难深重的中国民族与中国人民指出了达到彻底解放的唯一正确的道路——毛泽东道路。""毛泽东同志,不只是中国有史以来最伟大的革命家和政治家,而且是中国有史以来最伟大的理论家和科学家,他不但敢于率领全党和全体人民进行翻天覆地的战斗,而且具有最高的理论上的修养和最大的理论上的勇气,他在理论上敢于进行大胆的创造,抛弃马克思主义理论中某些已经过时的、不适合于中国具体环境的个别原理和个别结论,而代之以适合于中国历史环境的新原理和新结论,所以他能成功地进行马克思主义中国化这件艰巨的事业。"③

在1945年4月23日至6月11日召开的中国共产党第七次全国代表大会上,毛泽东思想被写进报告和党章,成为全党一切工作的指导思想,成为中国人民革命事业从胜利走向胜利的光辉旗帜。自此以后,刘少奇便始终如一地坚持用毛泽东思想指导党的事业。即使在"文化大革命"最困难

---

① 《刘少奇选集》上卷,人民出版社1981年版,第291页。
② 《刘少奇选集》上卷,人民出版社1981年版,第300页。
③ 《刘少奇选集》上卷,人民出版社1981年版,第319、336页。

的情况下，他仍然坚守"一个革命者，生为革命，死也永远为共产主义事业，一心不变"的誓言。

"对人民忠心耿耿、鞠躬尽瘁"的共产党员党性

把人民的利益看得高于一切，是刘少奇治国理政的一大原则，也是他考虑问题的出发点。他说过："我们反对国民党，是因为国民党欺压群众。如果我们自己执政，不代表群众的利益，脱离群众，甚至欺压群众的话，那么我们与国民党有什么区别？"① 王光美回忆说："为了保证党不变质，他主张首先要加强群众对党的监督。每个党员，包括他在内，都要受群众、受组织的监督，而且应该欢迎别人监督；作为领导干部更应该这样。少奇同志参加制定和执行政策时，都是坚持群众路线的。无论到哪里，他总要向那里的群众请教，做调查研究。即使掌握了大量第一手材料，也从不轻率作出决定，总是反复推敲，权衡利弊，与群众共同研究解决问题的办法。现在找到不少他的笔记本，上面记录着他在找人谈话时听到的情况和意见，其中有各级干部、工人、农民、军人的反映，也有普通居民和资本家的反映。20世纪50年代初，他还特地从湖南老家找了几个农民，担任他的通讯员，要他们每年给他写一两封信，如实反映情况，一就是一，二就是二，不许隐瞒，只要是为大家、为集体的事，他一定回信……'如果信寄不到，可以直接到北京来。为了群众的事到北京来，路费归我负担。'"②

全国解放前夕，面对民族资产阶级中有些人不了解我们党的政策，纷纷向海外逃跑，许多工厂陷于停工半停工状态，形成了工人大量失业的局面，刘少奇来到天津，同有影响的民族资本家谈话，宣传党的"公私兼顾、劳资两利"政策，宣布我们党不但不会没收民族工商业，而且要保护它们，使它们迅速恢复生产和经营，并欢迎私营工商业能够继续发展，私营工商业发展起来，对国家是有贡献的。同时，刘少奇又同工人群众谈话，劝说他们同资本家合作，说你们虽然受资本家剥削，但在目前情况下，被剥削比失业好。刘少奇这些话阐述了党的一个重要政策，就是在新中国成立初期，为了尽快地恢复全国的经济，缓解国家由于战争创伤而带

---

① 王光美：《我与少奇》，中央文献出版社2006年版，第18—19页。
② 王光美：《我与少奇》，中央文献出版社2006年版，第19页。

来的经济困难，提高人民群众的生活水平，顺利地过渡到社会主义，必须经过一个新民主主义时期，在这个时期内，允许民族资本主义的存在并得到一定发展。这是从维护人民群众的根本利益为出发点而考虑的。

1959年4月27日，刘少奇当选为中华人民共和国主席。据王光美回忆：他到家时，工作人员和家人都跑出来迎接他，同他握手，表示祝贺。但少奇只是向大家点了点头，表情严肃，脸上没有一点笑容，像平常一样向大家招手，就到他的办公室去了。有的工作人员不理解，说少奇同志当了国家主席，怎么也没有显出半点高兴来？王光美说："我当时看见少奇那种严肃的表情，没向他祝贺，我理解他的心情。虽然，他担任了国家主席，我心里为他高兴，因为这是党和人民对他的信任。他平时说：'人民信任你，你就绝不能辜负人民的信任。''人民给你多大的权力，你就要负多大的责任。'当时，农村情况不好，国民经济严重失调，人民生活已经开始发生困难，国际上反华逆流已经形成且有日益嚣张之势。他是受命于危难之中。在这样的时刻就任国家主席，肩上的担子十分沉重，他又怎么能开怀地笑呢？"①

1961年春，刘少奇回湖南农村进行了为期44天的调查。在他的出生地炭子冲，刘少奇随便到一些农民家里察看，揭开锅盖、打开碗柜看看，见油盐罐子里只有盐，没有油，锅里炒的是野菜。在公共食堂，看到的景象也很不好。由于饥饿，很多人得了浮肿病。群众的住房问题也十分困难，因为"大跃进"中办公共食堂、大炼钢铁、办养猪场等，公家随便占用或拆掉了社员的房子。据统计，刘少奇家乡宁乡县，1958年"大跃进"前原有农民住房70万间，"大跃进"期间总共拆掉了15万间。拆掉的住房超过总数的1/5，当然使群众住房紧张了。湖南省那两年，并没有发生严重的自然灾害，为什么群众生活还如此困难呢？调查中，群众普遍认为是"三分天灾，七分人祸"。以炭子冲大队为例，全大队15个生产队（屋场）190户，不到700人，一个劳动力一年才分得50元，欠债的将近1/5。有45户的房子被拆掉，有10多户的房子被公共占用。由于办公共食堂，鸡和猪基本绝种，山林也砍得差不多了。② 这次农村调查改变了刘少奇对"三面红旗"的看法，尽管"大跃进"和人民公社化运动是毛泽东亲自抓

---

① 黄峥执笔：《王光美访谈录》，中央文献出版社2006年版，第190~191页。
② 黄峥执笔：《王光美访谈录》，中央文献出版社2006年版，第264页。

的，而这个问题在当时又十分敏感，谁都不敢触及。

1961年5月31日，刘少奇在中央工作会议上的讲话中，勇敢地触及这个敏感问题。他说："我们在执行总路线、组织人民公社、组织跃进的工作中间，有很多的缺点错误，甚至有严重的缺点错误。最近不仅农业减产，工业生产也落下来了。如果不是严重问题，为什么会这样减产？为什么要后退？难道都是天老爷的关系？"他举例说："湖南农民有一句话，他们说是'三分天灾，七分人祸'。""从全国范围来讲，有些地方，天灾是主要原因，但这恐怕不是大多数；在大多数地方，工作中间的缺点错误是主要原因。有的同志讲，这还是一个指头和九个指头的问题。现在看来恐怕不只是一个指头的问题。总是九个指头、一个指头，这个比例关系不变，也不完全符合实际情况。"①

这些话说出了许多人心里想的却又不敢说的话，但是自从他公开批评"三面红旗"之后，他与毛泽东的关系变得微妙起来。他顾不得个人安危，在接下来的七千人大会上的报告中又重提这些问题，并要求全体党员干部发扬"不怕撤职、不怕开除党籍、不怕老婆离婚、不怕坐牢、不怕杀头"的"五不怕"精神，坚持真理，坚持实事求是。此后的事实证明，正是从批评"三面红旗"开始，毛泽东对刘少奇逐渐产生怀疑，并导致最后在政治上分手。

是刘少奇没考虑这样做的政治后果吗？作为国家主席、毛泽东的接班人，刘少奇的一举一动在政治上都是很敏感的。他习惯于做毛泽东的助手，忠实地执行毛泽东的指示，把维护毛泽东个人的威信看作是维护党的团结。每当两人认识不一致的时候，刘少奇常常主动放弃自己的意见，转而支持毛泽东的主张，即使有的经过实践证明自己是正确的。

1959年在第一次庐山会议上毛泽东发起的对彭德怀的错误批判，刘少奇曾经设想把批判彭德怀限制在小范围内进行，不要影响到纠'左'的大局。因此在会议结束后的当天，他把胡乔木叫到他的住处，仍想搞一个反"左"的文件。但在当时的政治气候下，这一设想未能实现。后来刘少奇在总结经验教训时不只一次地在党的会议上说过：庐山会议我们犯了一个错误，那个时候应该继续反"左"，不应反右，如果那时能够反"左"就

---

① 黄峥执笔：《王光美访谈录》，中央文献出版社2006年版，第264页。

好了。① 刘少奇这个反思有两个内含：一是针对自己的。他后悔在彭德怀那封信引起会议议题转向时，自己没能阻止毛泽东发动的反右派运动，至少是"把批判彭德怀限制在小范围内进行，不要影响到纠'左'的大局"；二是针对彭德怀的。他虽然认为，"彭总信中所说到的一些事是符合事实的，一个政治局委员向中央主席反映问题，即使有些意见说得不对，也不算犯错误，但他并不赞成彭总的做法。中央包括毛主席在内已经开始着手纠'左'，彭总的做法使人感觉到要追究个人责任，要大家表态站在哪一边，这不是要导致分裂吗？少奇同志在总结党的历史经验时说过，党在幼年阶段曾遭受惨重打击，但仍能发展壮大起来，就因为保存了自己的旗帜，没有分裂。他是把党的团结看得高于一切的。"②

正是基于对历史经验的总结，后来刘少奇开始理性地思考毛泽东的一些政策主张，对于他认为毛泽东做错了的，则尽可能地予以纠正。这从他在1962年的七千人大会以及之后的治国主张上可以看得出来。尽管他在维护毛泽东的威信与纠正毛泽东的一些错误主张方面十分小心谨慎，但是，他最终还是失去了毛泽东的信任。刘少奇并不后悔。

他在向儿女们留下自己的遗嘱中说道："将来，我死了以后，你们要把我的骨灰撒在大海里，像恩格斯一样。大海连着五大洋，我要看着全世界实现共产主义。你们要记住，这就是我给你们的遗嘱！""你们放心，我不会自杀的，除非把我枪毙或斗死。你们，也一定要活下去，一定要在群众中活下去，要在各种锻炼中成长。你们要记住，爸爸是个无产者，你们也一定要做个无产者。爸爸是人民的儿子，你们也一定要做人民的好儿女。永远跟着党，永远为人民。"③ 这可以看出刘少奇行事的原则：以人民的利益为根本出发点，在这个大原则下，一切个人名利荣辱都可以牺牲，但对背离这个原则的事，决不让步。这就是刘少奇，为了人民的利益，不惜牺牲自己的一切！

处理与领袖、群众、亲友关系中的人格魅力

在刘少奇的革命生涯里，毛泽东是他的重要支持者。从领导安源路矿

---

① 《刘少奇传》，中央文献出版社1998年版，第845页。
② 黄峰执笔：《王光美访谈录》，中央文献出版社2006年版，第201页。
③ 黄峰编著：《刘少奇的最后岁月》，中央文献出版社2002年版，第349页。

工人运动到白区会议上的争论，从领导北方局、中原局、华中局和新四军的工作，到延安整风运动，从新中国成立后与高饶反党集团的斗争到新民主主义和社会主义建设的一系列决策，都是如此。刘少奇也没有辜负毛泽东的信任，他成为"工人运动领袖""党在白区正确路线的代表""党的理论家"和华北、华中抗日根据地的主要创立者。正因为如此，在毛泽东的积极建议下，刘少奇较早地进入中央领导核心，作为毛泽东的接班人也有长达20余年。也由于这个缘故，刘少奇对毛泽东有着特殊的复杂的感情。

一方面，他对毛泽东的政治智慧由衷敬佩。刘少奇高度评价毛泽东"当着革命是在毛泽东同志及其思想的指导之下，革命就胜利，就发展；而当着革命是脱离了毛泽东同志及其思想的指导时，革命就失败，就后退"。他认为，毛泽东是一个伟大的马克思主义者，一个伟大的无产阶级革命家、政治家，是"最杰出的创造者和领导者"，是"我国英勇无产阶级的杰出代表"和"我们伟大民族的优秀传统的杰出代表"。同时，刘少奇认为毛泽东同志"具有最高的理论上的修养和最大的理论上的勇气。"他的最突出的特点就是不搞教条主义，他在思想上、政治上从来不受任何死的公式束缚，从来不把马克思主义看成是不可改变的僵死的教条，能够根据中国革命斗争发展的具体条件和新的任务经常改进工作的方式、方法。即使在"文化大革命"中遭受非人折磨的情况下，依然不改对毛泽东的信任。1967年8月7日，《北京日报》发表了题为《篡党篡国阴谋的大暴露》的大批判文章，毫无根据地诬蔑刘少奇策划、支持了所谓"畅观楼反革命事件"，反对毛主席。刘少奇看后十分气愤，他立刻给毛泽东和中共中央写信予以反驳，信中说："当我看到说我的目的就是要'反党''反社会主义''反毛主席''反毛泽东思想''要在中国复辟资本主义''要阴谋篡党篡国'等，我是不能接受的，因为我从来没有这样想过。而我想的都是同这些相反的。""我从来都反对在党内搞派别活动，而且长期抵制和厌恶那些过分吹捧我的人。我没有在党内组织任何派别，没有在党内进行过任何非法的组织活动。"①

另一方面，他又始终把毛泽东当作是他政治上的引路人，十分敬重毛泽东。新中国成立后，他告诉身边工作人员："在我们党内，只有3个人：一个是毛主席，一个是周总理，一个是朱总司令，大家称他们主席、总

---

① 《刘少奇传》，中央文献出版社1998年版，第1068页。

理、总司令,都习惯了,不必改,其他人,应该一律互相称同志。"①1954年在第一届全国人民代表大会上,刘少奇当选为人大常委会委员长。有一次,秘书杨俊去向他汇报工作,喊了一声"委员长"。开头,刘少奇好像没听见,根本不理。当叫了第三声"委员长"时,他不高兴地反问杨俊:"你怎么突然叫这个,不感到别扭吗?"平时很少责怪工作人员的刘少奇为这事不高兴,使杨俊当时感到很不好意思。幸亏在场的王光美出面解释:"你怎么叫他'委员长'呀?委员长是对外的,在家里还叫'少奇同志'嘛!"刘少奇也说:"以后不要叫这个了,叫同志多顺口啊!"②

刘少奇这样做,不仅体现了中国共产党的无产阶级性质,干部之间平等的革命关系,而且从各个方面表现出他的谦逊态度。这里还有一例。据王光美回忆,在当选中华人民共和国主席的"这年国庆节,《人民日报》等报刊第一次头版刊登了毛主席、少奇同志两个人的标准像。事前在一个小范围的会议上议过。少奇同志不同意登他的照片,说:'我们国家是共产党领导,党领导一切,毛主席是党的主席,所以登毛主席的照片就可以了。'有关部门提出这里有个对外的问题。毛主席当时就说不登不好,一定要登。有人提议毛主席的照片大一些,少奇同志的照片小一些。毛主席马上说:'为什么要小一些?一样大!'这事就这样定下来了。"③

后来,毛泽东与刘少奇在工作上产生了分歧,但是,这并没有改变刘少奇对毛泽东个人的感情。即使在毛泽东亲手发动的"文化大革命"中受到非人对待的时候也是如此。1967年4月9日,他对夫人王光美和儿女们说:

> "我绝没有反过党,没有反过毛主席。别人反对过毛主席,林彪反过,江青反过,我一直是拥护主席的。在我主持中央工作的几十年里,违反毛泽东思想的错误有,但没反过。工作错误有,但都是严格遵守党的原则的。我没有搞过阴谋诡计。工作是大家一起做的,要我承担责任可以!但错误得自己去改!""去年8月,我就不再过问中央工作。从那以后,错误仍在继续;将来,群众斗群众的情况还会更厉

---

① 黄峥主编:《共和国主席刘少奇》下,中共党史出版社1998年版,第1012页。
② 黄峥主编:《共和国主席刘少奇》下,中共党史出版社1998年版,第1012页。
③ 黄峥执笔:《王光美访谈录》,中央文献出版社2006年版,第191页。

害，不改，后果更严重。责任不能再推到我身上。这么多干部都被打倒了，将来的工作谁去搞？生产谁来抓？"

"有人要逼我当反革命，我可以问心无愧地说，不论过去和现在，就是将来永远不反毛主席，永远不反马列主义、毛泽东思想！一个革命者，生为革命，死也永远为共产主义事业，一心不变。"①

对待领袖、同事是这样，对待普通群众也是这样。刘少奇说："一个好党员、一个好领导者的重要标志，在于他熟悉人民的生活状况和劳动状况，关心人民的痛痒，懂得人民的心。"② 1966年8月，苏州市中学学生高德兴给刘少奇写信，认为刘少奇的《论共产党员的修养》中有误。刘少奇经过查证觉得他提的意见对，就于同月23日给高德兴复信，说："你对我写的《论共产党员的修养》一文中的一段，提出了你的意见，我认为你的意见是正确的，可将'使他不能（其实也能，如斯达汉诺夫就是技术工人中出来的）扬名一时'这一句删去。我十分感谢你向我提出的意见！"与此同时，刘少奇还按高德兴的要求，嘱中办信访处找一本解放军总政治部出版的《毛主席语录》寄给高德兴，勉励高德兴努力学习毛主席著作，在革命的大风大浪中锻炼成长。作为国家主席，虚心接受一名中学学生对他的著作提出修改意见，足见他的胸怀和气度。

对于他的几位前妻，刘少奇的所作所为也令人敬佩。他始终认为，爱情已去，但亲情尚在。刘少奇在与王光美结婚前曾有过五次婚姻经历：

第一任妻子周氏，是刘少奇19岁那年，母亲为拴住已许身革命的刘少奇的心，在邻村为其找的一个农家姑娘。刘母以病重为由骗得儿子归里，而儿子踏入家门进的却是洞房。坐了一夜板凳，讲了一夜自由……周氏姑娘无论如何不能接受重返娘家的劝告，唯一要求是刘少奇在将来有儿子时，送给她一个养老。刘少奇深深同情这位封建礼教的牺牲者，把自己名下的30亩地划给周氏，后来并践诺，将自己与何葆贞所生长子，托给了周氏。

第二任妻子何葆贞，是刘少奇的革命伴侣，两人于1922年结婚，她在1934年牺牲在国民党的监狱里。刘少奇对于她的感情，如同毛泽东对于杨

---

① 黄峥编著：《刘少奇的最后岁月》，中央文献出版社2002年版，第348~349页。
② 胡锦涛：《在纪念刘少奇同志诞辰110周年座谈会上的讲话》，见《人民日报》，2008年11月12日。

开慧，至醇至浓。直至新中国成立后，刘少奇第一次由北京南下，便偕王光美专程到了南京雨花台，深切哀悼这位永铭心髓的革命伴侣。

第三任妻子谢飞，是一个华侨、渔工的女儿，干练、爽快、直性子，经邓颖超撮合，两人走到了一起。但她的"工作资历"和"那样的性格"，无法长期忍受"只在刘少奇身边，干些收收文件、发发信函的事"，于是，两人分手。但是，即使在刘少奇身后，谢飞接受采访与写文章，仍然始终不渝地高度赞扬着刘少奇的革命精神与人格魅力，其情感人。

第四任妻子王前，与刘少奇生有一子一女。

第五任妻子王健，是朱总司令与夫人康克清介绍的，目的是要为刘少奇找一个人品贤淑、禀性文静的伴侣，使少奇的儿女有所依，身体有所养，"后方"有所安。恰巧，在他们身边的工作人员中，就有那么一位，这便是王健。朱德夫妇满以为他们成全了一桩美事。但谁也不会想到，某些健康的因素，也会使婚姻无法成活。这段关系几天就结束了。刘少奇非常体谅、周到地将王健托付给自己的老部下、老战友林枫、郭明秋夫妇，把她送到东北一个著名的疗养胜地，并请王健的姐姐陪伴着。

五次婚姻，尽管与刘少奇的政治生活一样，历尽坎坷，却说明了一个道理：刘少奇不仅是我党写"修养"论"修养"的第一人，也是一个真正以"修养"立身的人。

对待自己和子女，刘少奇却要求极其严格。他说：我当国家主席也是人民的勤务员，革命工作没有高低贵贱之分，在任何岗位上都应该全心全意为人民服务。有一段时间，刘少奇的一些亲属以为他在北京当了大官，办事只要一句话，于是都来找他帮忙。有的想从农村进城当工人，有的要调动工作，有的想用内部价买手表。刘少奇当然不能帮这个忙。为了教育家人，他专门召开家庭会，晓以利害。刘少奇说："你们以为我当了国家主席，给你们点方便，给你们点东西很容易。但我和你们的看法不一致，这就是个矛盾。有了矛盾就要正确处理。现在解放了，在农村的也好，当工人的也好，生活都比过去好多了。当然完全的平等现在还做不到。你们在农村的想进城，希望我帮忙。不错，我是国家主席，硬着头皮给你们办这些事，也不是办不成。可是不行啊！我是国家主席不假，但我是共产党员，不能随便行使自己的职权……"20世纪60年代三年困难时期，刘少奇的几个年龄还小的子女都在上学。但他们都和普通人家的孩子一起，坚持在学校住宿。刘亭亭几次饿得晕倒在学校里。当时，许多人都劝刘少奇夫妇把孩子接回家吃住，这样生活可以比学校过得好一些。但刘少奇坚决不同意。他对王光美说："人民吃不饱，我们有责任。让孩子们尝尝吃不饱的滋味，有好处。等到他们为人民办事的时候，将会更好地总结我们的经验教训，再不要让人民吃不饱饭。"①

刘少奇就是这样伟大，这样无私，连子女经受吃不饱的考验都与"为人民服务"联系起来。他不愧是真正的人民的主席，真正的"人民的儿子！"

坚定的共产主义信仰、坚强的共产党员党性、实事求是和执政为民的领导作风、坚持真理修正错误的顽强意志、严于律己宽以待人的优秀品格，成就了刘少奇的一世伟业。在很长一段时间里，刘少奇是全党公认的毛泽东的接班人，曾三次代理中共中央主席，并任中华人民共和国主席、人大常委会委员长，长期担任中共中央副主席、中央军委副主席。他提出的有关白区工作的一系列理论、路线和政策，对推动中共中央及时总结党的历史经验发挥了重要作用。他创立共产党员修养的理论，对加强党的建设特别是对丰富和发展党的建设理论，作出过重大贡献。在他主持下起草通过的七大政治报告和修改党章的报告，对毛泽东思想的主要内容作了完整概括，充分阐明了作为毛泽东思想主要创立者——毛泽东同志的伟大贡献，从此，毛泽东思想写在了党的旗帜上。

在从一个农村青年学生最后成为"伟大的马克思主义者，伟大的无产阶级革命家、政治家、理论家，党和国家主要领导人之一，中华人民共和国开国元勋和党的第一代中央领导集体的重要成员"的过程中，这些优秀思想、崇高风范、高尚品德使他能够始终坚持崇高理想、坚定信念，对党和人民无限忠诚；始终坚持实事求是、勇于创新，善于把马克思主义基本原理同我国具体实际结合起来；始终坚持为人忠诚坦荡、光明磊落，敢于讲真话、讲实话，从不隐瞒自己的政治观点，坚决反对弄虚作假；始终坚持廉洁奉公、无私奉献，把党和人民事业放在高于一切的位置，在任何时候任何条件下都把党和人民放在第一位，无条件服从党和人民安排，并把全心全意做人民的忠实勤务员作为自己的座右铭。

刘少奇的一生，是中国革命和社会主义建设的缩影。即使在遭到错误批判的日子里，他仍然坚信共产主义，坚信毛泽东思想，展现了杰出政治

---

① 王光美著：《我与少奇》，中央文献出版社2006年版，第28—29页。

家的伟人风范。

历史评说

刘少奇是伟大的马克思主义者,伟大的无产阶级革命家、政治家、理论家,党和国家主要领导人之一,中华人民共和国开国元勋,是以毛泽东为核心的党的第一代中央领导集体的重要成员。

1945年4月20日,在中共六届七中全会通过的《关于若干历史问题的决议》中,对党成立以来的历史问题作出正确结论的同时,高度评价刘少奇是"正确路线在白区工作中的代表"。《决议》指出:"土地革命战争时期的城市群众工作,则应如正确路线在白区工作中的代表刘少奇同志所主张的,采取以防御为主(不是以进攻为主),尽量利用合法的机会去工作(而不是拒绝利用合法),以便使党的组织深入群众,长期荫蔽,积蓄力量,并随时输送自己的力量到乡村去发展乡村武装斗争力量,借此以配合乡村斗争,推进革命形势,为其主要方针。"《决议》强调:刘少奇同志在白区工作中的策略思想,同样是一个模范。刘少奇同志正确地估计到1927年大革命失败后白区特别是城市敌我力量的悬殊,所以主张有系统地组织退却和防御,"在形势与条件不利于我们的时候,暂时避免与敌人决斗",以"准备将来革命的进攻和决斗";主张有计划地把1924年至1927年革命时期的党的公开组织严格地转变为秘密组织,而在群众工作中则"尽可能利用公开合法手段",以便党的秘密组织能够在这种群众工作中长期地隐蔽力量,深入群众,"聚积与加强群众的力量,提高群众的觉悟"。应当"根据当时当地的环境和条件,根据群众觉悟的程度,提出群众能够接受的部分的口号、要求和斗争的方式,去发动群众的斗争,并根据斗争过程中各种条件的变化,把群众斗争逐步提高到更高的阶段,或者'适可而止'地暂时结束战斗,以准备下一次更高阶段和更大范围的战斗"。①

1980年2月,中共十一届五中全会决定为刘少奇恢复名誉。

1998年11月20日,时任中共中央总书记江泽民在刘少奇诞辰一百周

---

① 《毛泽东选集》第三卷,人民出版社1991年版,第975、979、980页。

年纪念大会上的讲话中说：刘少奇"几十年如一日地忘我奋斗，始终把党和人民的利益放在第一位，即使在处境异常艰难的时候，仍坚持共产党人的崇高信念毫不动摇。他说过，共产主义事业是我们的终身事业，我们终身的一切活动，都是为了这个事业，而不是为了别的。他以自己顽强奋斗的一生实践了自己的誓言。他在对敌斗争中正气凛然、坚贞不屈，多次临危受命，出色地完成党交给的任务。他始终做人民群众的公仆，全心全意为人民服务，廉洁奉公，忠心耿耿，充分体现了共产党人的高贵品质"。他"写的党的建设方面的著作，特别是《论共产党员的修养》和《论党》，丰富了马克思列宁主义、毛泽东思想关于党的建设的理论。中国共产党要求自己的党员，紧密结合党的阶级性质、最高理想和当前任务，在革命的实践中努力加强个人的思想、品德和作风修养，努力在改造客观世界的过程中自觉地改造主观世界，坚持把马克思主义世界观同中华民族的优良思想道德结合起来，不断提高思想政治素质。这是我们党加强自身建设的一个鲜明特点，也是我们党维护思想上组织上的纯洁、提高凝聚力和战斗力的一个重要保证。刘少奇同志的《论共产党员的修养》，就生动地体现了这个鲜明特点。这部著作教育了一代又一代共产党人，在党的建设史上产生了广泛而深远的影响，是我们党极其宝贵的精神财富。"①

  10年之后，中共中央总书记胡锦涛高度评价刘少奇是"党内公认的党建理论家"，强调构成"党建理论家"称号的重要著作是"他的《论共产党员的修养》《论党》《论党内斗争》等都是党建理论的重要著作。"胡锦涛指出：刘少奇在《论共产党员的修养》一文中提出的"一个人要求得进步，就必须下苦功夫，郑重其事地去进行自我修养"，"而这种修养和锻炼的唯一目的又是为了人民，为了革命的实践"。他还强调："共产党员的党性锻炼和修养，是党员本质的改造。""一切党员必须执行党的政策和决议，积极参加党所领导的革命运动，严格地遵守党的纪律，对于党内党外一切损害党的利益的现象必须进行斗争。"这些重要思想，对于今天我们加强党的执政能力建设和先进性建设仍然具有很强的现实意义。② 胡锦涛说："刘少奇同志始终坚持真理、修正错误，具有彻底的唯物主义者的思

---

  ① 《人民日报》1998年11月21日。
  ② 胡锦涛：《在纪念刘少奇同志诞辰110周年座谈会上的讲话》，见《人民日报》，2008年11月12日。

想品格。他为人忠诚坦荡、光明磊落,敢于讲真话、讲实话,从不隐瞒自己的政治观点;同时他也大力提倡说老实话,办老实事,当老实人,鼓励别人讲真话,坚决反对弄虚作假。他不隐瞒任何错误,常常主动承担责任。这是他一生为真理而奋斗的真实写照。"①

---

① 胡锦涛:《在纪念刘少奇同志诞辰110周年座谈会上的讲话》,见《人民日报》,2008年11月12日。

朱德

要革命的跟我走

| 经典摘录 |

☆我们的一切力量都出于群众身上，一切办法也都由群众创造出来。我们依靠居民中的群众与军队中的群众力量，战胜了敌人，战胜了一切困难。我们没有别的本事，我们的本事就只有同群众密切结合在一起。显然地，如果我们脱离了群众，我们必然要失败。

☆今后战争的胜利仍然要靠勇敢，但不能只靠勇敢，而必须使军队各种成员精通技术，使各级指挥员精通现代的指挥艺术和善于组织有计划的作战，使勇敢与技术相结合。勇敢加技术，就无往不胜。

☆共产主义者应当是没有私心的人，为了人民群众的最大利益，我们没有任何东西不可以牺牲。共产主义者手中有马克思主义的武器，我们没有任何的是非不能得到合乎原则的判断。只要大家都提倡服从真理的精神，任何争论都可以有合理的结论，那么，我们之间还有什么不能团结起来的理由呢？工作中的争论总是有的，它并不是坏事，而是工作前进过程中必然不断发生的。而且，不同意见的争论，绝不能成为影响团结的理由。

主要经历

朱德，汉族，1886年12月生，四川仪陇人，原名朱代珍，字玉阶，1922年在德国加入中国共产党，元帅军衔。

1909年加入中国同盟会，1911年辛亥革命爆发后在云南参加武装起义。1927年8月1日，参加领导南昌起义，任起义军第九军军长。起义失败后收集余部，于1928年4月率部上井冈山，同毛泽东领导的秋收起义部队会师，成立工农革命军第四军，任军长。1930年6月起，先后任中国工农红军第一军团总指挥、中国工农红军第一方面军总司令、中国工农红军总司令。1931年11月至1936年12月，任中华苏维埃共和国中央革命军事委员会委员、主席。抗日战争时期，任国民革命军第八路军总指挥、第十八集团军总司令、第二战区东路军总指挥、第二战区副司令长官。解放战争时期，协助毛泽东指挥辽沈、淮海、平津三大战役。中华人民共和国成立后，任中国人民解放军总司令、中央人民政府副主席、中央人民政府人民革命军事委员会副主席，兼中央纪律检查委员会书记。1959年4月，当选为全国人大常委会委员长。是中共第七届中央书记处书记，第八届、十届中央政治局常委，第八届中央委员会副主席，第二、第三、第四届全国人民代表大会常务委员会委员长，1976年7月6日在北京逝世。

主要著作有：《朱德选集》。

情操实践

政治原则：对马克思主义和共产主义矢志不移

朱德是忠诚的马克思主义者，他对马克思主义、共产主义，对中国共产党和它的伟大事业，信仰坚定，百折不挠。早年在谈到信仰时，朱德曾深刻地指出：帝国主义、资本主义是与共产主义完全对立的，无政府主义是乱臣贼子主义，自由主义则是用所谓的"人人自由"造成天下多少罪恶，都是我们反对的。我们信仰的唯一真理只有一个，就是共产主义。①在总结中国革命成功的原因时，他又说："我们在革命斗争中取得胜利，是因为有党。"②晚年的朱德面对"四人帮"企图篡党夺权的局面，多次以"革命到底"题词自勉，表达他为共产主义事业奋斗终生的坚强决心。

如此坚定的马克思主义信念，朱德是在经历了多次风雨考验之后才最终确立的。

1908年，朱德从四川体育学堂毕业，强烈的"强身救国"、"教育救国"意识，促使他选择了教师职业。但他的新式教学遇到旧势力的极力反对，用朱德的话说，从此"开始了反对封建主义的真正斗争"。③不久，他就体会到"教书不是一条生路"④。

教育无法实现他的救国梦想，朱德毅然投笔从戎，考入云南陆军讲武堂，一心想拿起武器同敌人作战，报效国家，并立下救国誓言：

> 志士恨无穷，只身走西东。
> 投笔从戎去，刷新旧国风⑤。

此后几年，他以空前的热情投入到孙中山领导的辛亥革命中，血战昆明，护国讨袁，参加护法战争，但他所追求的建立独立、统一、民主、进步和幸福国家的理想并未实现。推翻清王朝以后，代表旧势力的袁世凯又复辟称帝，中国大地依然是军阀混战，民不聊生；帝国主义瓜分中国，得寸进尺。

为什么中国革命屡屡不能成功？这个问题使当时许许多多有志之士陷入深思。就在这时，一个名叫孙炳文的同盟会骨干、后来成为朱德了解和接受马克思主义的引路人和良师益友的出现，使朱德眼前闪出一线希望之光。孙对时局、时弊的精透分析，特别是对中国新文化、新思潮的兴起和《向导》、《新青年》等大量进步书刊的介绍，使朱德较早地了解了马克思主义思想。从此时开始，朱德大量地阅读马克思主义著作和介绍苏俄新社

---

① 《我眼中的朱德》，河北人民出版社2001年版，第12页。
② 《我眼中的朱德》，河北人民出版社2001年版，第232页。
③ 《朱德人生画卷》，中共党史出版社1996年第10版，第14页。
④ 《朱德人生画卷》，中共党史出版社1996年第10版，第15页。
⑤ 《朱德人生画卷》，中共党史出版社1996年第10版，第5页。

会制度的书刊文章，特别是俄国革命的成功和我国五四运动的爆发，使朱德的思想发生了很大变化。这时，朱德虽然还没有明确地找到根本解决中国问题的出路，但是，通过把自身的经历同苏俄的现实进行比较，逐渐认识到，旧民主主义革命已经走到了死胡同，采取与军阀结盟的策略，结果总是革命派败北，军阀势力继续横行。要谋求中华民族的独立和中国人民的解放，"有必要学习俄国的新式革命理论和革命方法来从头进行革命"。①于是，他远涉重洋，先后到法国、德国留学考察工人运动，学习俄国十月革命经验，使朱德坚定了只有在中国实行社会主义的原则，才有可能使人民摆脱压迫和苦难的信心。

朱德确立马克思主义信仰之时，中国无产阶级的政党——中国共产党已经成立一年有余。朱德决定加入中国共产党，把终生献给党的事业。他和孙炳文一起从云南辗转到重庆、上海、北京，最后再次来到上海找党。终于在闸北的一所简陋房子里，见到了中共中央执行委员会委员长陈独秀。陈独秀对这位滇军将领的来访深感意外。当朱德向他提出入党的要求时，陈独秀用审视的目光打量着朱德。因为在此之前还从未有过像这样一位在旧军队中有着高层地位的将领愿意舍弃高官厚禄来参加中国共产党的。他要考一考朱德的马克思主义理论水平。在提问"读过《共产党宣言》吗？""读过《资本论》吗？"两个问题回答都是"没有"之后，陈独秀作出了这样的定论："可以说你对马克思主义一无所知啊！"他接着说："无产阶级的革命事业在中国必定成功，这是毫无疑义的。不过，在这个胜利到来之前，等待共产党人的却是无数的艰难困苦……"朱德马上慷慨激昂地回答："这没有什么，只要中国的百姓能够得到解放，我们的国家能够昌盛富强，我个人吃苦也甘之如饴。"陈独秀继续侃侃而谈："参加共产党，必须要以工人阶级的事业为自己的事业，以工人阶级的宇宙观为自己的宇宙观。这对您这样的行伍出身的旧军人来说，恐怕需要经过一个脱胎换骨的思想转变哩。"朱德诚恳地说："当然，像我这样的人，要与工人和劳苦大众站在一起并肩战斗，是需要有个痛苦的转变过程。但是，我决心已定，申请参加共产党。请相信，我有这个要求，绝不自今日始。"②显

---

① 《纪念朱德诞辰110周年——全国朱德生平与思想研究文集》，中央文献出版社1998年版，第35页。

② 《中国元帅朱德》，中央党校出版社1995年版，第78页。

然，陈独秀并没有相信他的决心和意志，否则就不会出现拒绝朱德入党申请的一幕。

上海找党之行没有实现入党的愿望，这对于已经抱定毕生献身于无产阶级革命事业的朱德来说，其沉重心情可想而知。但朱德是个原则观念很强的人，确定了正确的人生追求，就决不回头。1922年9月，朱德和孙炳文一道踏上了前往欧洲的旅程，他要到马克思主义的故乡继续找党。到法国以后，听说那里的中国共产党留学生支部主要组织者周恩来已到德国，朱德又马上赶到柏林，找到了周恩来的住所。抗日战争初期采访朱德的史沫特莱这样描述朱德那天与周恩来会面的情景：周恩来客气地将他让进房门时，"朱德顾不得拉过来的椅子，端端正正地站在这个比他年轻十岁的青年面前，用平稳的语调，说明自己的身份和经历：他怎样逃出云南，怎样会见孙中山，怎样在上海被陈独秀拒绝，怎样为了寻求自己的新的生活方式和中国的新的道路而来到欧洲。他要求加入中国共产党在柏林的党组织，他一定会努力学习和工作，只要不再回到旧的生活里去——它已经在他的脚底下化为尘埃了，派他做什么工作都行。"朱德"把经历说完后，周恩来微笑着说，他可以帮助他们找到住的地方，替他们办理加入党在柏林的支部的手续，在入党申请寄往中国而尚未批准之前，暂作候补党员"。① 一个月后，经中共旅欧组织负责人张申府、周恩来介绍，朱德加入了中国共产党。

自此以后，朱德把个人与党的事业紧紧联系在一起，并为之奋斗终生。在长达半个多世纪的岁月里，无论遇到多少艰难困苦，始终不渝地跟党走。

1927年秋，朱德遵照中央军委的指示，全力协助周恩来领导了"八一"南昌起义，打响了共产党武装反抗国民党反动派的第一枪。但是，起义成功之后，部队很快就处在朱培德、张发奎部队的四面包围之中。起义军撤离南昌、南下广州刚到临川，就遭遇蒋介石嫡系部队钱大钧部两个师加两个团的拦击。作为先遣司令，朱德率部先是攻占瑞金，后又苦战会昌。特别是三河坝分兵以后，为了确保主力进军潮汕，朱德率部与5倍于我的敌军激战三天三夜，虽然粉碎了敌人增援潮汕的企图，但也付出了伤亡的代价。当他带领余部追赶主力之时，从前面传来主力部队已经失败的

---

① 《朱德传》，中央文献出版社2000年版，第66～67页。

消息，这无异于晴天霹雳。面对后有追兵，前无救援，供给已尽，有的人开始动摇，有的"开了小差"，有的流露出"我们解散算了"的消极情绪。

朱德觉察到问题的严重性。此时解散，无异于对革命的背叛，起义先烈的鲜血岂不白流？革命何时才能成功？如果放任此种消极情绪，也将难以摆脱险恶境地，甚至有全军覆没的危险。坚定的革命信念和强烈的使命感使朱德勇敢地承担起领导这支革命队伍的重任。他迅速召开干部会议，否决了关于解散部队的提议，并作出了隐蔽北上、穿山西进、直奔湘南的正确方针。在部队转移途中，为了扭转对革命失去信心的混乱思想，朱德反复向部队晓之以理。他说："大革命是失败了，我们的起义军也失败了！但是我们还要革命的。同志们，要革命的跟我走，不革命的可以回家！不勉强！""大家要把革命的前途看清楚。1927年的中国革命，好比1905年的俄国革命。俄国在1905年革命失败后，是黑暗的，但黑暗是暂时的。到了1917年革命终于成功了。中国革命现在失败了，也是黑暗的，但黑暗也是暂时的。中国革命也会有'1917年'的。只要保存实力，革命就有办法，就能成功。蒋桂战争一定要爆发，蒋冯战争也一定要爆发，军阀不争地盘是不可能的，要争地盘就要打仗，现在新军阀也不可能不打。他们一打，那个时候我们就可以发展了。"① 朱德慷慨激昂的思想动员、精辟深刻的形势分析和富有远见的战略预见，使大家在黑暗中看到了光明，在困难中认清了方向。经过"赣南三整"，在井冈山与毛泽东胜利会师。朱德在紧要关头挺身而出，宣传革命，正确决断，对保存南昌起义剩余下来的部队这支革命火种发挥了关键性的作用。后来陈毅回忆说：当时如果没有朱德的马列主义远见，"没有总司令的领导，这个部队肯定地说，是会垮台的"。

是非原则：坚持真理，求真、求实、求是

在朱德看来，坚持原则就是坚持真理，如果没有对谁是谁非、谁对谁错、谁敌谁友的准确把握，坚持所谓的原则条条，很可能会陷入盲从之中。早在南昌起义前夕，朱德就说："要做到真正成为一个革命的人，就要有清醒的头脑，有个明净的眼光，有个坚定的信念。要能明辨是非，要

---

① 《朱德传》，中央文献出版社2000年版，第111页。

能澄清曲直，要能分清敌我，还要站稳立场。"① 在这里，朱德把坚持是非分明，摆到与信念坚定同等重要的位置，并且对如何分清是非提出了四条重要原则，前三条讲的是内涵，解决分清哪些方面是非的问题，后一条讲的是结果，解决怎样才能分清是非的问题。这种在分清是非前提下坚持原则的观点，伴随朱德整整一生。

中华人民共和国成立后，朱德在谈到党的纪律检查工作的建设时，要求纪检部门"要认清是非，坚持原则。所谓认清是非，就是看别人是否违反了政策和纪律？违反的是哪一类？性质怎样？程度如何？所谓坚持原则，就是不怕得罪人，不犯自由主义"。② 他认为这样才能按照党的政策来区别对待犯错误的党员干部，使他们心悦诚服、易于接受；才能坚持党性原则，达到纪律检查的真正目的。1957年后，我们党在阶级斗争问题上走向失误，把党内关于社会主义建设中的一些思想认识分歧，看成是两个阶级两条路线的斗争。朱德对这种把"党内斗争有时同对反革命分子的清理混淆了"的政策失误提出批评，他要求领导者应当注意"反'左'容易出右，反右容易出'左'"，"要有'左'反'左'，有右反右，有啥反啥，没有就不反。不要一说什么就自上而下地来个普遍化"。③

坚持真理，必须首先认识真理，而认识真理必须加强学习，提高政治敏锐性和政治判断力。当年，朱德就是通过系统地学习马克思主义理论，而由一个民族主义者转变为马克思主义者的。由自己的革命经历联系到中国共产党成立以来所走过的道路，朱德深感掌握马克思主义之重要。他指出：

> 我们党历史上历次路线错误为什么能统治得那么久呢？因为大多数同志学习马列主义不够，分不清真假马列主义。同时，中国又非常需要马列主义，因此，当错误路线打着马列主义旗号时，大家就相信了。所以，必须很好地学习马列主义，使那些冒充马列主义、假招牌的马列主义非收起来不可，没有办法作怪。

---

① 《纪念朱德诞辰110周年——全国朱德生平与思想研究文集》，中央文献出版社1998年版，第218页。
② 《朱德与毛泽东思想》，重庆出版社1993年版，第179页。
③ 《纪念朱德诞辰110周年——全国朱德生平与思想研究文集》，中央文献出版社1998年版，第244页。

对于怎样学习马列主义、毛泽东思想，朱德提出了三条重要原则：一是"能正确地认识客观现实，认识世界"。二是"理论与实践的一致"。强调必须"把理论运用到实践中来改造实际，从改造实际中更加丰富、发展理论的内容。学习马列主义一定要和实际联系起来，要能在实际中运用，要能改造实际，这才是真正的革命的马克思主义。"[1] 三是正确处理学习毛泽东著作与同学习马列著作的关系。强调"我们要学习马列主义。不仅要读毛主席的书，还要读马、恩、列、斯的书"。[2] 这三条原则，概括了学习马列主义、毛泽东思想的方法内容和要达到的标准，反映了我们党理论发展的历程，是理论指导实践的有效而正确的办法。

认识真理，必须坚持求真、求实、求是的科学态度。历史上，中国共产党的许多失误都与机械地执行上级指示、照抄照搬别国的经验有关。朱德批评这种教条主义：刚念了几本书，背了几条原则，就自高自大，以为是万能，毫不虚心，处处卖弄教条，搬运走不通的最高原则。开口闭口社会主义原理原则，仿佛对世界各国的事情都懂，就是眼前的实际实事他不懂，不少事情就是他们弄坏了的，结果是一害自己，二害别人，三害革命。朱德认为，在认识真理的过程中，必须以实事求是作格言，以实事求是作世界观和方法论，一切从实际情况出发，从中国国情、军情出发，遇事走群众路线，"有什么枪打什么仗，对什么敌人打什么仗，在什么时间地点打什么时间地点的仗"。[3] 朱德的这一论述是十分正确的。因为人对物质世界的认识，总受到各种主客观情况的影响和制约，要比较真实地反映客观实际，就必须尽可能多地了解客观实际情况，而对客观世界了解的程度，主要的取决于我们的工作作风和思想作风。如果我们以粗枝大叶、蜻蜓点水、走马观花的作风，或者抱着个人的主观意愿来观察和认识世界，那就可能得出"一叶障目"的错误结论。因此，朱德强调看问题、办事情，要具体，不要空洞，要实际，不要浮夸。坚持做到：要很好地调查研究，掌握确实的材料；要敢讲真话，不要报喜藏忧；做工作不要只讲有利的一面，而不讲不利的一面，总结经验不要忘记吸取教训。

---

[1] 《朱德年谱》，人民出版社1986年版，第224页。
[2] 《朱德年谱》，人民出版社1986年版，第539页。
[3] 《纪念朱德诞辰110周年——全国朱德生平与思想研究文集》，中央文献出版社1998年版，第225页。

坚持真理不是人人能够做到的。为了民族解放，为了革命事业，朱德把个人安危置之度外。

1935年1月15日至17日，中央政治局召开了具有重大历史意义的遵义会议。围绕第五次反围剿失败原因是客观上的敌众我寡，还是主观上军事指挥的路线错误，会议形成了以已经被剥夺了红军指挥权的毛泽东为一方，以中央临时负责人博古为另一方的不同认识。朱德从五次反围剿的不同结果中看到，前四次反围剿在毛泽东军事思想指导下都取得了胜利，而排斥毛泽东对红军的指挥之后，第五次反围剿却惨遭失败，中央红军遭受重大损失，被迫进行长征。真理使朱德不怕被戴"反党"的帽子，投了毛泽东关键的一票。

在这次会议上他两次发言支持毛泽东。第一次是在王稼祥、张闻天发言之后，他态度鲜明地支持毛泽东的正确意见。他说，毛泽东批评李德是瞎指挥，我完全赞同。第二次是在另一位喝过洋墨水的与会者公开反对毛泽东的主张之时，朱德再一次起身发言说："我们大多数将领都没有喝过洋墨水。我倒喝了一点，喝得也不多。但是，事实胜于雄辩，谁对谁错，历史是最终的证人。李德同志总揽全局以来，一切照搬外国，致使红军节节失利，全局溃败……我不反对学习外国的理论与经验。但是，一定要与中国革命实践相结合。靠背教条指挥战争，没有不失败的。毛泽东同志与我共事时间长，连敌人也称我们叫'朱毛'，我对他的了解就是他创造和运用了机动灵活的战略战术，取得了前四次反'围剿'的胜利。事实证明，他具备指挥中国革命战争的杰出才能。所以，我和恩来提议，让他进入到中央领导中来！"

朱德的提议遭到少数人的反对，说"这是反党行动！"历来谦逊稳重的朱德这时厉声地说："我本来讲，要对事不对人。这次会议只解决一些重大原则性问题。现在看来，你们还有人要坚持原来的领导。好！我就重新声明我的立场：如果由你们继续领导，我就不会再跟着你们走下去！"①朱德的话在会议上引起了极大的反响。会议最后形成的《中共中央关于反对敌人五次"围剿"的总结决议》，分清了红军战略战术中的根本是非，肯定毛泽东、朱德、周恩来等在前几次反"围剿"中取得胜利的正确的战略战术原则，并推选毛泽东为中央政治局常委，实际上形成了以毛泽东为

---

① 《红军之父》，解放军出版社2000年版，第228—229页。

核心的新的中央的正确领导。后来英国作家威尔逊曾客观地说:"遵义会议如果朱德将军投周(恩来)的票而不投毛(泽东)的票,那毛很可能失去机会。因为朱在红军内举足轻重,朱不仅是毛长期的合作者,也是周长期的朋友。"①

治军原则:党指挥枪,勇敢加技术

作为人民军队的主要缔造者之一,朱德亲身经历了人民军队从无到有、从小到大、从弱到强的发展历程。他切身感到,要造成铁的红军,必须坚持"党指挥枪的原则",使红军指挥员、战斗员首先完全信仰共产党的领导,"无条件地在共产党的领导之下"。他指出:共产党是无产阶级的先锋队,工农红军只有在共产党正确领导之下才能够完成它的历史的伟大任务。"无产阶级军队绝对服从无产阶级利益的最忠实的代表者——共产党的领导,是无产阶级军队建设的基本原则。"② 1941年8月,在《党是军队的绝对领导者》一文中,朱德进一步阐述了坚持"党指挥枪的原则"的重要意义和领导方式。他指出:"我们的军队是在党的领导下产生、成长和壮大的。没有我们的党,就没有这支军队;为着保证党在军队中的绝对领导,就得使党与行政的关系正确地建立起来。行政系统对党组织的关系,应当是:行政系统必须遵守与执行党的路线,服从党的决议,完成党所给它的任务。党组织对行政的关系,应当是:党的路线,党的决议,必须经过行政系统来执行,来体现;党组织必须尊重行政系统。"③ 他还说:"我们军事干部离开了党,那他就一样也做不成,一样也做不了,一切问题要靠党。"④ 这些深刻的思想,不仅提出了为什么要坚持党对军队绝对领导这一建军原则,而且系统地阐述了党怎样来领导军队的大问题。

朱德对人民军队建设的艰苦探索和实践,从大革命时期就开始了。那时,年轻的共产党还没有认识到建立革命武装的重要意义,面对蒋介石反革命大屠杀,"一场轰轰烈烈的大革命就此断送了"。血的教训使中国共产党人清醒地认识到"枪杆子里面出政权"的道理,于是,朱德与周恩来等共产党员一道高举起革命的大旗,发动南昌起义,创建起第一支共产党领

---

① 《周恩来传》,第117页。
② 《朱德和他的事业》,中共党史出版社1993年版,第104页。
③ 《朱德年谱》,人民出版社1986年版,第241页。
④ 《朱德选集》,人民出版社1983年版,第2页。

导的人民军队。但是，这支革命队伍的基础是旧军队，因而不可避免地保留着固有的不良作风。为了保证红军忠实地执行党的纲领、路线，完成它所肩负的历史使命，朱德与陈毅率领部队进行了我军历史上有名的"赣南三整"，整顿党和团的组织，重新登记党员和团员，吸收一批表现突出、意志坚定的同志入党，在部队成立党、团支部，设立党代表。井冈山会师后，朱德与毛泽东共同创建了红军第四军，并通过著名的"古田会议"，制定了一条马克思主义的建军路线，在红军中建立党的领导中枢，健全党的各级组织，实行集体领导，厉行集中指导下的民主生活。从此，人民军队置于党的绝对领导之下。

长征途中，四方面军领导人张国焘与党中央在军事战略行动问题上产生严重分歧。1935年6月，一、四方面军会师后，张国焘两次致电党中央，请求"飞示以后行动总方针"，"立发整个战略，使〔一〕致作战"。① 党中央随即致电张国焘等，明确提出：今后我一、四方面军会合后的总方针"应是占领川、陕、甘三省，建立三省苏维埃政权，并以适当时期以一部组织远征军占领新疆"。当前红军主力"均宜在岷江以东，向着岷、嘉两江之间发展"。

张国焘虽然复电表示同意向川陕甘发展，但认为东出川北一带和北打松潘，地形和敌情极为不利，主张红军向西退去到新疆、青海、西康等地，以为这样可以避开国民党军队的强大军事压力。

为解决这个重大战略方针问题，6月26日中央政治局在两河口召开会议，一致同意周恩来、毛泽东等多数人关于北上的意见。张国焘表面同意会议决议，但借口给养困难，反对北上，主张南下，并自恃枪多势众，公然向党争权，策动一部分人向中央提出改组中革军委和红军总司令部，要求由他担任军委主席，给以"独断决行"的大权。实质是张国焘要取毛泽东等的领导地位而代之。从这以后，不利于红一、四方面军团结的现象日渐增多，张国焘也开始向下散布"中央政治路线有问题"、"中央红军的损失应由中央负责"、"军事指挥不统一"等错误言论。为了党的全局利益，加强党和红军之间的团结，胜利完成北上的任务，中央政治局接受周恩来的提议，将原来由他担任的红军总政治委员的职务改由张国焘担任。红一、四方面军混合编成右路军和左路军，党中央及毛泽东、周恩来随右路

---

① 《红军长征简史》，湖北人民出版社1986年版，第291页。

军行动,朱德、张国焘、刘伯承率左路军北上。

在与毛泽东、周恩来分路前进的情况下,朱德勇敢地挑起了与张国焘作斗争的重任。9月8日,张国焘电令红四方面军驻马尔康地区的部队扣留中央纵队,同时致电右路军领导人徐向前、陈昌浩,停止北上,准备南下;9日,再次电令陈昌浩,提出"彻底开展党内斗争",企图危害党中央。由于叶剑英及时将这一重大信息报告毛泽东,党中央及时采取措施,才脱离了险境。9月中旬,张国焘在阿坝召开中共川康省委扩大会议,对中共中央进行攻击,并要朱德发表声明反对党中央的北上抗日方针。朱德坚定地予以回绝:"中央北上抗日的决定,我是赞成的,拥护的,我举了手的,我不能反对我亲自参加作出的决定,如果硬要我发表声明,那我就再声明一下,我是坚决拥护党中央作出北上抗日的决定的!"①

朱德威武不屈,迫使张国焘跳出来,威胁朱德说:"你既主张北上,那你就离开部队北上好了。"朱德果断地回答:"我是党中央派来的,我不能离开部队。""我现在虽然不能随中央北上了,只得跟着你们南下,但南下是没有出路的,将来你们还得北上。"② 10月5日,张国焘公然另立"中央",自封"主席"。朱德正告张国焘:"你这种做法我反对,全国只有一个中央,我们要接受党中央的领导,不能同中央对立。""我是总司令,不能反对中央,不能当你封的这个'委员'、那个'委员'。""朱毛朱毛,人家外国人都以为朱毛是一个人,哪有朱反对毛的!""你可以把我劈成两半,但是你绝对割不断我和毛泽东的关系。"③ 朱德的坚决斗争加上全党的努力,最终粉碎了张国焘分裂红军的企图。毛泽东在回忆这段历史时,高度评价朱德的人品气节和坚毅博大的胸襟。他在给抗日军政大学学员题词时写道:"要学习朱总司令:度量大如海,意志坚如钢。"④

朱德认为,人民军队的任务,是在共产党的领导下夺取政权,建立和巩固自己的政权。不论是夺取政权、建立政权和巩固政权,都必须做到攻无不克、战无不胜。这就必须提高战斗力,而战斗力是军队制胜能力的综合反映,它既有精神的因素,也有武器装备的因素,还有数量和人的素质的因素等等。身为总司令的朱德对锻造无敌的铁军非常重视,1931年11

---

① 《朱德年谱》,人民出版社1986年版,第146页。
② 《长征路上:毛泽东和他的战友们》,黑龙江人民出版社1993年版,第95页。
③ 《长征路上:毛泽东和他的战友们》,黑龙江人民出版社1993年版,第96页。
④ 《朱德年谱》,人民出版社1986年版,第163页。

月,在中国工农兵苏维埃第一次全国代表大会上作的《红军问题报告》中,他指出:"中国红军必须扩大数量,提高质量,加强无产阶级领导,加紧政治军事教育。"① 在这里,强大的人民军队的内涵包含四层意思:一是数量要扩大;二是质量要提高;三是党的领导正确;四是战斗精神旺盛。16年后再谈这个问题,他高度浓缩为一句话:"勇敢加技术。"勇敢显然代表的是政治思想和精神状态,而技术则是对武器装备、战略战术的总体概括。这不是语言表达的一般简缩,而反映了他对军队现代化建设重要性认识的升华。此后,他又进一步阐述这一思想,指出:"今后战争的胜利仍然要靠勇敢,但不能只靠勇敢,而必须使军队各种成员精通技术,使各级指挥员精通现代的指挥艺术和善于组织有计划的作战,使勇敢与技术相结合。勇敢加技术,就无往不胜。"②

中华人民共和国成立后,朱德在重视人的主观能动作用的同时,更加重视武器技术装备的现代化。他认为,现代军事科技对于战争的胜负起关键作用。在《建设一支强大的人民空军》的讲话中,朱德讲到:"空军能不能建设好,掌握技术是个关键。在一定的意义上,技术决定一切。如果我们别的都好,就是技术不好,那也不能完成任务。""空军作战的性质,有时往往是一分钟一秒钟的事情。只有掌握了技术,才能战胜敌人,不然就要为敌人所打败。"不久,朱德就把这种技术决定胜败的思想拓展至武器装备的建设上。他说:先进的武器装备是军队现代化的物质基础,也是军队质量高低的重要标志,要提高军队的战斗力,必须花大气力使我军的武器装备现代化。如果我们的部队是一支具有现代化装备的部队,而使用这些装备的人又是有优良的政治素质,一个个都是赤胆忠心,充满着英雄气概的英雄,那么,我们的部队就称得上是真正钢铁般的、无敌的部队。有了这样一支现代化的部队,我们就能确保中国人民的和平与幸福,直至最后消灭战争。朱德在这里使用的"现代化装备"的概念,不仅包含常规武器装备的现代化,也蕴含着发展尖端武器,搞原子弹和导弹的主张。而实现这个目标,必须坚持引进先进武器与自主创造相结合。

毛泽东与朱德的想法不谋而合。在党中央、中央军委的支持下,从20世纪50年代初开始,从社会主义国家引进了一批舰艇、飞机、坦克及60

---

① 《朱德年谱》,人民出版社1986年版,第103页。
② 《朱德选集》,人民出版社1983年版,第306页。

个步兵师的装备，初步改善了中国人民解放军装备落后的局面。然而，实现军队装备现代化，不仅要引进，更要自力更生。朱德专门致函国务院有关部门，提出自己的设想。在第一个五年计划建设期间，国家对原有的兵工厂进行改造，并新建了一批占全国重点项目 30% 的重点工程，到 1954 年，全国军工厂共试验成功 23 种武器。进入 60 年代，人民解放军的武器装备步入以自行设计、自行制造为主的新阶段。

党性原则：善于团结，开展批评与自我批评

中国共产党从创建发展到成为领导全国的马克思主义执政党，经历了不平凡的历程。朱德作为第一代党中央领导集体的重要成员，从入党那天起，就十分注意党性修养的锻炼。特别是怎样处理好人际关系，坚持党性原则，团结共事，完成党组织交给的任务。他深感建立在马克思主义基础上的党内团结是至关重要的。指出："一切忠于共产主义事业的革命者，必须把维护党的统一和团结，作为自己最重要的一项任务。必须指出，党能否保持巩固的统一和团结，实际上是一个关系到革命成败的大问题。"[1]他在党的七届四中全会上揭露和批判高岗、饶漱石反党分裂活动时说："党的团结，特别是党的中央委员会、省市委以上的负责同志和武装部队高级负责同志之间的团结，是决定革命胜利最主要的关键。"[2] 他还说：党的团结和社会主义革命的胜利是全党的最高利益，每个同志都要把维护和巩固党的团结，为社会主义奋斗，作为思想、言论、行动的标准。[3]

然而，党内生活不可能没有矛盾。正如毛泽东所说："党内不同思想的对立和斗争是经常发生的，这是社会的阶级矛盾和新旧事物的矛盾在党内的反映。党内如果没有矛盾和解决矛盾的思想斗争，党的生命也就停止了。"[4] 因此，维护党的团结，同时也不应回避或掩盖党内矛盾和斗争。这就提出一个问题，如何对待和正确处理党内的矛盾？朱德非常赞同我们党在遵义会议后逐步制定的解决党内矛盾的正确方针，也就是毛泽东提出的"惩前毖后，治病救人"，"从团结出发，经过批评或斗争，达到团结"。

1938 年 9 月，在中共中央政治局会议上，王稼祥传达共产国际的指

---

[1]《朱德选集》，人民出版社 1983 年版，第 343 页。
[2]《朱德年谱》，人民出版社 1986 年版，第 374—375 页。
[3]《朱德年谱》，人民出版社 1986 年版，第 379 页。
[4]《毛泽东选集》，第 2 版第 1 卷第 306 页。

示：中共中央领导机关中要以毛泽东为首解决统一领导问题，要有亲密团结的空气。朱德发言说：共产党要以天下为己任；为了掌握革命的领导权，干部必须很好地学习马列主义，掌握革命理论。党内团结要实行正确的自我批评，党员要维护对党的领导的信仰，因此领导同志要有接受批评的精神。① 朱德在这里阐发了两个重要的辩证法思想：一是要维护党的权威；二是要坚持党内正常的批评。他认为，维护党的权威、领袖的权威是党的事业的需要，是全党的大局；愈是党员群众信任党的干部，领导干部越要胸襟开阔，广开言路，特别要冷静地听取那些批评自己的尖锐意见。只有在正确开展批评和自我批评的基础上才有党内健康的民主生活，才有亲密团结的气氛和下级关系。朱德还认为，对待党内错误，既要反对自由主义、好人主义的态度，也要反对机械的、粗暴的、过火的党内斗争。他说：对原则问题，必须分清是非，坚决同一切消极因素和错误思想作不妥协的斗争，"不斗争就不能团结"②。20 世纪 70 年代，他在听取江西省有关领导关于林彪及其死党的破坏活动的汇报后，坚定地说：对他们"就是要坚决斗争！你不斗他，他就斗你。""只有坚持斗争，才能取得胜利！"朱德这种同错误言行作斗争的鲜明立场，经历了政治斗争的严峻考验。

十年内乱期间，朱德同许多老一辈革命家一样没能免受运动的冲击。运动一开始，康生在向毛泽东状告诬陷刘少奇的同时，也把朱德列入他们的黑名单，幸亏毛泽东"不许胡来"，"朱老总和刘少奇不一样"③ 的表态，使朱德最终没有遭到刘少奇那样的命运。只要还能为党工作，朱德就不顾个人安危，与林彪、"四人帮"进行着坚决的斗争。1960 年以后，林彪在不同场合提出，"毛泽东思想是当代最高最活的马克思列宁主义，""它今天在世界上站在最高峰，站在现时代的顶峰。"时任总参谋长的罗瑞卿不同意林彪的"顶峰论"和"最高最活"的极"左"口号，朱德与罗瑞卿有着同样的看法。在 1965 年 12 月召开的批判罗瑞卿并撤销其一切职务的中央政治局扩大会议上，朱德勇敢地站出来，伸张正义。他说，我同意罗瑞卿反对"顶峰"的提法。"不能说毛泽东思想是马列主

---

① 《朱德年谱》，人民出版社 1986 年版，第 198 页。
② 《朱德选集》，人民出版社 1983 年版，第 389 页。
③ 《红色之路——朱德与百年中国》，光明日报出版社 1997 年版，第 418 页。

义的顶峰，顶峰就不能发展了"。① 他也不同意把罗瑞卿说成是"反党乱军"并予以撤职。他说："为什么要撤？这不是撤一个罗瑞卿的问题，像这样可靠的人都撤，打击面宽了，真假失去了标准，今后党内要不平安了。"②

事态的发展果然被朱德言中。1966年5月，以中共中央"五一六通知"为标志，"文化大革命"全面爆发，中央和地方许多党政领导干部被作为"反革命修正主义"、"黑帮分子"、"叛徒"、"走资派"受到批斗、抄家，工厂、农村的生产秩序受到严重冲击，整个社会陷入极度混乱。朱德在这年12月的政治局扩大会议上指出："现在有一个问题，就是把你也打成反革命，把他也打成反革命。我看，只要不是反革命，错误再严重，还是可以改正的。一打成反革命就没有路可走了，这个问题要解决。"一个月后，在中央政治局的扩大会议上，朱德再次提出："现在'文化大革命'，运动搞到破坏生产的程度，忘记了'抓革命，促生产'，这是新出现的问题，要注意解决。"③ 这样不断地直指"文革"中的问题，反映了朱德刚正不阿的原则观念。

朱德在"文革"这个敏感的问题上坚持自己的意见，激怒了林彪、"四人帮"。党的八届一中全会后，林彪一跃成为"副统帅"、党内排名在毛泽东之后的第二号人物。他在一次讲话中说："在我们元帅中间，除了彭德怀之外，朱老总也不好，贺龙是最不好的一个……"林彪点名批评朱德，并把朱德与1959年已经被打成所谓"右倾反党集团"的彭德怀排在一起讲，其险恶政治用心已昭然若揭。不久，"打倒朱德""炮轰朱德"的大字报就贴满中南海朱德的寓所。红军总司令被诬蔑为"黑司令"，朱德的夫人康克清也被戴上了"走资派"的帽子。他们还密谋召开万人大会，把批判朱德的斗争引向社会。由于周恩来提前得知、报告毛泽东，才使批斗大会中途流产。

林彪集团失败以后，毛泽东与朱德见面，便为过去所谓"黑司令"的事平反。他说：有人说你是"黑司令"，我不高兴。我说是"红司令"。没有朱，哪有毛，朱毛，朱毛，朱在先嘛。毛泽东公开为"文革"中的一些

---

① 《朱德年谱》，人民出版社1986年版，第541页。
② 《康克清回忆录》，解放军出版社1993年版，第469页。
③ 《朱德传》，中央文献出版社2000年版，第908—909页。

错误作自我批评，证明了朱德的看法和主张是正确的。

由党内斗争演变为敌我矛盾的情况毕竟是少数。朱德认为，绝大多数党内矛盾是非对抗性矛盾，而对于非对抗性矛盾，应当采取和风细雨的方式。斗争不是目的，斗争最终是为了团结。他指出："对犯了错误的同志，应当治病救人，不能搞惩办主义，无情打击。要很好地爱护干部，尊重党员的权利。如果他没有经验，就把他教育好；如果他有错误，就帮助他改正。"① 他还说："共产主义者应当是没有私心的人，为了人民群众的最大利益，我们没有任何东西不可以牺牲。共产主义者手中有马克思主义的武器，我们没有任何的是非不能得到合乎原则的判断。只要大家都提倡服从真理的精神，任何争论都可以有合理的结论，那么，我们之间还有什么不能团结起来的理由呢？工作中的争论总是有的，它并不是坏事，而是工作前进过程中必然不断发生的。而且，不同意见的争论，决不能成为影响团结的理由。"② 建国初期，朱德在同一名领导干部谈话时，发现这名同志有个人名位思想，便严肃地告诫他：不要想做大官，要时刻警惕和约束自己；要当心啊，弄得不好将来会掉脑袋的哟！在"三反"运动中，这个同志的比较严重的铺张浪费等错误被揭发出来。朱德审阅了有关材料后，委派中纪委的同志调查核实，并嘱咐说：这个同志十几岁就参加革命，有一定贡献，要按照党的原则，实事求是地弄清他的问题，分别是非轻重作出严肃慎重的处理。经过详细的调查核实，这个同志的上级党组织对他作了必要的组织处理，并把他下放到基层去锻炼。后来，这个同志接受了教训，经过一个时期的锻炼以后，又重新担负了领导工作，对党的事业继续作出贡献。

朱德认为，坚持党性原则，必须把全心全意为人民群众谋利益作为根本宗旨。他指出："我们的一切力量都出于群众身上，一切办法也都由群众创造出来。我们依靠居民中的群众与军队中的群众力量，战胜了敌人，战胜了一切困难。我们没有别的本事，我们的本事就只有同群众密切结合在一起。显然地，如果我们脱离了群众，我们必然要失败。"③ 对于损害群众利益的现象和不关心群众疾苦的官僚主义作风，朱德提出严肃的批评，他说：要使党真正成为群众所依赖和拥护的领导力量，就"必须认真改进

---

① 《朱德与毛泽东思想》，重庆出版社1993年版，第168页。
② 《朱德选集》，人民出版社1983年版，第243—244页。
③ 《朱德选集》，人民出版社1983年版，第94页。

工作方法，切实关心群众的利益，细心倾听群众的意见，坚决保证群众的民主权利，坚决反对违法乱纪的行为，进一步巩固党同群众的联系"。①"不管任何组织或个人，只要违反了政策，违反了法律，我们就去检举、纠正。""如犯错误者走得太远，则必须坚持斗争。"1953年，天津市爆出建国以来第一贪污大案：原任地委书记刘青山和现任行署专员张子善贪污腐化的问题被揭露出来。情况报告到朱德那里，他为这样高级的干部如此对待人民群众而感到愤怒，同时，又对自己的干部在新中国刚刚成立就堕落到如此地步而倍感痛心和惋惜。他挥笔批下："触目惊心！党性何在？国法难容！"12个大字，尔后面见毛泽东。当时，党内对这一案件的处理出现两种意见。一种认为对"违法乱纪，（要）名正典刑"。一种认为，建国之初，干部奇缺，刘青山、张子善是经过战火考验的年轻的"老革命"，有功之臣，应戴罪立功。朱德对毛泽东说："我们的党只应有一种纪律，我们的国家也只应有一个法律。决不允许任何不受党纪国法约束的个人与独立王国的存在。有些人认为党纪国法是给一般党员、普通老百姓立的，自己可以例外，这些都是封建意识，是剥削阶级的思想和行为，对于我们共产党人来说，是一种耻辱。所以，不管任何组织和个人，只要违反了党纪国法，我们都要一视同仁、严肃处理。"②周恩来支持了朱德的立场，最终刘青山、张子善被处以极刑。

就在党中央"挥泪斩马谡"、警示全党牢记毛泽东"两个务必"之时，又一个置人民群众生命安全而不顾的案件惊动了毛泽东。此事发生在1950年9月，南下大军的十几名病伤员被送到武汉市医院抢救。时任医院院长兼市卫生局副局长的宋瑛拒绝接收，医院医生为救治病伤员与宋瑛发生激烈争执，最终没能改变宋瑛的决定，致使个别病伤员失治而死。

出于对宋瑛官僚主义、不顾前线战士生命的义愤，有人给毛泽东写信揭露了此事。党中央责成武汉市委负责处理，但武汉市委没有处理，而是将信件转给了市政府。市政府明知宋瑛兼任着市卫生局副局长，还是将信件转给卫生局党组织查处，这就使宋瑛有机会看到上级转下来的揭发信。宋瑛本应该认真检查自己的错误，吸取教训，改进工作，但她却认为写信人是"动机不纯，有意破坏"，臆测匿名信是市属第二医院的工作人员纪

---

① 《朱德选集》，人民出版社1983年版，第389页。
② 《红色之路——朱德与百年中国》，光明日报出版社1997年版，第360页。

凯夫等3人所写，便找他们核对笔迹，强迫他们承认错误。对这种错误做法，市政府党组和副市长周季方不但不予制止，还支持宋瑛"追查控告人"。在此期间，第二医院曾发生一起盗窃保险柜公款的案件，周季方、宋瑛又蓄意嫁祸纪凯夫，命令公安机关将纪逮捕，长期关押逼供，并逮捕配制盗款所用钥匙的铜匠，逼使铜匠隐瞒真相诬陷好人。还将这起普通盗窃案说成是"政治阴谋"，捏造证据诬陷纪凯夫是"特务"，并对向上反映真实情况的一些党员干部进行压制打击。中共中央中南局组织部、中南局纪委和武汉市纪委在了解真实情况后，都对此事提出不同意见，《人民日报》还在1951年9月11日于"党的生活专栏"公开批评宋瑛、周季方压制民主、侵犯人权的错误。但问题仍得不到解决。

朱德对这样一个明显简单的事件弄得如此复杂感到震怒，他亲赴武汉，了解情况。在查明真相之后，朱德来到中南海丰泽园毛泽东的寓所，建议党中央严肃处理。他说："刘（青山）、张（子善）二人是知法而犯法，虽然罪大恶极，但法律本身没被破坏；武汉事件，是毁坏践踏法律本身，使党纪国法变了质、几乎荡然无存。前二人犯法，只是具体犯罪；而后者，则是破坏、取消法律，是从立国的基础上毁灭我们的政权！"毛泽东听罢朱德的话，称赞道：总司令干了一段纪检，果然是"士隔三日"了呢！他表示：按朱老总的意见，放人，平反。此后，中央书记处一致同意中南局严肃处理周季方、宋瑛的意见。朱德在中纪委书记任上，坚持原则，连出重拳，严肃查处党员干部违法违纪案件，对于维护党的形象，保护人民群众的利益发挥了重要作用。

20世纪70年代以后，朱德的处境虽然十分艰难，但仍然十分关心人民群众的生产生活，经常到各地考察调研，嘘寒送暖。直到1976年1月，针对江青、康生等人把抓生产说成是"唯生产力论"的观点，他还义正词严地指出："别听他们'革命'口号喊得比谁都响，实际上就是他们在破坏革命，破坏生产。不讲劳动，不搞好生产，能行吗？粮食不会从天上掉下来。没有粮食，叫他们去喝西北风！"① 表现了一名坚定的共产主义战士为人民的利益奋斗终生的高尚情怀。

---

① 《朱德年谱》，人民出版社1986年版，第564页。

| 历史评说 |

朱德是伟大的马克思主义者,无产阶级革命家、政治家和军事家,中国共产党、中国人民解放军和中华人民共和国的主要缔造者和领导人之一,中华人民共和国十大元帅之首。是以毛泽东同志为核心的党的第一代中央领导集体的重要成员。

毛泽东曾评价他:"度量大如海,意志坚如钢。"称赞他是"人民的光荣"。

周恩来称赞朱德:他的革命经历是"20世纪中国革命的里程碑"。

1996年12月10日,江泽民在朱德诞辰110周年纪念座谈会上的讲话中,称赞朱德:光明磊落,襟怀坦荡,对党对人民无限忠诚,时时刻刻以党和人民的利益为重。他一向坚持实事求是,对同志以诚相见,对错误敢于斗争。他处处顾全大局,事事注意团结,从不计较个人得失。指出:"朱德同志谦虚谨慎,艰苦朴素,始终保持共产党人的政治本色。他把一切功劳归于党和人民,从不居功,始终以普通一兵和劳动人民的普通一员自居,充分体现出一个真正革命者的伟大人格。他关心群众,体贴群众,总是和群众打成一片,不断从群众中汲取智慧和力量。他要求干部和党员始终注意防止骄傲自满和脱离群众,防止贪污腐化,否则就会失掉共产党人应有的品质,就会在革命队伍中掉下队来。"

2006年12月1日,胡锦涛在纪念朱德同志诞辰120周年座谈会上的讲话中指出:朱德同志坚持做人民公仆,始终把人民群众的安危冷暖放在心中。相信群众、依靠群众,密切联系群众,倾听群众呼声,关心群众疾苦,帮助群众解决实际困难。他坚持真理、顾全大局、谦虚谨慎、不骄不躁,时刻以党和人民的利益为重,把一切建树和业绩都归功于党、归功于人民,从不居功自傲,从不计较个人得失。朱德同志反复强调,共产党人要求自己比要求别人要严格一些,有功先归群众,有过勇于担当。朱德同志严于律己、宽以待人、艰苦朴素、清正廉洁,始终以普通一兵和劳动人民普通一员的姿态出现,保持劳动人民本色。朱德同志对同志敦厚慈祥,关心体贴,以诚相待。朱德同志对亲属要求十分严格,经常教育后代,模范实践了毛泽东同志倡导的"两个务必"精神。

曾跟随朱德参加南昌起义的中国人民解放军原总参谋长粟裕大将回忆

朱德率领起义军余部上井冈山一事说：在这难以想象的艰难时刻，我们的朱德同志和陈毅同志，真是像青松那样挺拔，像高山那样耸立，他们坚决率领这支革命队伍，坚持走武装斗争的道路，成为整个部队的中流砥柱。可以毫不夸张地说，那时如果不是朱德同志的领导和陈毅同志的协助，这支部队肯定是要垮掉的。当然，有些同志也可能走上井冈山，但作为一支部队是不可能保存下来的。

美国女作家艾格尼丝·史沫特莱称赞朱德是"红军之父"。1950年5月6日，在她临终之际留下遗嘱：把骨灰埋在中国，遗物交给朱德总司令处理……这位"像热爱自己的祖国一样热爱中国"、"经常忘记了自己并不是中国人"的美国人，就是以这样一种令人震撼的方式表达了她对中国人民和朱德元帅的信任与敬重。

任弼时

一切工作都要从群众的利益出发

| 经典摘录 |

☆能坚持走一百步，就不该走九十九步！

☆一怕工作少，二怕花钱多，三怕麻烦人。

☆人生于世形体为第一生命，名誉为第二生命。……人有名誉，则人敬我，信我，实至名归，虽谓之不死可也；苟无名誉，则人远我、毁我，而不能立于社会，虽未死谓之已死可也。

☆欲为士，必宜发愤求学，广谋知识，以著书立说；为农，必宜勤劳树艺，以望收获之利；为工，必宜勤劳造货，以供世用；为商，必宜勤劳运转，以保本国利源不使外溢；为兵，必宜时常熟练，以御外防内也。

主要经历

任弼时,汉族,1904年4月生,湖南湘阴(出生地今属汨罗市)人,原名任培国,寓爱国、卫国、强国之意。1921年8月,入苏联莫斯科东方劳动者共产主义大学中国班学习时,改名为"任弼时"。

1922年12月,转为中国共产党党员。1925年7月,任共青团中央局总书记。1927年5月,在中国共产主义青年团第四次全国代表大会上,继续当选为团中央总书记;8月,任中共中央临时政治局委员。1931年12月起,任中共苏区中央局副书记兼组织部部长、苏区中央局党校校长。1934年7月起,任中共中央代表、红六军团军政委员会主席,率红六军团先遣西征,开创湘鄂川黔边革命根据地。抗日战争爆发后,任八路军政治部主任、中央军委总政治部主任。1938年4月至1940年3月,出使莫斯科,1938年7月任中共驻共产国际代表团团长。回国后,参加中共中央书记处工作。1941年7月起,任中共中央秘书长。1943年3月起,任中共中央书记处书记,进入中共中央领导核心。1944年5月起,主持起草《关于若干历史问题的决议》的工作。1949年2月,任中国新民主主义青年团筹备委员会主任。是中央临时政治局委员,第六届、第七届中央书记处书记。1950年10月27日在北京逝世。

主要著作收入:《任弼时选集》。

情操实践

勤奋成就"青年最亲密的导师"

任弼时出生于书香世家。至清朝末年,任家男子60%以上离家或赴县城、省城就读,女子在省城接受中等教育者也近30%。更有不但走出了家门、县门、省门，并且走出了国门，成为享誉中华的教育家、学者、工程师。①任弼时的远祖任应庚曾任广西太平府知府，祖父任芝坞例授登仕郎。两位堂叔父：一位叫任裕恒，留学日本，并在英国伦敦大学攻读经济学，1926年出任湖南大学校长，是和马寅初齐名的著名经济学家，曾有"南任北马"之称；一位叫任裕敬，1919年考入美国罗威尔纺织学院，是我国第一代纺织工业专家。任弼时的父亲任裕道，是一名开明的乡村教师，终身以教书育人为业。

在这样家庭环境影响下，任弼时4岁即开始接受文化启蒙。5岁时，任裕道到离家十多公里的公立学校任教，为了不影响儿子的学业，即把任弼时带到学校寄宿住读。1911年任弼时7岁那年，正式成为作民小学一年级学生，当年即获得"最优等"学习成绩。保存下来的1912年1月28日签发的修业合格文凭留下这样的评语：

> 湖南省公立作民两等小学堂为发给修业文凭事，照得本学堂现届初等第四班第三学年考试完毕，学生任培国本学年总平均分数84.17分，列入最优等，相应发给修业文凭……②

任弼时少年时代取得的"最优等"学习成绩，不仅体现在对自然科学文化知识的学习掌握上，而且体现在对社会科学和人生境界上。

1914年，在他刚刚10岁的时候，他就懂得人要自立自强的道理。他在作文《自立》中写道：

> 人之生也，当有益于世。欲有益于世，所贵者莫如自立。自立之道不可倚赖他人，若倚赖他人即非自立。农夫播种五谷，吾得而食之；工人做器具吾得而用之，建筑屋宇吾得而居之。我享其成，即宜自立，以图报称。若一家能自立，则保一家。由家而县，由县而省，由省而国。固世界之人皆以自立为要。吾国四万万同胞欲保国家非自立不可。吾人年幼之时不尤宜自振乎！③

---

① 任远志著：《我的父亲任弼时》，辽宁人民出版社1997年版，第4页。
② 任远志著：《我的父亲任弼时》，辽宁人民出版社1997年版，第9页。
③ 《任弼时年谱》，中央文献出版社2004年版，第6页。

人的一生要想有益于社会，必须贵在从自立入手，任弼时已经清楚地认识到，个人的自立自强，离不开一个"勤"字。他在作文《民生在勤》中写道：

> 凡人必求职业。职业者，士、农、工、商、兵是也。皆随吾心之所欲也。欲为士，必宜发愤求学，广谋知识，以著书立说；为农，必宜勤劳树艺，以望收获之利；为工，必宜勤劳造货，以供世用；为商，必宜勤劳运转，以保本国利源不使外溢；为兵，必宜时常熟练，以御外防内也。①

勤学、勤劳、勤练，概括了任弼时对一个人成才、成事、成业的基本认识。到1915年11岁时，他的认识进一步升华，由个人拓展到社会、国家、民族。

2月，在作文《拟御侮之策》中写道："万物相处不能无争，能自卫者则能生存"，"国家设有陆军、海军即卫国者也"。"今者日本欲夺我土地财产，我国不让，将有一血战。惜我国缺少兵炮，然吾国之地广物博胜于日本数十倍，人人若有卫国之心既有御侮之策。"

3月，在作文《爱国说》中又写道："凡人之生，宜有爱国之心。何也？因身与国家大有关系，故宜大家保存。有战事宜以勇敢之心御之，勿徒多以自谋口腹自得安居而已……外人有言我国热心唯有十五分钟。吾国四万万同胞本爱身之心以爱国，一则免受外人讥评，且不致为外人奴隶，则幸甚。"②

此后，他又将"爱国"之法概括为"合群"。他在《合群说》中写道：

> 国者由人民而成，必赖人民以强。欲强之道，莫如合群。士、农、工、商皆能合群，则必能富。富者强之本也，故各国重学会，士、农、工、商莫不皆然。若一家能合群，则保一家；一乡能合群，则保一乡；一县能合群，则保一县；一省能合群，则保一省。合省成国，则必强而后可。中国有四万万同胞而不能胜少数人之小国者，咎

---

① 《任弼时年谱》，中央文献出版社2004年版，第6页。
② 《任弼时年谱》，中央文献出版社2004年版，第7页。

在不能合群也。①

围绕国家、民族，任弼时提出了许多新的思想观点。比如，在作文《立志》中写道："强国之道，莫贵工业"，"故吾志习工业，以图工业振兴"。在《说体操之利益》中写道："国何以强，强于民；民何以强，强于身；而身何以强，体操锻炼而强之也。"他强调要"养成其协同尚武之精神，坚忍耐劳之习惯，活泼强健之身体。欲以救人民之文弱，国家之衰微也"。在《论生财之本》中写道："生财之本，无不赖乎土地、勤劳、资本此三者"，"而其中之最贵者则惟勤劳，人能勤劳则可得劳金，聚之锱铢成为巨资"。由此观之，"勤劳乃本中之本乎"。他还写下《战胜艰难说》一文，认为大禹治水、张骞通西域、哥伦布发现新大陆"皆一生之心力而后济。方其发轫之时，成与不成固不知，然奋力前进战胜艰难，卒立不朽之功，垂无穷之业，此吾侪所当引以为师者也"。在《国庆纪念日感言》中，任弼时抨击军阀混战的景象是："名为理国事，实为一二人之相争，竟破坏全国之安宁，于人民之呼吁置若罔闻，中国其能免于危亡乎？"

青少年时期对人生、社会、国家、民族的深刻见解，使任弼时走上社会后如鱼得水，很快成熟起来。

1919年5月，积极投身五四运动，开始接受革命思想。

1920年8月，参加毛泽东等正在筹建的俄罗斯研究会，并由该会推荐首批赴上海入"外国语学社"作留俄学习准备，首批加入上海社会主义青年团。

1921年8月3日，顺利进入莫斯科东方劳动者共产主义大学（简称"东方大学"或"东大"）中国班学习。

1922年1月21日—2月2日，作为正式代表出席了远东各国共产党及民族革命团体第一次代表大会。这一年，任弼时还有幸见到率领代表团来莫斯科出席共产国际第四次代表大会的中共中央最高领导人陈独秀。12月7日，在陈独秀主持召开的旅莫支部会议上讨论通过，任弼时与王一飞、彭述之"转为正式党员"。会后，任弼时接替瞿秋白担任莫斯科东方大学中国班西方革命运动史课堂俄语翻译。

1924年7月，作为中国社会主义青年团的正式代表之一，出席在莫斯

---

① 《任弼时年谱》，中央文献出版社2004年版，第7页。

科召开的青年共产国际第四次代表大会。之后，结束在东方大学的学习生活回国。9月，开始参加中国社会主义青年团中央局会议，担任江浙皖区委委员，并被聘为编辑员，负责编辑《中国青年》及为《团刊》、《平民之友》等刊物供稿。10月9日，遵照团中央局决定担任团中央俄文翻译。

1925年1月26日至30日，代表旅莫斯科的团组织在上海出席中国社会主义青年团第三次全国代表大会，为大会主席团成员，并加入了教育训练及经济斗争两委员会。大会通过将"中国社会主义青年团"改为"中国共产主义青年团"。在青年团三届一次执委会上，任弼时被选为团中央执行局成员，任团组织部主任。5月6日，任团中央代理总书记。7月21日，任共青团中央局总书记兼组织部主任。这时，任弼时刚刚20岁。从此时起，任弼时与青年结下不解之缘。

任弼时主持团中央工作的当月，震撼全国的五卅运动爆发了。为了指导青年团积极参加"五卅"运动，任弼时立即主持召开团中央会议，决定：发动各阶层人民，组织反帝统一战线，号召上海人民和青年罢工、罢课、罢市，以反对帝国主义暴行。6月2日，又以青年团中央总书记名义签发团中央52号通告，就"五卅"惨案扩大反帝运动问题作出部署，其中指出：这次反帝运动中，"上海大多数民众，颇有民族革命的倾向，并且现在时时有大暴动突起之可能"。为使斗争"得到相当的胜利"，应即刻全体动员，使运动"尽量扩大到全国"。为团结一切可以团结的反帝力量，他提出斗争策略：除公然为帝国主义压迫此运动者外，"暂不向北京政府及地方政府进攻"；对大资产阶级"应努力使之与民众合作"，但要"时时处处留意他们的妥协性"，并联合小商人群众迫使大资产阶级"节节前进，至少也要使他们不即时反动"。① 很快，民众反抗遍及全国。

"五卅"运动以前，中国青年团是建立在小资产阶级的学生群众的基础上，其主要工作就是领导学生的反帝国主义和封建主义工作，在工农青年群众中几乎没有团的影子，这与蓬勃兴起的工农运动极不适应。根据青年团三大提出的"组织应该扩大遍及于全国，使之真正成为青年群众的团体"的要求，1925年5月7日，任弼时以总书记和组织部主任双重名义签发团中央通告，明确：一、工农青年只要有相当的阶级觉悟并很愿意做事而表现勇敢的，即可介绍入团；二、学生及职员对主义有相当认识，而且

---

① 任志远著：《我的父亲任弼时》，辽宁人民出版社1997年版，第61页。

有活动之才力,且愿意遵守团的纪律,接受执行机关指挥而参加实际工作者即可加入本团。在大力发展团组织的同时,任弼时注意严格团内思想教育,他在团中央机关刊物《中学校刊》撰文《怎样布尔什维克化》,从思想上启迪团员学习列宁主义,主张以布尔什维克化的精神建设中国共青团,阐明布尔什维克化的精神是:一要使团体能群众化,二要使团员正确明白主义且不忘其为群众的领导者,三要能按实际情形而运用经验与理论。谆谆告诫团员"注意分析中国社会、按客观事实而运用经验与理论",不应做"不顾环境的模仿主义者"。

1928年3月,任弼时调中共临时中央机关工作,暂时离开团的领导岗位。1940年3月,结束中共驻共产国际工作回到延安后,参加书记处工作,一直分管青年团的工作。1946年8月至9月,他提议中央重建团组织。在中央书记处会议上,他提出应当把青年中的积极分子组织起来,这样,"既便于教育提高他们,发挥积极性,又可以通过他们去提高广大一般青年的积极性"。在这次讲话中,他还对青年团的性质、任务、名称等作出了规范。关于青年团的基本任务和名称,他说:"按实质,党的基本任务就是团的基本任务。目前,就是为新民主主义而奋斗。因此,名称可叫新民主主义青年团"。关于青年团的性质,他说:"团的性质,是带政治性的青年先进分子组织,是党的助手。""青年团要在各种广泛的青年组织中起先锋作用。"①另外在中共中央座谈会上,他提出了加强党对青年团的领导,改进青年工作方法,发挥青年团的作用等意见。随后,中央下发了《关于建立青年团的提议》。此次,中央就如何建立青年团在全党开始试验。经过两年多的实践探索,1949年1月1日,中共中央决定:建立全国统一的青年群众的积极分子组织——中国新民主主义青年团。

1949年4月11日,中国新民主主义青年团第一次全国代表大会胜利召开,任弼时出席大会并代表中共中央作政治报告。任弼时说:"过去青年运动的经验告诉我们,必须要有青年群众自己的积极分子的组织,作为青年群众中领导的核心,才能更有力地推动青年运动的发展。"他强调,必须加强党对青年团的领导,"保证中国共产党对于中国新民主主义青年团的正确的领导,是中国青年运动正确地向前发展的决定因素。过去三十

---

① 任弼时:《提议建立青年团的两次讲话》见《任弼时文选》,人民出版社1987年版,第403、404页。

年来的历史事实,充分说明中国共产党是中国青年最好的领导者和保护者。""青年团的基本任务是要团结和教育整个青年一代,其工作阵地,显然不应当限于青年学生的狭小范围内,相反,是要把更多的注意放在开展工农劳动青年中的工作上,而且主要地是要依靠工农劳动青年群众。""青年团在青年工人中开展工作的主要目的,在于提高青年工人的生产积极性,并作为遵守劳动纪律、节省生产原料的模范者。在学习技术和手艺中,在生产竞赛运动中,要能起先锋带头作用。"他要求:"青年团要在各种不同职业、不同工作部门的青年群众中进行工作,其总的目标,在于团结和教育青年一代,在于领导青年学习建设新民主主义中国的各种理论与实际。""在工厂中的青年团员,要努力使自己成为工厂中的熟练的模范工人;在农村中的青年团员,要努力使自己成为农村中的有知识的模范农民;在部队中的青年团员,要努力使自己成为有文化的模范战士或战斗英雄;在学校的青年团员,要努力使自己成为学校中有思想的模范学生;在各种不同工作岗位上的青年团员,要努力使自己成为本工作岗位上的模范工作者。"① 任弼时的一系列重要论述,为中国青年和共青团工作方向。

奋斗不息的"骆驼精神"

任弼时去世后,叶剑英写下《哀悼任弼时》一文,把任弼时的革命品格概括为"骆驼精神"。他指出:任弼时"是我们党的骆驼,中国人民的骆驼,担负着沉重的担子,走着漫长的艰苦的道路,没有休息,没有享受,没有个人的任何计较。他是杰出的共产主义者,是我们党最好的党员,是我们的模范"。② 这段话高度概括了任弼时一生的工作状态、对理想的追求和奉献。

第一,勇挑重担,不怕困难。

"勤奋"是任弼时一生的美德。少年时代,他就撰文《说勤学》,指出:"凡人之生,无论智愚,莫不以勤学为贵。天下之人,生而知之者少,学而知之者多。故人皆宜学,学尤宜勤。"他还写下《劝友人勤学书》,告诫友人"务宜专心求学以求上进",否则,"少壮不努力,老大徒伤悲"。

---

① 《任弼时选集》,人民出版社1987年版,第484—486页。
② 叶剑英:《哀悼任弼时同志》,见《任弼时同志逝世纪念集》,青年出版社1951年版,第65页。

1916年，12岁的任弼时以《人贵有恒》为题，对成才与"勤"和"恒"的关系作进一步论述。指出："人之学业或优或劣或成或败，其故安在哉？在乎有恒无恒而已。"他并引经据典，以英国瓦特，中国古人孔子、愚公为例，总结出"优者成于勤，而成于有恒；劣者败于嬉，而败于无恒，定理也"的规律。他说："不闻英国瓦特创造汽船乎？朝夕研究，靡寒靡暑，屡经更改而其器始良。使无恒心能造其器以周流天下乎！不闻弈秋之诲弈乎？一专心，一不专心。专心者志在于弈，不专心者志在鸿鹄，而优劣终分。分于有恒无恒也。愚公恶其面山而居，率其子孙持畚而往移。南人有言：人而无恒，不可作巫医。孔子好学而成大圣，回也不愚而成大贤，其造诣由有恒来也。由此观之，吾侪宜三复之。"

参加革命后，他把勤奋努力工作作为座右铭。1928年6月，党的六大在莫斯科举行。任弼时奉命与李维汉、罗登贤在六大期间留守国内，主持中央日常工作。这时，任弼时年仅24岁。从这一年4月至9月，半年时间里，每天除了向各地党组织传达来自共产国际和中共中央的指示外，更多的是对国内的现实问题进行具体指导。这期间，中国革命处于一个重要时刻。一方面，"八七会议"确定了实行土地革命和武装起义的正确方针，党组织领导了约达200次左右的武装起义，不少次有重大影响的起义所保留下来的革命武装，最终走上了在农村武装割据的道路。另一方面，暴动高潮中，盲动主义多有发生，在蒋介石疯狂镇压、搜捕共产党人、压制民众运动的严峻形势下，绝大多数起义都遭到了失败，使革命力量受到不应有的损伤。党需要加以总结，认真思考如何才能真正有效地将革命推向前进。党的六大担负着这样的任务，国内留守中央同样地而且更加具体地担负着这样的任务。在这一历史时刻，任弼时临危不惧，勇敢地挑起光荣的历史使命。他们先后召开中共临时政治局常委（留守）会议30余次，研究涉及的工作内容包括：国内状况和革命形势的分析，党的工作方针、政策、规划、部署，党组织自身的整顿和改造，城市工作，乡村工作，军事工作，文化工作，同其他党派关系，广东、湖南、湖北、江西、福建、安徽、浙江、山东、江苏、上海、四川、顺直等10多个省市的工作。其中，由任弼时起草的文件就有：《中央致顺直省委信——国奉战争中顺直的工作布置问题》《中央给顺直省委信》《关于在白色恐怖下党组织的整顿、发展和秘密工作》《中央给河南省委的信》《中央给江西省委的信》《中央给浙江省委的信》《中央通告第五十八号——兵运策略》《城市农村工作指南》《中央致福建省委的信》等，还起草了提交中共六大的长达三万余字的《三年来中国共产青年团务概况》的报告，改定了中央《军事工作大纲》。这些文件和任弼时在会上的发言中，提出了新形势下整顿党的组织和改变工作方式的任务，全面规划了党的城市、农村、军事三大工作，以及继续纠正盲动主义错误等。推行后效果是明显的。李维汉后来回忆说："在中央（留守）、各级党组织和广大党员群众的共同努力下，当时的工运、农运、兵运、反日运动、党的整顿等方面都取得了一定的成绩"。①

第二，任劳任怨，不计得失。

任弼时1928年10月15日、1929年11月17日，在安徽省南陵县和上海两次被捕，受尽酷刑，坚贞不屈。虽经组织营救出狱，但留下疾病。他长期带病坚持工作。他说："能坚持走一百步，就不该走九十九步！"他"一怕工作少，二怕花钱多，三怕麻烦人"。"怕工作少"，主要是担心中央考虑他的身体因素太多、对他照顾太多。因此，一有机会，他就拼命工作。1938年3月，中共中央政治局决定，派任弼时赴莫斯科，向共产国际交涉"军事、政治、经济、技术人才"等问题。实际上是王明自1937年抗战爆发回国后，以共产国际执行委员、书记处书记身份，打着斯大林和共产国际的旗号，指手画脚，指责党的统一战线政策，把自己凌驾于党中央之上，对党的实际工作造成很大危害。为了向共产国际反映中共的真实情况，澄清斯大林和共产国际对中共的政策的误解，组织上安排了任弼时前往苏联。

任弼时是3月下旬到达莫斯科的。首先，他同在共产国际任执委会委员和书记处书记的各国共产党的负责人建立了良好的关系。这些同志包括：捷克斯洛伐克的哥特瓦尔德、西班牙的伊巴露丽、德国的皮克、芬兰的库西宁、意大利的陶里亚蒂、法国的马尔梯、苏联的曼奴伊尔斯基。特别是同共产国际执委会主席季米特洛夫和秘书长哥特瓦尔德等来往较多，关系自然更密切一些。这些良好的人际关系，为任弼时开展各项工作创造了必要的外部环境。

其次，加班加点准备向共产国际执委会提交的关于中国抗日战争的形势和中国共产党的工作和任务的报告。包括：关于中国的抗日战争、关于

---

① 李维汉：《回忆与研究》（上），第255页。见《任弼时百年纪念——全国任弼时生平和思想研讨会论文集》（上），中央文献出版社2005年版，第129页。

抗日民族统一战线、八路军在抗日战争中的作用及其最近状况、群众运动的发展和中国共产党的状况。

再次，连续撰写文章宣传中共中央的方针政策和毛泽东的思想。从1938年5月开始，任弼时先后在《真理报》《共产国际》等报刊上发表《中国人民的卫国战争》《中国的抗日民族统一战线及其发展》《中国持久战口号的意义》《民族解放斗争中的中国共产党》《中国人民民族解放战争中的中国共产党》等文章。同时，任弼时还亲自翻译或组织翻译了《联共（布）党史简明教程》和毛泽东的《论新阶段》《关于国际新形势对新华日报记者的谈话》等重要著作和文章。这些文章，对于共产国际全面了解和正确认识中国共产党的政策主张，确立毛泽东的领袖地位起到了重要作用。

经过紧张的准备，4月14日，他在出席共产国际执委会时，代表中共中央向主席团提交了题为《中国抗日战争的形势与中国共产党的工作和任务》的长达1.5万字的书面报告大纲。5月17日，在共产国际执委会主席团会议上，任弼时又将4月14日的书面报告大纲作了更为全面、更为详细的口头说明和补充。

共产国际执委会主席团对任弼时的汇报高度重视，于6月11日通过了共产国际执委会主席团《关于中共代表报告的决议案》（内部的）和《共产国际执委会主席团的决定》（公开的）。《决议案》指出："共产国际执委会主席团在听了中国共产党的活动的报告以后，认为中国共产党的政治路线是正确的。中国共产党在复杂和困难条件之下，灵活地转到抗日民族统一战线的政策之结果，已建立起国共两党的新的合作，团结起民族的力量，去反对日本的侵略。"《决议案》表示赞同中共继续大力开展敌后游击运动，坚持统一战线中的政治上、组织上的独立性。

这才有此后王稼祥回国后向中共中央传达共产国际的决议案和季米特洛夫关于"在中共中央领导机关中，要以毛泽东为核心解决统一领导问题"的重要指示，才有中共六届六中全会的成功召开。

任弼时所说的"怕花钱多""怕麻烦人"，主要是指党和人民为医治病患投入的人力物力财力。长期的积劳成疾，使任弼时的病情不断加重。1949年5月，任弼时在出席中华全国青年代表大会期间曾一度出现昏迷状态。毛泽东得知后，特地派人送来一缸红鱼，并致亲笔信："弼时同志：

送上红鱼一群,以供观赏,敬祝健康!"① 后来,应中共中央请求,苏联克里姆林宫医院内科主任瓦西林柯、神经科主任康诺瓦诺夫教授专程来到中国,为任弼时检查病情。检查结果是病情严重,建议到苏联医治3个月。经毛泽东与斯大林商定,中共中央决定任弼时赴苏治病。按照任弼时的性格是不愿意到苏联治病的。那样不仅要花人民的钱,还要求助于其他国家。何况当时新中国刚成立,工作千头万绪。但是,为了尽快恢复健康,在党中央作出决定后,他像历次完成党所交给的任务一样愉快地接受了。但是,在准备赴莫斯科时,他提出了两条原则:一是随行人员宜少。他说:"我们的国家刚刚解放,带的人多了,就要给国家增加负担。"他提出家属一个也不带,译员也不必配备,"我自己会讲俄语,只要刘医生去就可以了,主要是陪我说说话。"卫士呢,也不需要。后来中央决定,加派朱子奇任秘书。二是添置服装力求节省。他乐观地估计,此行时间不长,莫斯科冷,冬季皮大衣是需要的,但夹大衣就不必做。

一到苏联,住进医院,任弼时就又忘记自己是个重患病人,一边治疗,一边工作。他说:"我们国家将要开始经济建设,搞经济建设没有知识和经验是不行的!"因此,他按医嘱散步,坐两次雪橇进行室外活动,其余时间阅读《真理报》和《党的生活》杂志,把其中有关经济和党的建设的文章如:《在建设事业上党的组织工作》《经济工作干部的政治学习》《集体农庄干部的培养》《在苏联党和非党的合作》《论知识分子中的政治工作》等摘录下来,译成中文,反复学习。他特地嘱咐提前回国的秘书朱子奇:购买一批新出版的有关经济建设的图书并带来,以供他在苏联治病期间学习。

1950年5月28日,任弼时结束在苏联治疗回到北京。带回克里姆林宫医院给他的体检报告,主要内容是:一、患高血压症、糖尿病。二、心肌营养不全。三、血管硬化。建议:先休息两星期,以后每日工作不超过四小时,星期日必须休息,近期到休养院再休养一周。

但任弼时马上要求工作。他在给毛泽东的信中建议:从"现在开始每天四小时工作为好……如夜晚开会,则白天多休息,到晚11点退会。"他恳切地说:"这样不但对身体没有坏处,而且对于巩固身体、恢复工作能力反会有某些好处。我也很同意他们的意见。最近几天内,每日看电报、

---

① 《任弼时传》,中央文献出版社、人民出版社1994年版,第725页。

文件及报纸，总共在四小时左右，尚能支持得住，不感觉太疲倦。"毛泽东同意了他的请求，嘱咐"每日工作不超过四小时"，但一旦复返第一线工作岗位，任弼时就觉得有许多事需要马上去做。10月份，他还说，他的体重已经减轻，血压已经降低，对自己的身体感到乐观。这时，欣逢《中国青年》杂志创刊27周年，他为刊物写了纪念文章，寄语"《中国青年》继承发扬过去历史上的战斗传统，更密切地结合广大青年群众的实际斗争和更生动地宣传马列主义、毛泽东思想，使《中国青年》能够成为指导中国青年运动和新民主主义青年团工作的更有力的武器。"① 没想到这篇文章竟成了他的遗作，一周后——1950年10月27日，任弼时竟溘然长逝。

视"名誉为第二生命"的革命者

1916年9月20日，任弼时曾写下一篇短文《名誉为第二生命论》。文章指出：

人生于世形体为第一生命，名誉为第二生命。何也？有名誉则能扬之于后世，尤能显父母之名。而千古之有名者如孔子、神农、有巢、燧人等皆也。

吾人所读之书皆由孔子删订之；吾人之衣食居住皆由神农氏、黄帝氏、有巢氏、燧人氏发明之。其后进化，愈制愈精。此千古之圣人，而其名犹显于世。可见有名誉者，虽人死而名誉能传万世。

孔子曰："君子疾没世而名不称焉。"故人有名誉，则人敬我，信我，实至名归，虽谓之不死可也；苟无名誉，则人远我、毁我，而不能立于社会，虽未死谓之已死可也。然则名誉为第二生命之说，岂不信哉！

这篇文章出自年仅12岁的青春少年任弼时之手，虽难免留下稚嫩的痕迹，但他把名誉视"为第二生命"，把赢得别人相信与尊重，"虽人死而名誉能传万世"，作为人生的目标追求，足见他自幼就立下远大志向。在任弼时看来，一个人要使人生有价值，有意义，必须重视名节，"扬之于后世"，像"孔子、神农、有巢、燧人"那样建立一番功业。

投身革命后，任弼时始终坚定共产主义信念，对党无限忠诚。为了革命的胜利，他坚持原则，服从真理，对违背党的原则，有害党的事业的事，敢于作坚决的斗争。在中共五大上，任弼时与瞿秋白、毛泽东、蔡和

---

① 《任弼时传》，中央文献出版社、人民出版社1994年版，第736页。

森、恽代英等一起，对陈独秀的右倾错误曾提出过批评。五大后，陈独秀继续右倾错误，奉行对国民党的妥协退让政策，通过对国民党的《十一条政纲》，自动地决定工人纠察队缴械，公开承认国民党是国民革命的领导者等。时任团中央总书记的任弼时立即表达了团中央的反对意见。在关于土地革命的问题上，当时两湖地区的农民已开始自动地没收地主阶级的土地。但国民党不满意农民这种"过火"斗争，陈独秀领导下的中共中央担心农民自动地没收土地会使联合战线破裂，主张国共两党共同讨论和解决土地问题。而团中央则"赞成国际训令，主张领导农民自发地起来没收大中地主、豪绅、祠堂、庙宇及反动派的土地"。在关于对待国民党问题上，当时党中央完全不依靠群众的力量，对国民党不敢批评而一味妥协退让。团中央认为"无产阶级应当有独立的阶级政策与主张，尤须信赖群众的力量"。不赞成仅仅依靠两党上层领袖谈判的联席会议来解决一切纠纷。1927年6月下旬，在中共中央政治局会议上，鲍罗廷就国际《五月紧急指示》提出的土地革命、国民党民主化、武装工农、退出国民党等五个问题，表示了与莫斯科不同的意见。陈独秀发言也不同意莫斯科的指示，并认为鲍罗廷关于土地革命的主张也不会被莫斯科所接受。任弼时在发言中表示赞同莫斯科的紧急指示，针对鲍罗廷对蒋介石存在幻想的右倾观点，明确表示："我完全不同意鲍罗廷的意见。为什么鲍罗廷要把我们引上歧途，说什么如果我们进入南京，国民党就会向左转，就会在那里武装工农？恰恰相反，在南京，资产阶级和反革命军队会一齐向我们扑来。那就别想武装工农了。"他说："怎么能反对没收土地呢？应当完全彻底地接受莫斯科的指示。"可是陈独秀否定了任弼时的正确意见。据任弼时回忆，对土地革命、国共关系、武装工农等问题，团中央曾有两次正式决议提交党中央讨论，均遭到陈独秀等的反对和拒绝。鉴于任弼时同陈独秀右倾错误进行斗争的坚决态度和领导共青团工作的出色表现，在陈独秀被解除党中央总书记职务后，1927年7月13日，共产国际东方部主任拉斯科尔尼科夫建议：中共中央政治局立即召开中央全会，选出新一届政治局，并特别建议中央全会讨论关于吸收任弼时等三人"参加党的领导工作的问题"。① 这实际上是对任弼时在大革命时期重要贡献的充分肯定。

---

① 《拉斯科尔尼科夫关于对中国共产党采取组织措施的建议》，见《共产国际、联共（布）与中国革命档案资料丛书》第四卷，第413页。

任弼时认为,把名誉看成人的第二生命,绝不是满足个人的虚荣心,更不是"光宗耀祖",而是要有益于社会,有益于他人。正如任弼时所说:"人有名誉,则人敬我,信我,实至名归,虽谓之不死可也;苟无名誉,则人远我、毁我,而不能立于社会,虽未死谓之已死可也。"因此,要让人"敬我,信我",必须全心全意为他人谋利益,"先天下之忧而忧,后天下之乐而乐",言行一致,光明磊落。早在20世纪40年代,他就指出:"党的一切政策和决定之是否正确,要看它是否符合于群众的利益与群众的要求。"抗日战争时期,他又针对陕甘宁边区所处的环境指出:必须"把经济建设作为边区最中心的任务","只有抓紧经济建设这一中心环节,才能使人民丰衣足食,更加富裕起来"。① 任弼时强调,"党必须反对以少数工作人员代替广大群众斗争的包办主义,反对脱离群众的命令主义与委派制度"。他要求广大党员尤其是党的领导干部,要密切联系群众,做"艰苦的深入群众的宣传鼓动工作与组织工作,彻底地解决群众切身问题,使群众得到实际利益"。"党必须倾听大多数群众的呼声,征求大多数群众的意见,到群众中去学习一切新的伟大的革命事业"。在工作作风上要求:"少说空话,多做实际工作,少空谈,多做些改善群众生活的日常事业,应当在实际工作中执行起来"。②

他带头作密切联系群众的表率。在湘鄂川黔革命根据地担任红六军团军政委员会主席期间,任弼时与普通群众同吃一锅饭,同穿一种衣。他的穿着朴素,总是上身穿制服,下身穿短裤,脚穿草鞋,与普通战士一样;他十分注意节俭,一个信封翻来覆去要用四次。在任弼时的带领下,绝大多数党员和干部能克勤克俭。有时"因为遇到粮食的绝大困难,在作战中每天只能得到一二餐稀饭,个别的部队甚至两天只吃一餐饭,还是不疲倦地同敌人顽强作战"。

任弼时感到,要取信于民,作为一名党员干部,就要言行一致,率先垂范,一切从实际出发,切实维护人民群众的利益。在成为党的高级干部之后,任弼时认为,最重要的是,要把党建设好,加强党的思想、组织、作风、纪律建设,把各级党员领导干部培养成为始终牢记党的宗旨,全心

---

① 《任弼时百年纪念——全国任弼时生平和思想研讨会论文集》(下),中央文献出版社2005年版,第536页。

② 《任弼时百年纪念——全国任弼时生平和思想研讨会论文集》(上),中央文献出版社2005年版,第153页。

全意为人民服务的人民公仆。

第一，投身建设党的高级领导机关。1940年，任弼时到中央书记处不久，即主持建立统一办事机构——中共中央办公厅，并兼办公厅主任。1941年7月30日，任弼时出席中央政治局会议并作关于改革中央机构的报告，根据这个报告，会议决定：由任弼时主持"改革中央机构委员会"，并任中央秘书长。"中央机关的任务为：研究情况、掌握政策、总结经验、调剂干部，组织机构以精干为原则。""除每星期召开一次政治局会议外，中央书记处应有一种人数不多的会议。""在中央政治局下设调查研究局，担负国内外政治、军事、经济、文化及社会阶级关系各种具体情况的调查研究。""在中央秘书处下成立中央行政管理局，统一中央机关和直属学校的行政管理工作。"[1]

这只是中央机构改革的起步。任弼时主持"改革中央机构委员会"后的一项重要任务，是改革中央书记处。1941年9月26日，任弼时在中央书记处会议上提交并通过了《中央书记处的任务和组织条例》，明确规定：中央书记处"秉承中央政治局的决定，办理中央委员会的组织性质和执行性质的日常工作"。最终，《关于中央机构调整及精简的决定》正式规定："书记处是根据政治局所决定的方针处理日常工作的办事机构。"[2] 关于书记处的职权，1943年3月16日，任弼时出席中央政治局会议，并作中央机构调整及精简方案的报告。报告对书记处的职能规定为："是政治局的办事机构，服从于政治局，在政治局决议方针下，可决定日常工作。"20日，这个方案在中央政治局会议上获得一致通过。会议推举毛泽东为中央政治局和书记处主席，由毛泽东、刘少奇、任弼时组成中央书记处。对会议所讨论的问题，"主席有最后决定权"。这样，不仅在组织上确立了毛泽东的领导地位，而且理顺了中央政治局与书记处的工作关系。

第二，推进党的理论、思想、作风建设。他较早地提出了增强党性锻炼，解决好党员在思想上入党的问题。任弼时认为，"共产党员的党性，就是无产阶级最高度的阶级觉悟和阶级意识"，"党性是以党员的思想意识、政治观点、言论行动来作标志，来测验的"。[3] 1941年7月1日，中共

---

[1] 《任弼时年谱》，中央文献出版社2004年版，第404页。

[2] 《任弼时百年纪念——全国任弼时生平和思想研讨会论文集》（上），中央文献出版社2005年版，第241页。

[3] 《任弼时选集》，人民出版社1987年版，第231页。

中央政治局会议作出《关于增强党性的决定》,要求全党,尤其是干部党员"更加增强自己党性的锻炼,把个人利益服从于全党的利益,把个别党的组成部分的利益服从于全党的利益,使全党能够团结得像一个人一样"。之后,任弼时撰写了《关于增强党性问题的报告大纲》,从理论与实践的结合上,深刻阐述了增强党性的必要性和重大历史意义。1942年7月,针对在整风学习过程中存在的许多问题,任弼时在中央党校作《为什么要作出增强党性的决定》的长篇报告,更加系统、全面、深刻地阐述了增强党性的问题。在这两篇文章中,任弼时强调,加强党性修养,"第一,要深刻地认识和了解无产阶级的利益是我党的最高利益,应该用无限的忠实性和坚定性为这个利益服务,并且要使得为党的利益服务的精神完全是出自于觉悟性、自动性和积极性"。"阶级觉悟、阶级意识是慢慢地教育成的、培养成的和锻炼成的。对于这点,党的组织应负责教育党员,而党员自己则必须自觉地进行这方面的锻炼。""为了把握无产阶级的阶级意识,首先得和自己的旧的非无产阶级的意识作斗争,战胜它,克服它,排斥它。只有这样,新的无产阶级的意识才能容纳得下,才能站得稳,才能慢慢地变成自己属有的东西。"第二,要"理解和掌握马列主义,以及党的政策和策略"。"要在领悟马列主义理论方面修养自己,培植自己,坚定自己。"并"为马列主义革命理论的纯洁性而斗争","这个斗争是测量党员的党性的主要标志之一"。"第三,要以马列主义的原则指导自己的实际活动……把个人的利益服从于全党的利益,把党的利益放得高于一切,为党的统一,为党的团结而斗争,也是测量党员党性的一个主要标志"。"第四,要遵守党的统一的纪律"。"第五,要与群众建立真正密切的联系。与群众建立密切的联系,经常使我们党的威信在群众面前提高起来,使得广大群众信赖我们的党,为我党的力量的雄厚和增大而斗争的精神,也是测量党性的一个主要标志"。① 这五个方面概括起来,就是:"与一切非马克思主义的思想和观点作坚决的斗争";"坚持党的利益放得高于一切";"遵守纪律,服从组织";"密切联系群众"。

任弼时还率先提出发展党内民主,认为"这是提高一般党员积极性最重要的方法。"在党年幼时期,针对陈独秀利用个人威望搞"家长制",听不进正确意见的问题,1928年任弼时在为中央起草的《中央通告第四十七

---

① 《任弼时选集》,人民出版社1987年版,第233—237页。

号》中就提出,即使"在白色恐怖之下,党内民主主义仍应尽量地扩大"。针对王明在共产国际的支持下搞独断专行,强制推行中国实行"左"倾错误政策,任弼时在为中央苏区第一次代表大会起草的《党的建设问题决议案》中亦提出,要保证党对政权和红军的领导,必须"最高限度的提高各级党部——从支部起——的积极性"。1933年,他在湘赣两省组织会议上更提出,"要扩大党内民主化,一切问题要发动详细讨论"。

任弼时以对党建设的卓越贡献赢得"党内妈妈"的美誉。

| 历史评说 |

任弼时同志是伟大的马克思主义者,杰出的无产阶级革命家、政治家、组织家,中国共产党和中国人民解放军的卓越领导人,以毛泽东同志为核心的中国共产党第一代领导集体的重要成员。

他逝世后,党中央发出的讣告称:"任弼时同志是中国共产党最早的党员和组织家之一。"

在任弼时追悼会上,刘少奇代表党中央评价任弼时同志:"是一个模范的革命职业家,模范的共产党员和中国共产党的最好的领导之一。中国人民革命的胜利,中华人民共和国的成立,与任弼时同志三十年努力工作和领导革命斗争的历史是分不开的。任弼时同志所作出的成绩是伟大的,特别是在青年工作、部队政治工作、土地改革工作、党的组织工作等方面,更有特殊的贡献。"

任弼时去世后,党和国家领导人纷纷题词,赞扬他光辉的一生:

毛泽东的题词是:"任弼时同志的革命精神永垂不朽。"

刘少奇的题词是:"学习任弼时同志全心全意为人民服务的精神。"

周恩来的题词是:"纪念任弼时同志:学习他三十年奋斗不已、至死不渝的自我牺牲精神;学习他顽强对敌、全心全意为人民服务的革命精神;学习他坚持原则、服从真理的布尔什维克精神。"

朱德的题词是:"弼时同志不仅是中国人民伟大的战士和政治家,而且是青年最亲密的导师。他一生为革命奋斗的历史,永远值得后辈青年同志们学习。"

陈毅元帅说："我们可以从各方面去追忆弼时同志所留下的不可磨灭的功绩。这需要很大的不朽的一部传记来追述他。"

聂荣臻元帅说："我以为最值得学习的是弼时同志对党的事业无限忠诚的坚强党性。"

叶剑英元帅说："他是我们党的骆驼，中国人民的骆驼，担负着沉重的担子，走着漫长的艰苦的道路，没有休息，没有享受，没有个人的任何计较。他是杰出的共产主义者，是我们党最好的党员，是我们的模范。"

林伯渠称赞任弼时："向内外敌人坚决奋斗，战胜一切，是为完人。"

李富春副总理说："我们党少了一个可以说话的人。"

胡耀邦在任党的总书记时的一次长谈中深情地说："恩来同志、弼时同志是我最崇敬和最怀念的。"

江泽民在《任弼时传》《任弼时年谱》出版发行暨任弼时诞辰九十周年纪念座谈会上的讲话中，代表党中央评价任弼时："是十月革命后中国最早赴苏俄学习的先进青年中的一个，并在那里转为中国共产党党员。""红军长征时……已经成长为一个政治上成熟的领导人。"参与领导"筹备召开党的七大，成为毛泽东同志的亲密助手之一"。"任弼时同志的工作作风有一个突出的特点，就是实在"。①

2004年4月30日，胡锦涛出席纪念任弼时同志诞辰100周年座谈会，并发表讲话，高度评价任弼时："是民主革命时期中国共产党的一位主要领导人。""为党的青年工作作出了开创性贡献。""是广大青年的良师益友。""具有崇高的品德，是一位模范的共产党员。"

---

① 《人民日报》，1994年4月24日。

邓小平
我是中国人民的儿子

| 经典摘录 |

☆我自从十八岁加入革命队伍,就是想把革命干成功,没有任何别的考虑。

☆我们讲民主,不能照搬资产阶级的民主,不能搞三权鼎立那一套。我们执行对外开放政策,学习外国的技术,利用外资,是为了搞好社会主义建设,而不能离开社会主义道路。

☆我在军队那么多年没有受过伤,地下工作没有被捕过,这种情况是很少有的。我们在上海做秘密工作,非常的艰苦,那是吊起脑袋在干革命。我们没照过相,连电影院也没去过。我没干什么事,只干了一件事,就是吃苦!

☆前几年外国朋友问我为什么能够度过那个时期,我说没有别的,就是乐观主义。所以,我现在身体还可以。如果天天发愁,日子怎么过?

| 主要经历 |

邓小平，汉族，1904年8月22日生，四川广安人，原名邓先圣，学名邓希贤，1923年参加旅欧中国共产主义青年团，1924年转为中国共产党党员。

1927年底，任中共中央秘书长。1929年夏，作为中共中央代表前往广西，与张云逸等发动百色起义，创建中国工农红军第七军和右江革命根据地。1930年2月，发动龙州起义，建立中国工农红军第八军和左江革命根据地。抗日战争时期，先后任八路军政治部副主任、第一二九师政治委员。1948年底至1949年中，任总前委书记，指挥了淮海战役和渡江战役。中华人民共和国成立后，任中共中央西南局第一书记，西南军政委员会副主席，西南军区政治委员。1956年9月起，任中共中央总书记。"文化大革命"开始后受到错误批判，失去一切职务。1975年，主持党中央日常工作。1978年3月，当选为政协第五届全国委员会主席。党的十一届三中全会后，成为党的第二代中央领导集体的核心。1981年6月起，任中共中央军委主席。1982年9月起，任中共中央顾问委员会主任。是中共第八届、十届、十一届、十二届中央政治局常委，第十届、十一届中央委员会副主席，第一届、二届、三届国防委员会副主席。1997年2月19日在北京逝世。

主要著作有：《邓小平文选》《邓小平文集（1949—1974）》《邓小平军事文集》《邓小平论教育》等。

| 情操实践 |

"一百年不动摇"的坚定意志

邓小平1904年8月22日，出生于四川省广安县协兴乡牌坊村。原名邓先圣，后由启蒙老师改名"邓希贤"。大革命失败后，为适应白色恐怖环境下秘密工作的需要，改名"邓小平"。1920年10月，到法国勤工俭学。1922年夏，参加旅欧中国少年共产党。一年后，参加由周恩来发起组织的旅欧共青团支部工作，开始了职业革命家的生涯。1924年7月，当选为旅欧共青团执行委员会书记局委员，同时转为中国共产党党员。1926年1月，根据中央的指示离开法国前往苏联莫斯科中山大学学习，起俄文名字"多佐罗夫"（Дозоров），9月返回中国。1927年12月，任中共中央秘书长。1929年12月，同张云逸、韦拔群等发动百色起义，创建中国工农红军第七军。1930年2月，同李明瑞、俞作豫等发动龙州起义，建立中国工农红军第八军。1937年抗日战争爆发后，任八路军政治部副主任、八路军一二九师政治委员，与师长刘伯承一起在太行山区开辟晋冀豫边区抗日根据地。1943年10月，任中共中央北方局代理书记，主持晋冀鲁豫地区党政军工作。1947年5月，任中共中央中原局书记。同刘伯承率军强渡黄河，发动鲁西南战役，揭开了人民解放军全国性战略进攻的序幕。1948年5月，任中共中央中原局第一书记、中原军区及中原野战军政治委员。与刘伯承发起宛东战役、襄樊战役。11月，任淮海战役总前委书记，指挥取得淮海战役的胜利。1949年初，任第二野战军政治委员、中共中央华东局第一书记。后任渡江战役总前委书记，同刘伯承、陈毅等指挥渡江战役，解放南京、上海及苏、皖、浙、赣、闽等省广大地区。1952年7月，任政务院副总理兼任财政经济委员会副主任和财政部长。1955年4月，在中共七届五中全会上，增选为中央政治局委员。1956年9月，出席中国共产党第八次全国代表大会，作关于修改党的章程的报告。在八届一中全会上，当选为中共中央政治局常委、中央委员会总书记。在"文化大革命"中受到错误的批判和斗争，失去一切职务。1973年12月，任中央政治局委员、中央军委委员。1974年4月，率中国政府代表团出席联合国第六届特别会议，在会上系统阐述了毛泽东关于三个世界划分的论断。1975年1月，任中共中央副主席、国务院副总理、中央军委副主席、人民解放军总参谋长，主持党和国家的日常工作。开始全面整顿，纠正"文化大革命"的错误。年底，在"反击右倾翻案风"运动中再度受到错误批判。1976年4月，被撤销一切职务。1977年7月，中共十届三中全会通过决议，恢复邓小平原任的党政军领导职务。1978年3月，当选为第五届全国政协主席。12月，在中共中央工作会议闭幕会上作《解放思想，实事求是，团结一致向前看》的讲话。这个讲话实际上是中共十一届三中全会的主题报告。十一届三中全会标志中国进入改革开放的新的历史时期。1981年6月，在中共十一届六中全会上当选为中共中央军委主席。1982年9月，在中国共产党第十二次全国代表大会上致开幕词，提出建设有中国特色社会主义的主题。在十二届一中全会上，当选为中央政治局常委、中央军委主席、中央顾问委员会主任。1984年6月，指出用"一个国家，两种制度"的办法来解决香港和台湾问题，是全国人民代表大会通过的政策，不会变。1985年6月，在中央军委扩大会议上宣布：中国政府决定裁减军队员额100万，并阐述了中共十一届三中全会以后对国际形势判断和对外政策的两个重要转变。1987年1月至3月，针对1986年底出现的一些高等院校少数学生闹事问题，多次谈话指出，要加强四项基本原则教育，旗帜鲜明地反对资产阶级自由化；要有领导有秩序地进行社会主义建设。1989年4月，针对北京发生的动乱，两次发表谈话。5月至6月，提出中国共产党要组成一个实行改革的有希望的第三代领导集体。新的领导集体要以江泽民为核心。11月，中共十三届五中全会同意邓小平辞去中共中央军委主席的请求。1992年1月至2月，到武昌、深圳、珠海、上海等地视察，发表"南方谈话"，明确回答了经常困扰和束缚人们思想的许多重大认识问题。指出，计划和市场都是经济手段，不是社会主义与资本主义的本质区别。社会主义的本质，是解放生产力，发展生产力，消灭剥削，消除两极分化，最终达到共同富裕。

邓小平是一个具有坚定革命意志的伟人。凡是他认定正确的事，就不会轻易改变并坚持到底。他是从留学法国勤工俭学期间开始接受马克思主义并确立共产主义信仰的。邓小平回忆说："我在法国的五年零两个月期间，前后做工约四年左右（其余一年左右在党团机关工作）。从自己的劳动生活中，在先进同学的影响和帮助下，在法国工人运动的影响下，我的思想也开始变化，开始接触一些马克思主义的书籍，参加一些中国人的和法国人的宣传共产主义的集会，有了参加革命组织的要求和愿望，终于在1922年夏季被吸收为中国社会主义青年团的成员。"[①] 在苏联留学期间，他进一步总结道："生活的痛苦，资本家的走狗——工头的辱骂，使我直接的或间接的受到了很大的影响，最初对资本主义社会的罪恶略有感觉。然以生活浪漫之故，不能有个深刻的觉悟。其后，一方面接受了一点关于社会主义尤其是共产主义的智识，一方面又受了已觉悟的分子的宣传，同时加上切身已受的痛苦，"于是加入了中国社会主义青年团旅欧支部。"总上所说，我从来就未受过其他思想的浸入，一直就是相当共产主义的。"[②]

[①] 《我的父亲邓小平》上卷，出版社第111页。
[②] 《我的父亲邓小平》上卷，第112页。

入党之后的邓小平，把自己的一切都交给了党。后来他说："我自从十八岁加入革命队伍，就是想把革命干成功，没有任何别的考虑。"① 邓小平所说的"没有任何别的考虑"，主要是指没有考虑个人的利益得失。

在对待"文化大革命"的问题上就是这样。1973年邓小平复出后毛泽东对他寄予厚望。1974年12月，毛泽东称赞他"政治思想强"、"人才难得"。邓小平主持中央工作和领导全面整顿取得的成绩，得到毛泽东更加欣赏和倚重。希望在维护"文化大革命"的前提下，由邓小平出来解决社会上出现的种种问题，把党和国家治理好。当邓小平几次同江青等斗争时，他都给邓小平以有力的支持。即使"四人帮"多次向毛泽东告"状"，也没能动摇毛泽东对邓小平的继续支持。邓小平领导的全面整顿，实质上是系统纠正"文化大革命"以来种种"左"的错误做法，进一步落实党的正确政策，大力恢复党的优良传统作风和行之有效的规章制度，进而使党和国家的工作逐步走上正轨。正如邓小平所说："1975年我主持中央常务工作，那时的改革，用的名称是整顿，强调把经济搞上去，首先是恢复生产秩序。凡是这样做的地方都见效。"又说，经过整顿，"局面就大不一样"。经过全面整顿，国民经济情况继续好转，工农业生产各项主要指标稳步上升。全年国内生产总值比上年增长8.7%，其中工业总产值比上年增长15.5%，农业总产值增长3.1%。但是，毛泽东最看重的是邓小平对"文化大革命"的态度。毛泽东把"文化大革命"看作他一生中所做的两件大事之一，认为它对巩固社会主义制度是完全必要的，担心有人要翻"文化大革命"的案。随着他的健康状况严重恶化，这种不安和担心也越来越强烈。毛泽东对"文化大革命"也不是不能批评，但一定要肯定它是基本正确，有所不足，七分成绩，三分错误。毛泽东期望按照这一基本估价，由邓小平主持对"文化大革命""做个决议"。这样，他就可以放心了。但是，毛泽东没有想到，邓小平不接受这个要求。邓小平委婉地以自己在"文化大革命"期间是"桃花源中人，不知有汉，何论魏晋"为由，拒绝主持对"文化大革命""做个决议"。拒绝毛泽东，尽管招致又一次下台，但邓小平决不后悔。

党的十一届三中全会，实现伟大历史性转折，开启改革开放的历史进程。从此，以经济建设为中心，坚持四项基本原则，坚持改革开放（后来被概括为"一个中心、两个基本点"），成为邓小平领导中国特色社会主义

---

① 《胡锦涛在邓小平同志诞辰100周年纪念大会上的讲话》，新华社2004年8月22日。

事业新的旗帜。为了确保中国始终沿着正确的方向前进,邓小平反复强调"政策不变"、"50年到70年不会变"、"基本路线要管100年,动摇不得"。

1983年6月18日,邓小平在与部分外籍专家谈话时强调指出:"我们现在的路子走对了,人民高兴,我们也有信心。我们的政策是不会变了。要变的话,只会变得更好。对外开放政策只会变得更加开放。路子不会越走越窄,只会越走越宽。"① 1986年底,由于资产阶级自由化思想的影响,一些城市发生了学潮。邓小平旗帜鲜明地提出反对资产阶级自由化,强调"我们讲民主,不能照搬资产阶级的民主,不能搞三权鼎立那一套"。"我们执行对外开放政策,学习外国的技术,利用外资,是为了搞好社会主义建设,而不能离开社会主义道路"。② 在接受胡耀邦辞去党中央总书记、妥善处理学生闹事之后,邓小平充满信心地表示:"排除干扰,继续前进。"③ "这两件事的处理,都不会影响我们党的路线、方针、政策,不会影响我们对内、对外开放的政策,不会影响经济体制的改革,也不会影响政治体制的改革,而只会使我们的党和人民更加清醒,更加相信我们走的道路是正确的。尽管发生了这两件事,一切都将照常进行,不会有任何改变。"④

1987年10月6日,邓小平在会见参加中外经济合作问题讨论会全体中外代表时的谈话中再次强调:"对内经济搞活,对外经济开放,这不是短期的政策,是个长期的政策,最少50年到70年不会变。"他进一步解释说:"因为我们第一步是实现翻两番,需要20年,还有第二步,需要30年到50年,恐怕是要50年,接近发达国家的水平。两步加起来,正好50年到70年。"⑤

1989年6月,在果断处理北京发生的政治风波之后,邓小平接见首都戒严部队军以上干部,进一步指出:"党的十三大概括的'一个中心、两个基本点'对不对?两个基本点,即四个坚持和改革开放,是不是错了?我最近总在想这个问题。我们没有错。"那么,"以后我们怎么办?我说我们原来制定的基本路线、方针、政策,照样干下去。除了个别语言有的需要变动一下,基本路线和基本方针、政策都不变"。⑥ 1992年1月至2月,邓小平在退

---

① 《邓小平文选》第三卷,人民出版社1993年版,第29页。
② 《邓小平文选》第三卷,人民出版社1993年版,第195页。
③ 《邓小平文选》第三卷,人民出版社1993年版,第198页。
④ 《邓小平文选》第三卷,人民出版社1993年版,第201—202页。
⑤ 《邓小平文选》第三卷,人民出版社1993年版,第79页。
⑥ 《邓小平文选》第三卷,人民出版社1993年版,第305、307页。

休两年之后，到武昌、深圳、珠海、上海等地视察并发表南方谈话，在此前反复强调"不变"的基础上，进一步指出："基本路线要管100年，动摇不得。"坚持党的基本路线不动摇，开拓出中国特色社会主义事业的光明前景。

"三落"能"三起"中的乐观主义因素

邓小平是这样一个传奇人物：经历过无数血雨腥风的战场考验，却没有受过伤；做地下工作那么多年没有被捕过。谈及这个问题，邓小平说："我在军队那么多年没有受过伤，地下工作没有被捕过，这种情况是很少有的。"忆起艰苦卓绝的岁月，他还说："我们在上海做秘密工作，非常的艰苦，那是吊起脑袋在干革命。我们没照过相，连电影院也没去过。"① 然而，最艰苦的还在后面，比如长征以及抗日战争的相持阶段。邓小平曾幽默地说，在那个时候，"我没干什么事，只干了一件事，就是吃苦！"②

在邓小平的一生中，曾三次遭到错误批判。

第一次，是1933年因支持毛泽东的正确主张而被撤职。大革命失败后，毛泽东最早认识到，必须建立革命根据地，实行武装割据，积蓄力量，准备革命高潮的到来。这一思想被概括为"农村包围城市，武装夺取政权"。邓小平积极支持毛泽东的主张，这就招致推行以攻取中心城市来实现一省数省首先胜利的"城市中心"论的"左"倾临时中央的反对。1933年2月，苏区中央局机关报《斗争》上，以反对"罗明路线"为题，点名批评邓小平、毛泽覃、谢唯俊、古柏，说他们是"江西罗明路线"的"领袖"。3月，中共江西省委指责邓小平领导的会昌中心县委在敌人大举进攻时，"仓皇失措"、"退却逃跑"，犯了"单纯防御的错误"，"是与罗明路线同……来源"的"机会主义"。此后，邓小平被调离会昌平中心县委，改任江西省委宣传部长。邓小平等没有屈服，他们两次写出声明书，陈述自己所坚持的观点和做法，把强加于他们头上的污蔑、攻击和不实之词顶了回去。"左"倾宗派主义者通过《江西省委对邓小平、毛泽覃、谢唯俊、古柏四同志二次申明书的决议》，对他们作出组织处理，部分或全部地撤销了他们的职务，还当众缴了他们的枪，邓小平被撤销了省委宣传部长的职务，给予党内"最后严重的警告"处分等。即使这样，邓小平仍然不承认自己犯有错误。

---

① 《我的父亲邓小平》上卷，第193页。
② 《我的父亲邓小平》上卷，第496页。

第二次，是"文化大革命"中，邓小平被扣上刘少奇之外"另一个最大的走资本主义道路的当权派"、"中国的二号修正主义分子"、"资产阶级反动路线的总根子"的帽子。1967年3月底，在中央政治局常委会上被免去了总书记的职务；1968年10月，在八届十二中全会上被撤销党内外一切职务，保留党籍，1969年10月，被押送到江西省新建县拖拉机修造厂参加劳动。

1972年8月3日，邓小平致信毛泽东，希望再为党和国家多做几年工作。毛泽东批示肯定了邓小平的历史功绩。随后于1973年3月10日，中共中央作出《关于恢复邓小平同志的党组织生活和国务院副总理的职务的决定》。这样，邓小平得以复出。

第三次，是1976年4月5日，天安门广场发生悼念周恩来总理，反对"四人帮"，拥护邓小平的群众运动，"四人帮"乘机诬陷，邓小平再一次被撤销党内外一切职务，保留党籍，以观后效。

三次遭贬却能三次再起，这在当今政坛堪称奇迹。邓小平是如何做到的呢？他说："前几年外国朋友问我为什么能够度过那个时期，我说没有别的，就是乐观主义。所以，我现在身体还可以。如果天天发愁，日子怎么过？"[①] 对于第一次落难，邓小平没有多谈。毕竟那是一次简短的挫折。据《我的父亲邓小平》一书记载，1933年5月，邓小平被撤销江西省委宣传部长的职务后，被派到乐安县属的南村当巡视员。到了乐安不足十天又令他回到省委，原因据说是，乐安是边区，怕出问题。不久，就被调到总政治部任秘书长。对于第二次落难，邓小平谈得很多。他指出："我一生最痛苦的当然是'文化大革命'的时候，其实即使在那个处境，也总相信问题是能够解决的。"[②] 对于第三次落难，邓小平在1977年4月10日给华国锋、叶剑英并党中央的信中说："我在七五年的工作，虽然也做了一点有益的事情，但在工作中确有缺点和错误，我对伟大领袖和导师毛主席对我的批评和教导，再次表示诚恳的接受。我感谢中央弄清了我同天安门事件没有关系这件事，我特别高兴，在华主席的讲话中，肯定了广大群众去年清明节在天安门的活动是合乎情理的。至于我个人的工作问题，做什么，什么时机开始工作为宜，完全听从中央的考虑和安排。"[③]

邓小平对待挫折的态度，展示了一位政治家的胸怀和智慧，表现出非凡

---

① 《邓小平文选》第三卷，人民出版社1993年版，第55页。
② 《邓小平与外国首脑及记者会谈录》，台海出版社2011年版，第73页。
③ 《中共中央文件》（中发［1977］15号），中共中央办公厅，1977年5月5日。

的胆略和从容。正如江泽民在邓小平的悼词中所说:"当他受到错误打击、处于逆境的时候,他从不消沉,总是无私无畏,不屈不挠,沉着坚韧,对党对人民无限坚贞,对我们事业的未来抱乐观主义。他总是由此更加深刻地思索中国革命的经验教训和根本规律问题,发愤要有新的更大作为。正因为这样,他才能顺应历史和时势的要求,在经历逆境之后重新起来担当重任。特别是他在'文化大革命'中的起落,更引起他对'什么是社会主义、怎样建设社会主义'的深刻反思,从而使他在十一届三中全会以后,毅然决然地领导全党全国人民开拓建设有中国特色社会主义的新道路。"①

把挫折当成学校,乐观向上,沉着应对,成就了邓小平一世伟业。在回答日本首相中曾根康弘提问:你"觉得最高兴的事是什么"时,邓小平说:"在我的一生中,最高兴的是解放战争的三年。那时候我们的装备很差,却都在打胜仗,这些胜利是以弱对强,以少胜多的情况下取得的。建国以后,成功的地方我都高兴。"②

邓小平在解放战争三年的战绩的确值得浓墨重彩,大书一笔。1945年9月,刘邓大军发起上党战役,成功运用"围三阙一,网开一面。虚留生路,暗设口袋"的战术,歼灭国民党军阎锡山部3.5万人。随后发起平汉战役,配合了毛泽东在重庆的谈判。1947年6月,时任中共中央中原局书记的邓小平同刘伯承率军强渡黄河,发动鲁西南战役,揭开了人民解放军全国性战略进攻的序幕;8月同刘伯承率军千里跃进大别山,开始了中国人民解放军对国民党军的全国性战略进攻。在具有重大意义的淮海战役和渡江战役中,邓小平任总前委书记,对夺取这两大战役的胜利发挥了决定性作用。邓小平多次说:"淮海战役成立了总前委,由5个人组成,其中3个人是常委,我当书记。毛主席对我说:'我把指挥权交给你。'这是毛主席亲自交待给我的。淮海战役的部署是我根据中央军委和毛主席的指示主持决定的。渡江作战,部队突破江防后,我的指挥部在三野司令部,张震是参谋长。渡江战役也就是京沪杭战役的实施纲要是我起草的。"③ 淮海战役,共歼灭国民党军55万人;渡江战役解放了南京、上海及苏、皖、浙、赣、闽等省广大地区。

在邓小平的革命生涯中,值得自豪的何止这些?!正如他自己所说:

---

① 江泽民同志在邓小平同志追悼大会上致悼词(1997年2月26日),《人民日报》1997年2月26日。

② 《邓小平与外国首脑及记者会谈录》,台海出版社2011年版,第73页。

③ 《邓小平自述》,解放军出版社2005年版,第122—123页。

"我1927年从苏联回国,年底就当中共中央秘书长,23岁,谈不上能力、谈不上知识,但也可以干下去。25岁领导了广西的百色起义,建立了红七军……从1956年起我就当总书记。"①党的十一届三中全会后,邓小平领导全党全国人民成功地开辟了中国特色社会主义道路,成为在世界上具有重要影响的风云人物。

终生不返乡的人民情怀

在老一辈无产阶级革命家中,像邓小平这样少小离家投身革命,自此不再还乡的极其少见。

1904年8月22日,邓小平出生在四川省广安县协兴乡牌坊村。5岁进私塾发蒙,11岁考入广安县高小,14岁考入广安县中学,16岁赴法国勤工俭学,18岁加入中国社会主义青年团,20岁转为中国共产党党员。参加革命,对于邓小平来说是一个重大的人生抉择。他曾经说:那个时候能够加入共产党就不容易。在那个年代,加入共产党是多大的事呀!真正叫做把一切交给党了!②1922年,在正式成为青年团员之后,邓小平给家里写信,郑重地告诉父母,为了革命,从此不能回家了。弟弟邓垦后来回忆说:我清楚地记得,他去法国两年后,家中突然收到他的一封长信,内容是说他参加革命了,参加了什么革命组织,要为国家富强,为天下穷苦人翻身解放而努力,不能回家了……信中提出两个要求:一是从此不能回家,也不能照顾家了;二是要求废除旧式婚约。③由此可见,邓小平后来不回家,有其坚持早年承诺的原因。

在中共早期活动中,由于斗争形势极其残酷,周围一片白色恐怖,为了党的事业,为了组织的安全,有的革命者就以断绝与家庭的联系来表示革命的决心。尽管革命并不排斥家庭、亲情和孝道。在进入和平建设时期以后,革命者有充分理由和条件回家乡,这并没有什么不妥。邓小平也有很多回家乡的机会。比如,1950年,他出任中共中央西南局第一书记、西南军政委员会副主席、西南军区政治委员。西南局所在地就在重庆,管辖着云南、贵州、四川、西藏等四省区。在主政大西南的两年多时间里,邓小平却没有回过广安老家看看。只是在领导西南土地改革运动时,给广安县政府写过一封信,要求把他家

---

① 《邓小平与外国首脑及记者会谈录》,台海出版社2011年版,第72—73页。
② 《邓小平自述》,解放军出版社2005年版,第18页。
③ 《邓小平自述》,解放军出版社2005年版,第20页。

所有财产分给农民。从20世纪50年代后期到80年代，邓小平曾9次回过四川，但始终没有踏上老家广安这片土地。

九过家门而不入，不是对家乡不关心、不牵挂。1958年2月1日，得知四川勘探出石油后，邓小平冒着严寒，来到黄瓜山气田视察，当看到从黄10井采集的两瓶油样时，邓小平动情地说："我总算看到家乡的原油了！"1978年1月，邓小平结束对缅甸访问后在成都停留，专门把广安县委书记叫来，听取了工作汇报。当这位县委书记提出"家乡人都盼望邓副总理回广安指示工作"时，邓小平以沉默拒绝了邀请。

邓小平有着更深的考虑。在回答四川电视台记者提问："这么多年过去了，您没想过回家看看吗？"时，邓小平摇了摇头说："我怕。"怕什么呢？怕"兴师动众，骚扰地方"。① 毛毛在《我的父亲邓小平》中说：父亲自己不回老家，也不许我们回去。他说我们一回去，就会兴师动众，骚扰地方。

怕"骚扰地方"的背后，是邓小平体谅人民疾苦、对人民的事业高度负责的伟大情怀。他深情地说："我是中国人民的儿子，我深情地爱着我的祖国和人民。"并努力践行他曾经作出的"凡是于人民有利的事情，无不尽力提倡与实行"的诺言。"文化大革命"结束后，在决定恢复他职务的中央全会上，邓小平指出：我出来工作，可以有两种态度，一个是做官，一个是做点工作。我想，谁叫你当共产党人呢。既然当了，就不能够做官，不能够有私心杂念，不能够有别的选择。进入改革开放新时期后，他多次强调，贫穷不是社会主义，社会主义要消灭贫穷；坚持走社会主义道路，根本目标是实现全体人民共同富裕。他把人民拥护不拥护、人民赞成不赞成、人民高兴不高兴、人民答应不答应作为制定方针政策和作出决断的出发点和归宿，总是把是否有利于发展社会主义社会的生产力、是否有利于增强社会主义国家的综合国力、是否有利于提高人民的生活水平作为判断一切工作是非得失的标准。

怕"骚扰地方"的背后，体现了邓小平保持和发扬党的优良传统和作风从我做起的高度自觉。成为伟人的邓小平，已经不单纯是广安的一分子，而是人民的领袖。他胸中装着全国人民。因此，他把对故乡的亲情装在心中，而把大爱献给中华民族。几十年来，他没有给广安半分特殊的关照。"怕回家"，透视出邓小平严格要求自己的光辉形象。

邓小平的人格风范，对于我们牢记"两个务必"，认真贯彻落实中央

---

① 《我的父亲邓小平》上卷，第12页。

"八项规定",深入开展以为民务实清廉为主要内容的党的群众路线教育实践活动,具有极其重要的意义。

|历史评说|

邓小平是伟大的马克思主义者,无产阶级革命家、政治家、军事家、外交家,中国共产党、中国人民解放军、中华人民共和国的主要领导人之一,中国社会主义改革开放和现代化建设的总设计师,邓小平理论的创立者。

1956年,在中共七届七中全会上的一次讲话中,毛泽东向中央委员们介绍邓小平:"我看邓小平这个人比较公道……他比较有才干,比较能办事。你说他样样事情都办得好吗?不是。他跟我一样,有许多事情办错了,也有的话说错了,但比较起来,他会办事。他比较周到,比较公道,是个厚道人,使人不那么怕……这个人比较顾全大局,比较厚道,处理问题比较公正,他犯了错误对自己很严格。他说他有点诚惶诚恐,他是在党内经过斗争的。"还有一次,毛泽东评价邓小平德才兼备,军政皆优,是一位能够"上马击狂胡,下马草军书"的非凡帅才。

1997年2月19日,邓小平逝世。江泽民代表中共中央所作的悼词中评价说:邓小平同志不仅以他创立的光辉的革命理论指引着我们,而且以他在长期革命实践中锤炼出来的鲜明的革命风格感召着我们。他的崇高品格和风范,体现在他全部革命实践活动中,体现在他"三落三起"的经历和他勇敢地开拓中国社会主义发展新道路的进程中。当他受到错误打击、处于逆境的时候,他从不消沉,总是无私无畏,不屈不挠,沉着坚韧,对党对人民无限坚贞,对我们事业的未来抱乐观主义。他总是由此更加深刻地思索中国革命的经验教训和根本规律问题,发愤要有新的更大作为。正因为这样,他才能顺应历史和时势的要求,在经历逆境之后重新起来担当重任。特别是他在"文化大革命"中的起落,更引起他对"什么是社会主义、怎样建设社会主义"的深刻反思,从而使他在十一届三中全会以后,毅然决然地领导全党全国人民开拓建设有中国特色社会主义的新道路。在开拓新道路的进程中,他尊重实践,敏锐把握时代发展的脉搏和契机,既继承前人又突破陈规,既借鉴世界经验又不照搬别国模式,总是从中国的现实和当代世界发展的特点出发去总结新经验,创造新办法。他尊重群众,时刻关注最广大人民的利益和愿望,总是把是否有利于发展社会主义社会的生产力、是否有利于增强社会主义国家的综合国力、是否有利于提高人民的生活水平作为制定路线、方针、政策的出发点和归宿。他目光远大,胸襟开阔,总是从大局着眼来观察和处理各种重大问题。他崇尚实干,行动果断,在关键时刻作出重大决策更是表现出非凡的胆略和勇气。他的风范同他的事业和思想一道,永远铭记在我们心中。

江泽民指出:"如果没有邓小平同志,中国人民就不可能有今天的新生活,中国就不可能有今天改革开放的新局面和社会主义现代化的光明前景。"①

2004年8月22日,在邓小平百年诞辰纪念大会上,国家主席胡锦涛发表讲话,高度评价"邓小平是一个改变中国命运、影响世界的巨人"。指出:"邓小平同志为中国人民不懈奋斗的光辉一生,为推进党领导的伟大事业和开创党的建设新的伟大工程作出的不可磨灭的贡献,充分展现了一位伟大领袖的崇高品德、博大胸怀、卓越胆识和革命风格,为我们树立了光辉典范。"②

国际社会对邓小平作出高度评价。

美国前总统乔治·布什说:中国改革开放以来发生的巨变在很大程度上要归功于邓小平,邓小平在中国和世界历史中具有非常重要的地位。

法国前总统雅克·希拉克评价邓小平:"对中国和全世界而言,他都是20世纪的一位重要政治伟人。"

美国前国家安全事务助理布热津斯基称邓小平是"一位具有世界眼光的领袖",在回忆1978年与邓小平的首次交谈时,他说:"邓个子小,气魄大,立即使我折服。"

英国前首相爱德华·希思说:"邓小平对整个世界最大贡献就在于,他向全世界表明,中国可以如何管理和快速发展;而中国又能够因此向整个世界作出何等的贡献。"对于"一国两制"成功解决香港问题,他说:"这无论对中国、英国、香港本身,还是对世界都是最圆满的结果。"邓小平是"塑造现代中国的一位杰出领袖"。

西哈努克国王称赞邓小平是"中国人民的英雄"。

美国《时代》撰文指出:邓小平改变了世界,功绩史无前例。

---

① 江泽民《邓小平同志追悼大会上的悼词》(1997年2月25日),《十四大以来重要文献选编》(下),人民出版社1999年版。

② 《邓小平:一个改变中国命运、影响世界的巨人》,新华网2004年8月23日。

陈云 / 讲真理，不讲面子

经典摘录

☆假设你工作取得了成绩，这里有三个因素：头一个是人民的力量，第二是党的领导，第三才轮到个人。把个人的功劳放在最后，是因为个人的力量再大，离开了党，离开了人民，也一事无成。

☆要讲真理，不要讲面子。是什么就是什么，应该怎样就怎样。有的时候你愈要面子，将来就愈要丢脸。只有你不怕丢脸，撕破了面皮，诚心诚意地改正错误，那时候也许还有些面子。

☆当一个主张决定了，就要看一看，这个决定和客观情况符合不符合？这个情况不是局部的而是全面的客观的情况。假如人家说这是机会主义，你也不要忙于就跟着人家说这是机会主义，要看一看。假如人家说他的路线是正确的，那么这个路线是不是正确，正确在什么地方，我也应该考查一下。

☆不唯上、不唯书、只唯实，交换、比较、反复。不唯上，并不是上面的话不要听。不唯书，也不是说文件、书都不要读。只唯实，就是只有从实际出发，实事求是地研究处理问题，这是最靠得住的。

主要经历

陈云,汉族,1905年6月生,上海青浦人,曾用名廖陈云,1925年8月加入中国共产党。

1925年,参加"五卅"运动。1931年5月起,任中共特科书记。1931年9月起,任中共临时中央政治局成员。1934年1月,兼任中共中央白区工作部部长。1935年9月,赴苏联莫斯科参加中共驻共产国际代表团的工作。1937年4月回国,任中共中央驻新疆代表。抗日战争爆发后,任中共中央组织部部长。1944年3月起,主持陕甘宁边区的财政经济工作。1948年5月起,任东北财政经济委员会主任、东北军区副政治委员、沈阳军事管制委员会主任。1949年5月,赴北平组建中共中央财政经济委员会并主持工作。中华人民共和国成立后,任政务院副总理兼政务院财政经济委员会主任、中央人民政府重工业部部长。1954年9月至1975年1月、1979年7月至1980年9月,任国务院副总理。在党的十三届一中全会上,当选为中共中央顾问委员会主任。是中共临时中央政治局,第六届、八届、十一届、十二届中央政治局常委,第八届、十一届中央委员会副主席,第六届、第七届中央书记处书记,第十一届、十二届中央纪律检查委员会第一书记,第四届、五届全国人大常委会副委员长。1995年4月10日在北京逝世。

主要著作有:《陈云文选》《陈云文集》等。

情操实践

探求真理——"用90%以上的时间做调查研究"

陈云1905年6月13日生于江苏省青浦县(今属上海)练塘镇一个贫苦农民家庭。因2岁丧父、4岁丧母,由舅父抚养成人,曾改名"廖陈云"。1925年6月,参加"五卅"运动。六七月间,加入中国国民党,成为国民党上海特别市党部闸北区第十五分部首创人之一（1927年7月国共合作破裂后退出国民党）。8月，领导上海商务印书馆大罢工。八九月间，加入中国共产党。1926年10月至1927年3月，参加上海工人举行的三次武装起义。1930年3月，任中共法南区委书记。在中共六届三中全会上，补选为中央候补委员。1931年1月，出席中共六届四中全会，被增补为中央委员。任中共江苏省委常委、组织部部长。后任江苏省委书记。5月，任中共中央特科书记。9月，被指定为中共临时中央政治局委员。1932年3月，任中共临时中央政治局常委、中华全国总工会党团书记。1934年1月，出席中共六届五中全会，被选为中央政治局委员、常委，兼任中共中央白区工作部部长。1935年1月，出席遵义会议，支持毛泽东的正确主张。会后撰写《遵义政治局扩大会议传达提纲》，并到部队传达。9月赴莫斯科，参加中共驻共产国际代表团的工作。1937年4月，奉命从莫斯科回国，到达新疆迪化（今乌鲁木齐），任中共中央驻新疆代表。5月，赴星星峡地区援接李先念等率领的西路军余部。12月，出席中共中央政治局会议，被增补为书记处书记，任中共中央组织部部长。1938年5月，任中共中央青年工作委员会书记。9月，发表关于青年问题的讲演，把干部政策概括为12个字：了解人，气量大，用得好，爱护人。10月，在延安军事干部会议上指出："犯了错误，研究教训，决不是丢脸；不研究，不吸取教训，才会丢脸，有时会大丢其脸。"1944年3月，任西北财经办事处副主任兼政治部主任，主持陕甘宁边区的财经工作。1945年4月至6月，出席中共七大。在七届一中全会上，当选为中央政治局委员，被增选为中央书记处候补书记。1948年5月，任东北财政经济委员会主任。10月，当选为中华全国总工会主席。1949年7月至8月，在上海主持召开全国财经会议，确定全力支持解放战争彻底胜利和维持新解放区首先是大城市人民生活的方针。10月，任政务院副总理兼财政经济委员会主任。1950年2月，主持全国财政会议，研究克服经济困难的政策和措施。在中共七届三中全会上，被补选为中央书记处书记。1956年9月，出席中共八大，在大会上作《关于资本主义工商业改造高潮以后的新问题》的发言，提出社会主义经济体制的"三个主体、三个补充"的构想——国家经营和集体经营是主体，一定数量的个体经营是补充；计划生产是主体，在计划许可范围内按市场变化的自由生产是补充；国家市场是主体，一定范围内国家领导的自由市场是补充。在八届一中全会上，当选为中共中央副主席。后兼任商业部部长。1962年4月,任中共中央财经小组组长。与刘少奇、周恩来、邓小平等一起对恢复当时遭到严重困难的国民经济作出了重大贡献。1966年9月,毛泽东告诉陈云:"文化大革命",我并没有打倒你,你好好养病,将来好工作。① 1969年4月,中国共产党第九次全国代表大会后,在党内只保留了中央委员的名义。这是自1934年以来,第一次被排除在中央政治局之外。1976年9月,参与粉碎江青反革命集团的斗争。曾对叶剑英讲,这场斗争不可避免。1977年3月,在中央工作会议上提出,要正确认识和重新评价1976年4月5日发生的"天安门事件";拥护邓小平重新参加党中央的领导工作。会后,支持邓小平对"两个凡是"的错误观点的批评,支持关于真理标准问题的讨论。1978年11月,在中央工作会议东北组发言,率先提出平反冤假错案,指出不解决这个问题,是很不得人心的。12月,出席中共十一届三中全会,增选为中央政治局委员、常委、中央副主席,并任中共中央纪律检查委员会第一书记。1980年11月,在中共中央纪律检查委员会召开的贯彻《关于党内政治生活的若干准则》座谈会期间,指出执政党的党风问题是有关党的生死存亡的问题。在《关于建国以来党的若干历史问题的决议》起草过程中,支持邓小平提出的关于科学地确立毛泽东的历史地位、坚持和发展毛泽东思想的主张,并指出毛泽东一个无可比拟的功绩,是培养了一代人,包括我们在内。1982年9月6日,出席中国共产党第十二次全国代表大会并发表讲话,指出要解决好干部队伍交接班的问题。在十二届一中全会上,继续当选为中央政治局常委。在中央纪律检查委员会第一次全体会议上,继续当选为中纪委第一书记。1987年1月16日,在中共中央政治局扩大会议上发表讲话,指出:德才兼备,五湖四海,这是我们提拔干部的大方针。德才兼备,才干固然要有,但德还是第一。11月,中国共产党第十三次全国代表大会后,退出中央委员会、中央政治局及其常委会,任中央顾问委员会主任。1990年1月24日,同浙江省党政军领导谈话时提出:"不唯上,不唯书,只唯实"。

在党的历史上,29岁就成为中央领导核心一员的陈云,在王明教条主义统治全党的几年中,他也未能独善其身。这段经历使他感触良多。在党的七大的发言中陈云说:"从1930年三中全会选了我做候补中央委员,四中全会选为正式委员,一直当到现在","这中间的许多错误,我都有份,

---

① 《陈云传》,中央文献出版社2005年版,第1360页。

我参加了许多问题的讨论，都举了手。"分析其中经验教训，"当一个主张决定了，就要看一看，这个决定和客观情况符合不符合？这个情况不是局部的而是全面的客观的情况。假如人家说这是机会主义，你也不要忙于就跟着人家说这是机会主义，要看一看。假如人家说他的路线是正确的，那么这个路线是不是正确，正确在什么地方，我也应该考查一下。过去是不是考查了呢？没有考查"。① 1942年，利用在延安养病的机会，陈云认真学习马克思主义的经典著作，对包括毛泽东起草的文件、电报都仔细进行研究。后来，他说："当我全部读了毛主席起草的文件、电报之后，感到里面贯穿着一个基本指导思想，就是实事求是。"②

实事求是，是毛泽东思想的精髓。他说："'实事'就是客观存在着的一切事物，'是'就是客观事物的内部联系，即规律性，'求'就是我们去研究。我们要从国内外、省内外、县内外的实际情况出发，从其中引出其固有的而不是臆造的规律性……作为我们行动的向导。"③ 通过学习研究毛泽东思想，陈云认识到，"过去我们犯错误，主要是因为不根据实际办事，主观与客观相脱离。所以要学马克思主义哲学，学毛主席的实事求是思想。"④

陈云认为，做到实事求是，搞好调查研究，"弄清情况"是十分重要的。在他的著作中，一个反复强调的观点是："我们应该用90%以上的时间去弄清情况，用不到10%的时间来决定政策。这样决定的政策，才有基础。比如，要解决猪肉供应紧张和猪的增产问题，若不管饲料、猪仔的来源，不管价格高低，不管群众愿意不愿意饲养，而是临时乱抓办法，那就永远也做不好这一工作。"⑤

1949年，国民党在撤退大陆之前，蒋介石部署了用经济包袱把共产党拖垮的计划。他把国库大量资金、重要设施运往台湾，将搬不走的各种设施全部炸毁，把一个千疮百孔的大陆留给了中共。在国民党政府遗留下来的恶性通货膨胀和一些投机商人乘机哄抬物价的相互作用下，1949年4月、7月、11月，在全国各地先后多次刮起涨价风，而问题最

---

① 《陈云传》（上），中央文献出版社2005年版，第100～101页。
② 《陈云文选》第三卷，人民出版社1995年版，第371页。
③ 《毛泽东选集》第三卷，人民出版社1991年版，第801页。
④ 《薄一波：我对陈云同志的思念》，见《人民日报》，2005年6月15日。
⑤ 《陈云文选》第三卷，人民出版社1995年版，第46页。

严重的是上海。为了打好这开国的第一仗,党中央决定在上海召开全国财经会议,由刚刚出任中央财经委员会主任的陈云坐镇指挥,稳定全国经济秩序。

7月22日,陈云抵达上海,下榻于百老汇大厦。他不顾上海刚刚遭遇的台风袭击和资本家的不友善态度,走街串巷了解情况,掌握了大量上海市场的第一手材料。会议第一周,仍是安排了解情况,听取各解放区的汇报;第二周,组织与会人员按照金融、贸易、财政、综合四个方面进行分组讨论,梳理情况,分析原因,研究对策。经过三个回合,陈云发现一个规律:两次物价波动都是由上海引起的,上海物价涨,全国物价就涨;上海物价稳定,全国物价就稳定。稳定上海的物价,主要是解决"两白一黑"的问题。"两白"就是大米和棉花、棉纱,不解决好,老百姓生活不安定;"一黑"就是煤炭,没有煤发不了电,会直接影响生产和生活。8月8日,陈云在会上作了《克服财政经济的严重困难》的报告,提出了迅速制止上海物价急剧波动的七个方面对策,动员各地从1949年9月、10月和1950年调集大米、棉花支援上海,遏制上海粮食、棉花被恶意炒作的严重事态,并调整了与此相关的运输、金融、纺织工业等行业的政策。这些政策措施实施后,上海的物价开始回落。

为了从根本上解决商业投机分子利用新中国的暂时困难恶意囤积、抬高物价、谋取暴利的问题,陈云又提出了运用经济手段稳定物价的12条措施,要求:东北自1949年11月15日至30日,每日运粮1000万~1200万斤入关,以应付京津需要;西北财委将陇海路沿线积存之纱布运到西安;财政部拨贸易部2.1亿斤公粮,以应付产棉区粮食销售;人民银行总行及各主要分行一律暂停贷款;各大城市开征几种能起到收缩银根作用之税收;目前各地贸易公司暂时不宜将主要物资大量抛售……当抢购风盛时,我应乘机将冷货呆货抛给投机商,但不要给其主要物资。等到收紧银根、物价平衡,商人吐出主要物资时,我应乘机买进。

11月25日,陈云命令全国统一行动,在上海、北京、天津、武汉、沈阳、西安等大城市采取统一步骤,大量抛售纱布。上海等地的资本家和投机势力一看有纱布抛售,立即拿出全部力量争相抢购,甚至不惜借高利贷。谁知,上海等地的国营花布公司源源不断地抛售花布,而且一边抛售,一边降低牌价,连续抛售了10天。投机商们见大势不妙,赶紧抛售自己手中的纱布,但他们抛得越多,市场行情跌得越快。上海的纱布价格,一天之内下降了一半。投机分子叫苦不迭。而此时,我们则紧缩银根,穷追不舍。一是规定所有国有企业的资金一律存入银行,不向私营银行和资本家企业贷款;二是规定私营工厂不准关门,而且要照发工人工资;三是加紧征税,规定税金不得迟交,否则,迟交一天罚税金额3%。如此一来,投机分子撑不住了,不得不要求人民政府买回他们"吃"进的棉纱,而人民政府则以极低的价格买回了大量棉纱。这场战役,使投机分子受到严厉打击。有的资本家血本无归,有的卷铺盖逃往香港。上海和全国的物价迅速稳定下来。当时担任上海申新纺织公司总管理处总经理的荣毅仁说:"中共此次不用政治力量,而能稳住物价,给上海工商界一个教训。""6月银元风潮,中共是用政治力量压下去的,此次则用经济力量就能稳住,是上海工商界所料不到的。"

发展真理——"不唯上、不唯书、只唯实"

"走俄国的路",运用十月革命的经验,是中国共产党成立初期中国革命的基本思路。亲眼目睹把"以城市包围农村"的苏联经验移植到中国,提出"中心城市论",期望通过进攻中心城市,"在一省或数省首先胜利",给革命造成的巨大损失;而毛泽东从中国绝大多数人口是农民、分布在农村,敌人集中在城市这一实际出发,提出"以农村包围城市,以根据地来推动全国革命高潮"的道路,使革命根据地不断发展壮大,红军多次取得反"围剿"的胜利。这使陈云认识到,不管是马克思主义理论,还是俄国十月革命经验,都是对一定社会形态真实情况的正确认识,把它们运用于中国革命,必须根据新的实际,实事求是地作出决策。

1958年,在全国掀起的"大跃进"运动中,北戴河会议上确定了1959年"钢产量达到2700万吨,争取3000万吨"的高指标。毛泽东发现指标过高的问题后,虽在中共八届六中全会上作了一定下调,确定将1959年钢生产指标由2700万吨~3000万吨降为1800万吨左右,但这仍然是一个高指标。会议确定的1959年煤炭产量达到3亿8000万吨左右、粮食产量达到10500亿斤左右、棉花1亿担左右,则是更加居高不下的指标。

具有丰富经济工作经验的陈云，凭他对当时我国生产力水平的判断，认为钢产量即使降至1800万吨也难以完成，煤炭、粮食、棉花三大指标更有问题。陈云这个判断是有充分根据的。后来他在中央工作会议上说：为什么说完成1800万吨好钢恐怕有点问题，有两个来源。一个是钢材问题，2000万吨钢，轧成钢材，打7折，1400万吨。那么，就发生这样的问题：今年钢材1400万吨，可是到12月份，可能有一部分钢材今年使用不上，要转到下一年去。再一个是库存钢材的周转量少了。"有一个同志曾经说过，1959年底周转量如果没有300万吨左右，生产要调整得很正常是困难的。"鉴于这两个问题，因此就想到"我们用到基本建设和生产方面去的是不是有1400万吨钢材？如果没有……就需要相对地缩小基本建设和生产方面的规模。那么，回过头来问：这样会不会影响2000万吨钢？"[1] 问题就出现了。

于是，在胡乔木起草中共八届六中全会公报时，陈云建议他向毛泽东报告：粮、棉、钢、煤四大指标都暂时不对外公布。胡乔木后来回忆说："我不敢去向毛主席报告陈云同志的意见。我认为，全会已经开过，全都定好了，大家一致同意，讲了很多话，人都散了，不在报上公布同当时的势头很难适应。"[2]

此后，陈云决定亲自向毛泽东直抒己见。1959年1月28日，毛泽东找陈云、彭德怀、李富春、李先念等谈经济问题，陈云向毛泽东说：1800万吨好钢是不是能够完成？恐怕有点问题。我倾向降到1600万吨。陈云这种敢于坚持真理的精神受到毛泽东的赞扬。在4月初召开的中共八届七中全会上，毛泽东说，对1959年钢生产指标问题，"陈云同志表现了非常正确的态度……他这个人是很勇敢的，犯错误也勇敢，坚持真理也勇敢。我听了这个话，我就说，那拉倒。甚至这个总路线究竟正确不正确，我还得观察。"[3] 毛泽东由此讲到工作方法问题，强调要"多谋善断"，"多听人家的不同意见"，"一个人有时胜过多数人，因为真理在一个人手里，而不在多数人手里"。

---

[1] 《陈云传》（下），中央文献出版社2005年版，第1163页。
[2] 《胡乔木回忆毛泽东》，人民出版社1994年版，第15页。
[3] 《陈云传》（下），中央文献出版社2005年版，第1165~1166页。

后来，陈云将这种实事求是的作风概括为十五个字："不唯上、不唯书、只唯实，交换、比较、反复。"陈云专门解释说："不唯上，并不是上面的话不要听。不唯书，也不是说文件、书都不要读。只唯实，就是只有从实际出发，实事求是地研究处理问题，这是最靠得住的。"①

陈云认为，在通往真理的大道上，一个人的认识和实践总是有局限性的，要使自己的认识更加科学，少犯错误，就要善于运用"交换、比较、反复"的方法。也就是多与其他同志交换意见；有了决策方案之后要进行纵横比较；决定问题时不要太匆忙，适当放一放，留一个反复考虑的时间。

1962年初，在著名的七千人大会期间，毛泽东曾三次提议让陈云讲一讲话，陈云都没有讲。毛泽东在1月30日的讲话中说，拿我来说，经济建设中间的许多问题，还不懂得。工业、商业我就不大懂；别人比我懂，少奇同志比我懂，恩来同志比我懂，小平同志比我懂。陈云同志，特别是他，懂得较多。他的方法是调查研究，不调查清楚他就不讲话。这一次我说请他讲话，他说不讲。我说你哪一年讲？他说过半年可以讲。毛泽东在闭幕会上又提到，本想让陈云同志讲讲他的意见，他说他没有想好，不讲了。②

有关史料记载，在七千人大会召开前，陈云曾到黄淮海地区和其他一些地方广泛了解了经济形势和存在的问题，又到小蒸等地进行了深入调查研究，对当时的困难局面和战胜困难的办法已经形成了一些看法。那么，他为什么三拒毛泽东的讲话邀请呢？这里有两个方面原因：第一，对于"困难的程度，克服困难的快慢，在高级干部中看法并不完全一致"，而他所掌握的情况虽具有典型性，但是否具有普遍性，还需要再听一听各地的意见，为了使自己的认识更正确一些，他需要一个"交换、比较、反复"的过程。第二，陈云后来回忆说："1962年七千人大会，毛主席要我讲话，我不讲话，主要是和稀泥这不是我陈云的性格……"③

通过会上七千多人广泛讨论，献计献策，使陈云的有关想法迅速成

---

① 《陈云文选》第三卷，人民出版社1995年版，第371页。
② 《百年陈云》，中央文献出版社2005年版，第286页。
③ 《陈云传》（下），中央文献出版社2005年版，第1292页。

熟。在七千人大会结束后随即召开的西楼会议上，陈云就经济形势和克服困难的办法作了重要发言。鉴于当时的困难局面比七千人大会的估计还要严峻的形势，他提出：第一，把十年国民经济规划分为两个阶段，前一阶段为恢复阶段，后一阶段为发展阶段；第二，减少城市人口，实行精兵简政，要下决心减人，否则无出路；第三，要采取一切办法制止通货膨胀；第四，尽力保证城市人民的最低生活需要；第五，把一切可调动的力量用于农业增产……随着这些办法的推行，国民经济调整不断取得良好效果。

对待真理——"论事不论脸"

陈云认为，发现真理难，坚持真理更难。因为，坚持真理有个立场问题——树立远大的共产主义理想，胸中始终装着广大人民群众，以革命和党的利益高于一切的原则来处理一切个人问题。"个人主义与马列主义的矛盾就在这里"，"如果尽是为了个人打算"，坚持真理无从谈起。"是否对人民尽了责任，可以考验谁是优秀子孙，谁是不肖子孙。"

1944年3月，陈云出任西北中央局委员、西北财经办事处副主任兼政治部主任。临别之际，新任中央组织部部长彭真问他：你还有什么需要交代的？陈云回答说：有多少党员，多少干部，多少党表，多少小册子，这在少奇那里已经交代了。他要交代的是，陈云在七年中组部长工作中发现我们党内一部分干部存在着的一股骄傲之气。即"喜欢人家说他好，不喜欢人家说他坏"。"有功必居，有过必避"。当工作中出了问题受到批评的时候，"他总是想很多道理来解释，其目的就是说明他没有过"。这是一种什么现象呢？陈云认为这涉及共产党员修养的重大课题——如何看待自己。他说，假设你工作取得了成绩，"这里有三个因素：头一个是人民的力量，第二是党的领导，第三才轮到个人"。把个人的功劳放在最后，是因为个人的力量再大，离开了党，离开了人民，也一事无成。分别之际，为什么不说好话，而着重留下对问题的提醒？在党的七大上陈云谈及此事，并作了长篇发言，其意就是要说明：共产党员"要讲真理，不要讲面子。是什么就是什么，应该怎样就怎样。有的时候你愈要面子，将来就愈要丢脸。只有你不怕丢脸，撕破了面皮，诚心诚意地改正错误，那时候也许还有些面子。共产党员参加革命，丢了一切，准备牺牲性命于革命，还计较什么面子？把面子丢开，讲真理，怎样对于老百姓有利，怎样对于革命有利，就怎样办。我们肩头担负这样重的任务，如果强调讲面子，在讨论问题时，就会不客观，看问题就有个人的角度，有利于他，有利于他的面子，就赞成你的意见；对于他的面子不好看的，便不赞成。如果一切从自己面子的角度出发，讨论问题、看问题掺杂个人得失在里面，立场不正，就不会看得很清楚，不会讲真理，结果一定害人害己"。①

　　这段话，概括了陈云一生坚持真理的认识来源和实践来源。1935年1月，在党和红军面临生死存亡的紧急关头召开的遵义会议上，作为4名中央政治局常委之一，陈云的一票举足轻重。在自传中，他郑重写道："遵义会议上我已经很了解几次军事指挥之错误，（是）赞成改变军事和党的领导的一个人"。② 所以，陈云没有按照惯例支持临时中央负责人，而是选择了拥护真理——支持毛泽东。

　　1976年9月9日，毛泽东逝世，"四人帮"加紧篡党夺权的步伐，党又一次面临生死存亡的关头。华国锋、叶剑英、李先念等开始考虑解决"四人帮"的问题。叶剑英委托王震找陈云商量。当时可供选择的只有两个办法：一是召开十届三中全会；二是直接把"四人帮"抓起来。陈云反复研究了十届中央委员会的名单，分析了力量对比的情况，感到召开中央全会解决"四人帮"的问题没有把握。在应邀前往叶剑英在西山的住所交换意见时，叶剑英拿出毛泽东批评"四人帮"的讲话稿给陈云看。陈云当即表示，赞同把"四人帮"抓起来，这场斗争不可避免。在陈云的坚定支持下，党中央采取果断措施，一举粉碎了"四人帮"，结束了给党和人民带来沉重灾难的十年浩劫。

　　"四人帮"被粉碎，并没有迅速带来党和人民期盼已久的那种大好局面。于是，在1977年3月召开的中共中央工作会议上，陈云再一次为真理犯颜直谏，他在书面发言中要求重新评价"天安门事件"，并说："我对天安门事件的看法是：一、当时绝大多数群众是为了悼念周总理。二、尤其关心周恩来同志逝世后党的接班人是谁。三、至于混在群众中的坏人是极少数。四、要查一查'四人帮'是否插手，是否有诡计。"陈云明确表示赞同让邓小平同志重新出来参加党中央的领导工作，认为这是"完全正

---

① 《陈云文选》第一卷，人民出版社1995年版，第296页。
② 《陈云年谱》上卷，第173～174页。

确、完全必要的，我完全拥护"。① 陈云的鲜明态度推动了此后为邓小平恢复职务。

一年半后，"天安门事件"仍未平反。在1978年11月10日至12月15日召开的中央工作会议上，陈云再一次为捍卫真理呐喊。在《坚持有错必纠的方针》题目下，列举了包括为天安门事件平反在内的六个方面的历史遗留问题，提出应由中央解决。11月12日，陈云在东北组发言说：薄一波等61人出反省院是党组织和中央决定的，不是叛徒；彭德怀对党贡献很大，过去说他犯过错误，但没有听说过把他开除出党，他的骨灰应当放到八宝山革命公墓；天安门事件是北京几百万人悼念周恩来、反对"四人帮"、不同意批邓小平的一次伟大的群众运动，在全国许多大城市也有同样的运动，中央应该肯定这次运动；康生在"文化大革命"中随便点名，对在中央各部和全国各地造成党政机关瘫痪负有重大责任，中央应该在适当的会议上给以应有批评。陈云的这次发言在会议上引起强烈反响，推动中央立刻就平反冤假错案作出一系列重大决策，为十一届三中全会的顺利召开奠定了思想和组织基础。

如果说，分别之际不说"拜年"话，体现的是陈云坚强的党性原则的话，那么，后来一次面临生死考验，陈云所交出的答卷，则体现了他的伟大人格……

1979年10月17日，陈云被检查确诊患了结肠癌。考虑到手术有相当危险，手术前，有同志问他：还有什么事要交代？对于这一带有遗嘱式的提醒，陈云却显得很平静，他提笔给4个月后出任中共中央总书记的胡耀邦写了一封信。当这封信被拆开的时候，展现在面前的不是人们常常看到的有关个人后事和家事的意愿安排，而令陈云放心不下的却是他尚未完成的一件平反一位老同志的历史冤案。他在信中说，潘汉年一案需要重新审查。后来，陈云回忆说：

> 我是动过大手术的人，手术前，恐怕靠不住了，开刀后怎么样不晓得，姚依林同志来问我有什么话，我写信给耀邦同志说，潘汉年一案要重新审查。我那时感到，生命可能没有保证。②

---

① 《百年陈云》，中央文献出版社2005年版，第371页。
② 《陈云传》（下），中央文献出版社2005年版，第1529页。

20 个世纪 30 年代前后，潘汉年曾长期在上海等地做秘密工作，出生入死，为党作出过很大贡献，但解放后却因种种复杂情况被错误地打成叛徒，1955 年因所谓的内奸问题被逮捕，1977 年含冤去世。对这起时间久远、能够证明其身份的人越来越少的案件，陈云开始了大量深入的调查工作……为防止因个人的健康而中断此案进展的问题发生，陈云向党的领导人作出了郑重交代。

陈云这种捍卫真理，坚持实事求是的优良作风和崇高思想、品德，表现了一位伟人对党和人民事业的执着追求，体现了共产党人克己奉公、一心为民的高风亮节，为我们树立了光辉的榜样。

历史评说

陈云是伟大的无产阶级革命家、政治家，杰出的马克思主义者，中国社会主义经济建设的开创者和奠基人之一，党和国家久经考验的卓越领导人。是以毛泽东为核心的党的第一代中央领导集体和以邓小平为核心的党的第二代中央领导集体的重要成员。

在中共七届七中全会第三次会议上，陈云同刘少奇、周恩来、朱德一起被推举为中共中央副主席的候选人，毛泽东对陈云评价道："我看他这个人是个好人，他比较公道、能干，比较稳当，他看问题有眼光。我过去还有些不了解他，进北京以后这几年，我跟他共事，我更了解他了。不要看他和平得很，但他看问题尖锐，能抓住要点。所以，我看陈云同志行。"

1959 年 4 月，毛泽东同他的秘书胡乔木、李锐谈降低 1959 年计划指标问题时，称赞"陈云同志的话是很正确的"。毛泽东说："一个人有时胜过多数人，因为真理在这一个人手里，而不在多数人手里。""在武昌发表 1959 年粮、棉、钢、煤的数字问题上，正确的就是他一个人。一月上旬，也是他正确。""我看这个同志还是经验比较多一点。"毛泽东还称赞陈云这个人是很勇敢的，"坚持真理也勇敢"。

1995 年 6 月 14 日，在陈云诞辰 90 周年纪念大会上，江泽民代表中共中央发表讲话，指出：陈云同志从新民主主义革命到社会主义革命、社会主义建设时期，经历过民族解放斗争与人民革命斗争、地下斗争与公开斗争、武装斗争与和平建设的长期考验，无论是领导工农群众工作、党的建设工作、军队工作或是经济建设工作，无论斗争怎样艰巨，情况怎样复杂，也不论是在顺境中还是在逆境中，他始终表现出共产党人的高瞻远瞩和脚踏实地的作风，始终表现出共产党人不可动摇的信念和坚强的无产阶级党性。陈云同志在任何时候总是把党的利益放在第一位，顾全大局，坚持原则，维护团结，遵守纪律，光明磊落。他为党和人民作出了卓越的贡献，但却从来都把一切功劳归于党和人民。他十分关心培养选拔党的事业的接班人，并大力推进这项关系党和国家命运的工作，同时严格要求按照德才兼备的原则把好政治关。陈云同志关于"执政党的党风问题是有关党的生死存亡的问题"，"党性原则和党的纪律不存在'松绑'的问题"等著名论断，应该成为全党同志的座右铭。江泽民说："在陈云同志的身上，我们看到党的老一代领导人的精湛的马克思主义理论修养和生机蓬勃的创造精神，看到中国共产党人对中国社会发展规律的深刻理解和把握，看到无产阶级勇往无前的革命精神和严格求实的科学态度的有机统一。"

2005年6月13日，在陈云同志诞辰100周年纪念大会上的讲话中，胡锦涛指出：陈云同志从长期实践和切身体验中总结出来的"不唯上、不唯书、只唯实，交换、比较、反复"，是一个充满唯物辩证法的思想方法、工作方法和领导原则，是对马克思主义哲学和党的思想路线的重要贡献。陈云同志强调，每个共产党员，都要把革命的和党的利益放在第一位，要讲真理，怎样对于老百姓有利，怎样对于革命有利，就怎样办。为了党和人民事业的发展，陈云同志敢于坚持真理，仗义执言，勇往直前，是为了人民利益敢于坚持真理的典范。凡是认定的真理、看准了的事情，陈云同志从不轻易放弃，只要党和人民需要，不论情况多么复杂，也不论形势多么险峻，他都会下大决心，坚定不移地干下去。陈云同志坚持真理、坚持原则的非凡胆识和坚定立场，充分展示了彻底的唯物主义者的无私无畏精神。

陈云自20个世纪30年代初就担任党中央的重要领导职务，经历了中国共产党领导人民进行革命、建设、改革各个历史时期几乎所有重大事件，参与了党中央在不同历史时期一系列重大决策的制定和实施，多次在党和人民事业发展的关键时刻、在党和国家的重大决策中发挥了十分重要的作用。在 70 多年的革命生涯中，为中国人民解放事业和社会主义建设事业立下不朽的功勋，在国内外享有崇高的威望，深得全党、全军和全国各族人民的尊敬和爱戴。

陈 云 讲真理，不讲面子

江泽民
以身作则，身体力行

| 经典摘录 |

☆那些投身实践并且同群众保持密切联系的干部，大都是成长进步比较快的干部。经不起艰苦环境考验、不能与群众打成一片的干部，不能在实践中克服困难、解决问题的干部，不是党和人民所需要的干部。干部如果不到实践中去经过一番扎实的磨炼，是不可能担当起改革和建设的重任的。

☆比如作报告，即使你再会讲，但是你讲的和做的不一致，只要有一个这样的事例，就把你讲的完全否定了；相反，你虽然不会讲，但你能以身作则，身体力行，其效果就会大不相同。

☆落实、落实、再落实。因为这是做好一切工作的关键环节。我们共产党人的使命，不仅在于认识世界，更重要的在于改造世界……工作不落实，党的路线方针政策再好，军委的决策、指示再正确，也是没有用的。我们领导者的责任，首先要正确决策，在决策作出以后，就要狠抓落实，干实事，求实效，不尚空谈。

主要经历

江泽民，汉族，1926年8月17日生，江苏省扬州市人。上海交通大学电机系毕业，1946年4月加入中国共产党。

1943年起，参加地下党领导的学生运动。历任上海益民食品一厂副工程师、上海制皂厂第一副厂长。1955年赴苏联莫斯科斯大林汽车厂实习。1956年回国后，曾任长春第一汽车制造厂动力分厂厂长。1962年后，任一机部外事局副局长、局长。1980年后，任国家进出口管理委员会、国家外国投资管理委员会副主任兼秘书长、党组成员。1982年后，任电子工业部第一副部长、党组副书记，部长、党组书记。1985年后，任上海市市长，中共上海市委副书记、书记。1989年6月，在中共十三届四中全会上，当选为中共中央委员会总书记，1989年11月，在中共十三届五中全会上，当选为中共中央军事委员会主席。后当选为中华人民共和国中央军事委员会主席。是中共十三届四中全会、十四届、十五届中共中央委员会总书记，第八届、九届全国人民代表大会期间，当选为中华人民共和国主席，十三届五中全会、十四届、十五届、十六届一中全会上，任中共中央军事委员会主席，第七届全国人民代表大会第三次会议和第八届、九届、十届全国人民代表大会第一次会议上，当选为中华人民共和国中央军事委员会主席。

主要著作有：《江泽民文选》《论党的建设》《论科学技术》《论"三个代表"》及《论中国信息技术产业发展》《中国能源问题研究》等。

情操实践

身体力行：领导干部必须具备的突出素质

江泽民1926年8月17日生于江苏省扬州市，上海交通大学电机系毕业。1943年，江泽民参加地下党领导的学生运动，1946年4月加入中国共产党。对他后来走上职业革命家道路产生重大影响的，是他的叔父也是嗣父江上青。这位曾在中国皖东北和淮北领导一支地方抗日武装的中共党员，于1939年在一场战斗中为国捐躯。上海解放后，江泽民历任上海益民食品一厂副工程师、工务科科长兼动力车间主任、厂党支部书记、第一副厂长，上海制皂厂第一副厂长，一机部上海第二设计分局电器专业科科长。1955年，赴苏联莫斯科斯大林汽车厂实习。1956年回国后，任长春第一汽车制造厂动力处副处长、副总动力师、动力分厂厂长。1962年后，任一机部上海电器科学研究所副所长，一机部武汉热工机械研究所所长、代理党委书记，一机部外事局副局长、局长。1980年后，任国家进出口管理委员会、国家外国投资管理委员会副主任兼秘书长、党组成员。1982年后，任电子工业部第一副部长、党组副书记，部长、党组书记。在中共十二大上当选为中共中央委员。1985年后，任上海市市长，中共上海市委副书记、书记。1987年11月，出席中共十三大，当选为中共中央政治局委员。1989年6月，出席中共十三届四中全会，当选为中共中央政治局常委、中共中央委员会总书记。在中共十三届五中全会上任中共中央军事委员会主席。1990年3月，出席第七届全国人大第三次会议，当选为中华人民共和国中央军事委员会主席。2000年2月25日，江泽民在广东省考察工作时提出了"三个代表"重要思想。他指出："总结我们党七十多年的历史，可以得出一个重要结论，这就是：我们党所以赢得人民的拥护，是因为我们党在革命、建设、改革的各个历史时期，总是代表着中国先进生产力的发展要求，代表着中国先进文化的前进方向，代表着中国最广大人民的根本利益，并通过制定正确的路线方针政策，为实现国家和人民的根本利益而不懈奋斗。"江泽民是中国共产党第三代中央领导集体的核心，是"三个代表"重要思想的主要创立者。党的十六大及2004年9月十六届四中全会决定同意江泽民辞去中共中央军事委员会主席的职务、2005年3月十届全国人大三次会议第二次全体会议决定接受江泽民辞去中华人民共和国中央军事委员会主席职务的请求，完成第三代中央领导集体向以胡锦涛为总书记的党中央的新老交替。

江泽民认为，我们完成跨世纪的各项任务，解决前进道路上面临的问题，一靠正确的理论和路线的指导，二靠广大人民群众的团结奋斗，三靠党的各级组织坚强有力。

贯穿于这三项条件中的一个极为重要的综合因素就是干部因素，诚如毛泽东所说:"政治路线确定之后,干部就是决定的因素。"因为正确的路线和政策要靠干部去贯彻落实,人民群众靠干部去组织和动员,党内和社会上存在的影响凝聚力、战斗力的问题靠干部去研究和解决。而领导干部特别是高级干部在群众中树立什么形象,更具有重要的标示和导向作用。"比如作报告,即使你再会讲,但是你讲的和做的不一致,只要有一个这样的事例,就把你讲的完全否定了;相反,你虽然不会讲,但你能以身作则,身体力行,其效果就会大不相同。"① 江泽民说,"群众对领导干部是要听其言、察其行的,你说的是一套,做的又是一套,台上讲反腐败,台下搞不正之风,群众怎么会信任你呢?这样的人,实际上已经丧失了领导资格"。② "一个领导干部如果腐败变质,就可能影响一个部门、一个地区的风气,就可能使更大范围的群众对我们党有意见"。③

这里,江泽民把身体力行作为领导干部的一个突出素质来加以强调,把具备身体力行的意识、能力与全面正确地掌握邓小平理论、善于运用这一理论解决改革开放和社会主义现代化建设中的各种问题,具有较高的领导能力和领导水平;以及能够科学判断形势、实事求是地决策等干部必备素质放在同等重要的位置,作为三个"艰巨的任务"之一鲜明地提了出来。江泽民强调:"中华民族历来很看重领导者的榜样作用。'其身正不令而行,其身不正虽令不从',就是古人留下的警世名言。我们的高中级干部,要率先养成优良的道德品质和作风,廉洁勤政,艰苦奋斗,深入实际,调查研究,谦虚谨慎,联系群众,全心全意为人民谋利益。这同样是一个艰巨的任务。"还说,"在这种考验面前,每个同志都应当努力使自己尽可能适应得快一些。'不进则退'这个法则,对谁都是一样起作用的"。④

江泽民要求,各级干部特别是高级领导干部要带头践行全心全意为人民服务的宗旨,以身作则,模范地遵纪守法,自觉接受监督,要在三个方面做表率:

第一,要做加强学习的表率。领导干部要带头学习和掌握邓小平理论,学习社会主义市场经济知识,学习法律知识,学习现代科学技术知识和管理知识,学习历史知识,学习做好工作必需的一切知识。

---

① 江泽民:《论党的建设》,第236页。
② 江泽民:《论党的建设》,第176页。
③ 江泽民:《论党的建设》,第282页。
④ 江泽民:《论党的建设》,第275~276页。

第二,要做发扬优良作风的表率。带头深入实际,深入基层,调查研究,听取群众的意见,不断改进工作,真抓实干,坚决反对主观主义、官僚主义、形式主义。

第三,要做贯彻民主集中制、增强团结的表率。带头遵守民主集中制的各项规定,严守纪律,维护大局,自觉处理好中央与地方、局部与全局的关系。在班子内部,要健全集体领导和个人分工负责相结合的制度,树立互相信任、互相支持、互相谅解和批评与自我批评的良好风气。

为了保证身体力行成为全党特别是领导干部的自觉行动,江泽民还从干部成长规律的角度深刻分析了身体力行对干部成长的重大作用,指出:"那些投身实践并且同群众保持密切联系的干部,大都是成长进步比较快的干部","经不起艰苦环境考验、不能与群众打成一片的干部,不能在实践中克服困难、解决问题的干部,不是党和人民所需要的干部。干部如果不到实践中去经过一番扎实的磨炼,是不可能担当起改革和建设的重任的。"① 他要求,在用人问题上,要把能不能身体力行作为一个重要指标,要十分注意有没有艰苦奋斗、自觉奉献的精神和品德。害怕艰苦、追求享受、奢侈浪费的干部不能重用。

坚持深入基层体察民情的表率

作为党的干部,无论其职位高低,权力大小,他的一切施政行为,都应以人民的利益为基点。在江泽民的长期从政生涯中,其执政实践鲜明地表现了这一特点。江泽民认为,为了使党的政策方针体现人民的意愿,反映人民的呼声,解决人民的困苦,最大限度地造福于人民,作为党的干部就必须坚持经常到基层去体察人民情绪,了解群众生活。江泽民正是这样做的,无论在地方任职时,还是位居中枢之后。

他在任上海市长时,听说21路、46路公共汽车拥挤不堪,秩序混乱,群众意见很大,于是,江泽民便轻车简从,微服挤上这两路公共汽车,从起点乘至终点。当亲自掌握到第一手资料之后,他马上召集有关领导,集思广益,部署改革上海市公交运营。当他了解到苏州河南岩码头垃圾堆积如山、亟待处理时,便又抽出时间,一身工装走到清洁工人的中间,与工人们一起清运垃圾,挥汗如雨……

---

① 江泽民:《论党的建设》,第226页。

在他担任中共中央总书记之后，也曾冒酷暑到号称中国的"三大火炉"之一的湖北省武汉市考察工作。其间，他冒着40余度的炙人暑热，乘坐旅行面包车，汗湿衣衫，四处奔波考察调研，了解武汉群众的生活。考察途中，江泽民所到之处均吃"份儿饭"和快餐。在湖北省三天时间，无论迎送、无论活动、无论会议，他没有接受任何宴请。在离开湖北之前，他还嘱身边工作人员按规定交齐了餐费。

在江泽民赴东北大庆视察时，他不是乘"专用列车"，而是与民偕行，乘坐普通的40次直达快车。下了火车，他不乘高级轿车，而是乘坐普通的大面包车。他并三令五申，上路不得用警车开道，所到之处不准搞戒严。在大庆，江泽民的饮食始终是"四菜一汤"，十分俭朴。大庆人由衷地赞佩说："总书记是来大庆的最高领导人，吃的却是最普通的饭菜和最低的伙食标准。"

在煤都大同，身穿矿工服、头戴安全帽的江泽民，亲自下到离地面160米的煤矿采煤"掌子面"。在百米井下，他与矿工们一起走在时窄时宽、忽明忽暗的巷道里，边走边谈，了解生产情况，了解工人群众的生活。新华社记者这样报道说："踩着积水的江泽民，用毛巾擦去满脸的汗水，留在白毛巾上的是一层湿漉漉的黑印。"党的领袖深入基层，正是因为人民群众中蕴藏着无穷的智慧和极大的改革积极性、创造性，而对党的领导人来说，重要的问题是，如何把群众的聪明才智和积极性、创造性调动起来凝聚一处。在繁重、艰巨的改革过程中，要得到群众的理解和支持，就必须深入到群众中去，与群众心贴心，了解群众的疾苦，体察群众的情结，与群众心往一处想，劲往一处使，拧成一股绳，建立和保持一种亲密的鱼水关系。

江泽民还非常关心贫困地区群众和为新中国的诞生作出重要贡献的老区人民的生活困难问题。1995年年终岁末之际，江泽民专程奔走陕西、甘肃两省，慰问受灾农民和困难企业职工，了解群众的生活情况。从陕西商州、丹凤，到甘肃榆中、定西，一路上，江泽民不辞辛苦，风尘仆仆，走村串户。每到一处，他总要摸摸农民的炕头热不热，看看锅里的饭食如何，瞧瞧群众水窖里有没有水。

陕西商洛地区丹凤县的白衣寺村，自然条件比较差，全村318户中，有79户是贫困户、特困户。江泽民在村里连续走访了7户农民。看到这些缺乏劳力或家有病人的农户家的土坯房简陋破旧，难挡风雨，他的心情十分沉重。在村民王发户家,他伸手摸摸炕上的褥子,只见下面铺的是稻草,主人患病的妻子无力地躺在上面。这一情景使江泽民非常动情,他把带去的棉衣、棉被、面粉和现金送到主人手上,深情地说:"东西虽不多,但这是党和政府的一份心意。请你们好好包顿饺子,过个年吧!"①

在甘肃定西县的太平村,江泽民来到受灾户支秀珍家。一进门,他就走到锅台前掀起锅盖,看看主人断炊了没有。当看到锅里烙着几个玉米面饼子时,才稍稍放下心来。但临出门时,他又关切地问支秀珍:"明年春天的种子准备了没有?"支秀珍答:"还没有。"江泽民马上对地区的领导说:"准备种子关系到明春的农业生产,这是一件大事,一定要千方百计解决好。"他还语重心长地对当地干部说,想到还有许多群众尚未解决温饱,还有不少地区由于自然条件恶劣经常遭受灾害的侵扰,我们的各级领导干部都应"寝不安席,食不甘味",务必用"鞠躬尽瘁,死而后已"的奋斗和奉献精神加倍努力地工作,为人民群众多尽实心、多干实事、多谋实利。

在陕西商州市洪门河乡农田基本建设工地,江泽民和村民们一起挥锹铲土,平整农田,并勉励干部群众同心同德,艰苦创业,早日改变落后面貌。在商州市商镇敬老院,江泽民向老人们赠送了一台彩电,祝老人们身体健康。

在甘肃榆中县中连川乡高窑村,江泽民将带去的棉衣亲手为一家特困户的孩子穿上,嘱咐孩子要好好学习,健康成长。

广泛了解西部特别是贫困地区的发展和群众生活的困难之后,江泽民深感加快中西部地区的发展非常紧迫和重要。他在这次考察结束后,连续发表重要讲话,对此次考察的收获作了精辟的总结。他说,西部地区的经济社会发展在全国具有极其重要的战略地位。可以这样说,没有西部地区的繁荣昌盛,就不可能实现我们整个国家的繁荣富强;没有西部地区的社会稳定和民族团结,就不可能保持我们整个国家的社会稳定和民族团结;没有西部地区的全面振兴,就不可能达到我们整个中华民族的振兴;没有西部地区的基本现代化,就不可能有我们整个社会主义现代化建设的最终成功。我们一定要通过西部地区广大干部和群众的自力更生、艰苦奋斗,通过国家的大力扶持,通过其他地区特别是比较发达地区的多方支持,努

---

① 《人民日报》,1995年12月27日。

力加快西部地区的发展步伐。到了包括西部在内的全国各个地区都基本实现了现代化，我们这几代人就为祖国为民族立下了不朽的历史之功，就无愧于我们的先人，无愧于我们的革命前辈，也无愧于我们的后人。① 江泽民在多次讲话中都论述了这个意思。

2000年3月5日，江泽民在参加九届全国人大三次会议青海省代表团的全体会议，听取各民族代表的发言后，讲话指出：我国西部地区地域辽阔，资源丰富，各民族干部群众勤劳朴实。中央提出实施西部大开发战略，就是要加快西部地区发展，逐步缩小东西部地区的发展差距，全面推进我国的现代化建设。②

同年3月7日，江泽民又在出席九届全国人大三次会议上海代表团的全体会议之后，讲话强调：实施西部大开发战略，加快中西部地区发展，对于促进地区协调发展和最终实现全国人民的共同富裕，具有深远的意义。我国地域广阔，各个地区发展不平衡。先发展起来的地区不但要"致富思源、富而思进"，继续艰苦奋斗，而且要积极帮助和带动欠发达地区加快发展。要按照优势互补的原则，把东部地区技术、人才、管理和信息等方面的优势与西部地区资源丰富、市场潜力巨大等方面的优势结合起来，以促进东部地区与西部地区的共同发展。③ 这些思想，此后成为党中央制定和实施西部大开发战略的重要指导和依据。

带头到第一线抓落实解难题

1994年9月28日，中国共产党十四届四中全会在北京平静落幕，但这次全会所产生的重要文件——《中共中央关于加强党的建设的几个重大问题的决定》，却如惊雷滚过，它庄严地宣告了一个举世为之瞩目的重大信息：中国共产党第二代中央领导集体和第三代中央领导集体的交接圆满完成；中国共产党全党正紧密地团结在以江泽民为核心的党中央周围，为建设有中国特色社会主义的伟大事业努力奋斗。以邓小平为核心的第二代中央领导集体率领全党所开创的将导致中华民族实现新的复兴的伟大工程，将由以江泽民为核心的第三代中央领导集体率领全国人民继往开来，再谱华章。

---

① 《人民日报》，1995年12月27日。
② 《人民日报》，2000年3月6日。
③ 《人民日报》，2000年3月8日。

正是在这一庄严的宣告中,也蕴含着一个人们只要悉心体会就会体味到的题中应有之义,那就是:邓小平是中国改革、开放和现代化建设的总设计师;江泽民则已成为这个伟大工程的总工程师。邓小平本人也讲过,我只是出了一点主意,主要的工作,繁重的事情是别的同志做的。这话里虽然不无邓小平谦逊的成分,但有一点是千真万确的,那就是中国改革开放和现代化建设的大思路是邓小平亲手设计的,然而把这一伟大构想变为成功实践的,则首推以江泽民为核心的党中央第三代中央领导集体。国内外的一致看法是,江泽民不仅精于擘画全局,运筹施政,而且以善于抓落实而著称。此后,在世纪交替的重要转折时期,正是以江泽民为核心的党中央第三代中央领导集体率领全党一步步实施了邓小平提出的治党、治国、治军的一系列思想。诚如江泽民在这一时期所反复强调的:现在,我们国家和军队建设的大政方针已经确定,关键的问题就是要抓好落实。江泽民的一句名言就是:"落实、落实、再落实。""因为这是做好一切工作的关键环节。我们共产党人的使命,不仅在于认识世界,更重要的在于改造世界……工作不落实,党的路线方针政策再好,军委的决策指示再正确,也是没有用的。我们领导者的责任,首要的是正确决策,在决策作出以后,就要狠抓落实,干实事,求实效,不尚空谈。"① 1994年7月1日和12月18日,江泽民分别在北京军区师以上干部集训班和在军委扩大会议上发表了两次重要讲话,他在讲话中,把如何抓落实归纳为四条要则:一要树立求真务实的领导作风,二要改进工作方法抓住主要矛盾,三要建立责任制,四要抓好干部的选拔培养。这几条,既是他自己抓落实的经验之谈,也是对各级领导干部的明确要求。其中的精髓即是提倡领导干部亲自动手、深入一线去切实落实党的路线方针政策。

江泽民是这样要求的,他也是率先垂范带头去这样做的。

1999年,以"讲学习、讲政治、讲正气"为主要内容的党性党风教育在全国县级以上党政领导班子和领导干部中渐次展开。这一教育是党中央面向新世纪为加强自身建设而采取的一项战略决策。作为党的领袖,江泽民带头参加到教育之中。政治局常委的"三讲"教育在省部级干部教育展开的同时就率先着手进行了。中央政治局常委会先后召开7个座谈会,听取各方面的意见和建议;其后又专门用5天半的时间进行了"三讲",认真总结十年来

---

① 江泽民:《论党的建设》,第150~151页。

的工作实践和基本经验，认真思考当前和今后改革与发展中的一些重大问题，并开展批评与自我批评。教育结束后，江泽民代表政治局常委向中央政治局及其全党通报了情况。与此同时，江泽民也密切关注着各地"三讲"教育搞得如何，落实是否切实。2000年2月，他来到广东省高州市同基层党政领导进行面对面的交流。调研之前，他亲自派出有关人员先行了解情况；他本人赶到以后，马上深入基层参观荔枝产业，访问农户，了解教育展开情况。针对高州的实际，江泽民就如何提高"三讲"教育的质量，如何抓好中央提出的要着重查找和解决的五个方面的问题，提出了五条要求：

第一，要在学习党的基本理论和"三讲"教育规定的文件上下功夫。他希望县（市）领导干部，既要成为党的优秀的实际工作者，又要成为努力学习理论的模范。

第二，要实事求是、一分为二地估量自己。他认为，善于自我认识、自我剖析、自我改造，是领导干部政治上成熟的一个标志。领导干部必须勇于解剖自己，敢于正视自己的问题，及时纠正缺点错误，而绝不能采取回避和掩盖的态度。

第三，要正确运用批评与自我批评的武器。江泽民最为痛恨的就是"领导班子不讲党性原则，政治上软弱，好人主义、自由主义盛行，讲庸俗关系学"。① 他要求，务必扫除这些不良习气，他号召要坚决拿起批评与自我批评的武器，既勇于打扫自己身上的灰尘，也诚恳地帮助别人打扫身上的灰尘；既批评自己工作中的缺点错误，也批评班子集体和别人工作中的缺点错误；既从大处着眼，又善于见微知著、防微杜渐，达到弄清思想、团结同志的目的。

第四，要认真倾听群众的意见。江泽民反复强调，每一个县（市）领导干部都要把"三讲"教育作为虚心听取群众意见、自觉接受群众监督的难得机会，使干群关系有一个明显的改善和加强。

第五，要认真进行整改。找准那些影响本地改革、发展、稳定，影响领导班子发挥整体合力，影响党群关系、干群关系的问题，切实解决几个影响本地工作全局的紧迫问题。

在深入实际第一线与干部群众共解难题、共渡难关方面，江泽民也堪称表率和典范。

---

① 江泽民：《论党的建设》，第387页。

1998年6月、7月、8月，我国长江流域、嫩江、松花江流域相继发生了历史上罕见的特大洪水。这是我国继1931年、1954年之后20世纪的最大洪涝灾害，局部地区洪水甚至超过有史以来的最高纪录。洪水牵动着沿江省区人民的心，牵动着全国人民的心，更牵动党中央、国务院和江泽民总书记的心。在抗洪抢险最紧张的日子里，江泽民几乎每天都与抗洪第一线通话，了解水情、汛情、险情和灾情，指挥部署抗洪抢险工作。

7月21日，连日的特大暴雨，使已经造成内涝、防洪形势格外严峻的武汉市，又将迎接这次汛期后长江第二次洪峰的考验。这一情况使江泽民夜不能寐，深夜12点，他打电话给国务院副总理兼国家防汛抗旱总指挥部的总指挥温家宝，要求沿江各省市特别是武汉市要作好迎战洪峰的准备，抓紧加固堤防，排除内涝，严防死守，确保长江大堤的安全，确保武汉等沿江重要城市的安全，确保人民生命安全。随后，江泽民总书记和朱镕基总理决定，委派温家宝代表党中央、国务院到防汛抗洪第一线，现场指挥抗洪抢险。

7月27日，温家宝出发前一天的夜间11点半，江泽民又给他打电话。此刻，长江第三次洪峰刚刚通过宜昌，从石首到湖口，8个水文站均超过历史最高水位。江泽民一再嘱咐：一定要防止1954年的险情发生，坚决确保武汉和江汉平原的安全。第二天一早，江泽民再次打电话给已经到达武汉的温家宝，了解洪峰通过武汉的情况。当得知洪峰正在通过武汉、没有发生重大险情时，他才稍感放心。

此后几天里，温家宝每天给江泽民总书记和朱镕基总理发一封电报，不断报告抗洪抢险的最新进展。江泽民仔细阅读每份电报，及时作出重要指示，有力地指导着整个防洪抢险斗争。为了夺取抗洪抢险的胜利，他还推迟了原定的访问俄罗斯、日本的外事活动。

8月7日，九江长江大堤发生溃决。江泽民非常重视这一突如其来的重大险情。他一连数次给温家宝打电话，指示温家宝立即从湖北赶到九江坐镇指挥。接着，他又与当时的中央军委副主席张万年通电话，指示再调些部队，作为抗洪抢险的突击队，以在关键时刻发挥关键作用。当天深夜，在长江第四次洪峰袭来的危急关头，江泽民主持召开了中央政治局常委扩大会议，听取国家防总的汇报，紧急研究部署长江抗洪抢险工作。会议决定：要把长江抗洪抢险工作作为当前头等大事，全力以赴抓好。要坚决严防死守，确保长江大堤的安全，绝不能有丝毫松懈和动摇。人民解放军要按照中央军委的命令，继续投入抗洪抢险第一线。武警部队和公安干警也要积极参加抗洪抢险工作。要动员和组织一切人力、物力、财力进行抗洪抢险。

8月13日，正当长江第五次洪峰向长江抗洪抢险绝险地段湖北境内荆江逼近的关键时刻，江泽民紧急飞赴沙市抗洪抢险第一线。一下飞机，江泽民就直奔江堤。已有1600多年历史的荆江大堤位于长江中游荆江河段北岸，全长180多公里，是保护江汉平原乃至武汉三镇的屏障。历史上，这里曾多次溃口。在旧中国当地官绅曾修建起一座镇水塔，祈求它能镇服洪魔，但无情的洪水使人们的梦想一次次破灭。据荆州地方日志记载，从明朝初期到解放前，荆江段共溃口91次，平均6年一次，每当溃堤之时，"浮尸满城，哀鸿遍野"，"其情其状，惨不忍睹"。新中国成立后，中共中央第一代领导集体经过调查研究，专门针对这里，制定了"确保荆江大堤，江湖两利，蓄泄兼并，以泄为主，上下荆江通盘考虑"的综合治理方针。此后，又经过长期努力，方使肆虐的洪魔得以遏制。

江泽民站在烈日炙烤下的大堤上，一边考察一边与正在加固堤坝的民工和巡堤查险人员紧紧握手，表示亲切慰问，并急切地与在场的有关领导了解防汛抗洪的详细情况。接着，江泽民又赶到荆江大堤的重点险段观音矶。当湖北省领导汇报说，长江第五次洪峰正从这里通过时，江泽民急切地问："水位和流量是多少？"在场水文气象部门的负责同志回答说："今天的最高水位是44.84米，现在的水位是44.83米，流量为4.95万立方米每秒，是入汛以来最大的一次。"江泽民闻言，立即高声勉励抢险突击队员再接再厉，坚持到最后胜利。随着洪峰向中下游推进，江泽民又驱车200多公里，于当日下午5时赶到洪湖中沙角险段。在详细了解汛情后，江泽民再次走到抗洪官兵中间，亲自进行现场思想鼓动。人们看到，他手持话筒激昂动情地发表了以下讲话："你们当中有'上甘岭特功八连'，上甘岭的精神永远活在全军指战员心中。你们当中还有黄继光生前所在的部队，黄继光英勇献身的精神也永远铭刻在广大军民的心中。""现在，长江抗洪抢险斗争已经到了决战的关键时刻，你们要继续发扬不怕疲劳、不怕艰险、连续作战的精神，团结奋战，坚持到底，夺取抗洪抢险斗争的最后胜利。""同志们有信心没有？""有！"备受鼓舞和激励的官兵们群情激奋，斗志昂扬，斩钉截铁的应答声回荡在辽阔的江面上，盖过了滚滚涛声……

翌日，江泽民仍然不顾疲劳，继续在抗洪前线考察、指挥，他审时度势，向与洪水进行最后决战的抗洪军民发出了总动员令，他号召："现在，长江抗洪抢险到了紧要关头，处于决战的关键时刻。只要坚定信心，坚持坚持再坚持,就能够取得抗洪抢险的最后胜利。但是,这一段时间也最容易发生问题,稍有不慎,就可能功亏一篑,造成无法弥补的严重损失⋯⋯第一,各级领导思想上要高度重视。抗洪抢险是沿江地区当前的头等大事,坚决严防死守,确保长江大堤安全,这是抗洪工作的重中之重,不能有丝毫的松懈和动摇;保护人民生命安全,是第一位的任务,在这个问题上不能有半点马虎。第二,要加强领导。沿江各地的党委和政府要对抗洪抢险工作负总责。第三,要加强统一指挥。国家防汛抗旱总指挥部是中央直接领导下的全国防汛抗洪的指挥机关,参加抗洪抢险的各地区和各有关部门,各方面的力量,都要坚决服从国家防汛抗旱总指挥部的指挥。统一指挥,统一行动,是我们取得抗洪抢险最后胜利的重要保证。第四,要充分发挥人民解放军的突击队作用。参加抗洪抢险的各部队,要继续发扬不怕疲劳、连续作战的作风和英勇顽强的革命精神,与人民群众团结奋斗,在夺取抗洪抢险斗争的全面胜利中再立新功。"①

8月16日,来势凶猛的第六次洪峰,使长江中下游的抗洪形势骤然吃紧,抗洪军民再次面临严峻考验。当晚18时30分,江泽民向抗洪部队发出命令,要求沿线部队"全部上堤,军民团结,严防死守,决战决胜"。与此同时,北国嫩江、松花江水位持续上涨,大庆、哈尔滨告急!江泽民指示部队火速增援北线。

18日晚,江泽民两次打电话给温家宝,询问嫩江、松花江的抗洪救灾情况,委派温家宝赶赴北线坐镇指挥。接着,江泽民又打电话给黑龙江省委书记徐有芳,详细了解黑龙江的抗洪形势。次日晚,江泽民又多次与已经到达哈尔滨的温家宝通话,了解哈尔滨的城市防洪情况,并关切嘱咐:"当前东北的抗洪形势十分严峻,嫩江干流的第三支洪峰进入松花江流域,已经逼近哈尔滨,洪峰将超过历史最高水位。沿江军民要紧急动员起来,全力以赴确保哈尔滨、齐齐哈尔、佳木斯等重要城市的安全,确保人民生命安全。"②

稍后,在北线抗洪抢险的关键时刻,江泽民又一次来到了北线抗洪军民中间。江泽民首先抵达受灾严重的齐齐哈尔市泰来县,实地了解受灾情况和灾民的生活情况。黄昏时分,又飞抵哈尔滨市。一下飞机便立即赶往松花江边,察看堤防和汛情。

---

① 《决胜三江——人民解放军和武警部队,98抗洪纪实》,解放军出版社,第6—7页。
② 《平民领袖》,香港世界人物出版社,第267页。

此时，哈市防洪纪念塔一线十余里江堤上云集着众多参加决战洪魔、誓死保卫哈尔滨的解放军和武警官兵。面对守卫江堤的解放军和武警官兵，江泽民动情地发出了肺腑之言："我首先代表党中央、国务院和中央军委，向你们致以亲切的慰问和崇高的敬意！现在我们的抗洪斗争已经取得了决定性胜利，这胜利的事实充分说明，在中国共产党的领导下，中国人民可以战胜一切艰难险阻，中国人民解放军是取得抗洪胜利的中流砥柱，是保卫人民的钢铁长城。我们中华民族具有自己的优良传统，任何困难都压不倒我们，中国人民是不可战胜的。""通过抗洪斗争，我们形成了万众一心、众志成城、不怕困难、顽强拼搏、坚韧不拔、敢于胜利的抗洪精神，这是无比珍贵的精神财富。全党、全军和全国各族人民都要大力弘扬这种伟大的精神，在党的领导下，在改革开放和社会主义现代化建设的道路上，为夺取新的胜利前进、前进、再前进。"① 江泽民的讲话，特别是首次高度概括了伟大的"抗洪精神"，使广大抗洪勇士受到极大鼓舞。

后来，温家宝回忆夺取抗洪抢险胜利的经历时，对江泽民运筹帷幄、指挥调动部队战胜洪峰感叹不已。他说："7月21日，第二次洪峰要逼近武汉，武汉地区又连降暴雨。总书记睡不着觉，连夜给我打电话，作出了人民解放军要紧急支援灾区、参加抗洪抢险的决定，并且提出了一定要做到'三个确保'。""8月6日，是长江沿线惊心动魄的一个夜晚。那天，荆江水位第一次超过分洪线。江主席给我打电话指示，在原来基础上再增派部队，宁可多一点。他说多一点部队有三个好处：一是可以锻炼部队，这是和平时期对部队一次很好的摔打和考验的机会。二是可以增强人民的勇气，老百姓一看解放军来了心里就有了底，增强人民严防死守、保住大堤的信心。三是可以密切军民关系，加深军民鱼水之情。""紧要关头，江主席三次用兵派出精锐部队抢险，给人印象更深。九江决口，江主席指示有堵口实践经验的北京军区某工兵营火速赶赴决口处；在长江第六次洪峰通过、洪湖地段告急时，他又指示工兵营转战洪湖；岳阳险段发生险情，他再一次指示工兵营出击……"②

在江泽民亲自指挥和全党共同努力下，抗洪抢险斗争取得了全面

---

① 《决胜三江——人民解放军和武警部队'98抗洪纪实》，解放军出版社出版，第47~48页。

② 《决胜三江——人民解放军和武警部队'98抗洪纪实》，解放军出版社出版，第42页。

胜利。

古今中外的历史演进无一例外地揭示了这样的真理：得民心者得天下，失民心者失天下。作为以全心全意为人民服务为宗旨的中国共产党人来说，就是要牢固树立为人民服务的作风，以赢得人民的信任。这种好的作风，是一种良好的精神状态、精神风貌，也是一种人的高尚品格、优秀素质的外在表现，更是一种领导艺术和领导方法。江泽民带头培养和践行优秀作风的身体力行，雄辩地证明，中国共产党的"为民请命"和"清正廉洁"将会达到有史以来前所未有的深度和广度，而这也将成为凝聚、带领人民实现中华复兴的巨大表率力量。

历史评说

江泽民是中国共产党第三代中央领导集体的核心，是"三个代表"重要思想的主要创立者。在他领导中央工作期间，主持作出了建立社会主义市场经济体制的重大决策，制订了全国经济和社会发展"九五"计划和２０１０远景目标的规划。尤其是经济体制改革方面取得了新的重大进展，明确确定了以公有制为主体、多种经济成分共同发展是中国社会主义初级阶段的基本经济制度；明确提出了公有制的实现形式可以而且应当多样化，一切反映社会化生产规律的经营方式和组织形式，包括股份制和股份合作制都可以大胆利用；进一步阐明了非公有制经济是社会主义市场经济的重要组成部分，要继续鼓励和引导它们健康发展。在政治体制改革方面也取得了新的进展，明确确定了要进一步扩大民主，更好地保证人民进行民主选举、民主决策、民主管理和民主监督，坚持依法治国，努力建设有中国特色社会主义的民主政治。江泽民在领导中国的改革和建设中，十分注意正确处理物质文明建设和精神文明建设之间的关系。他说：经济落后不是社会主义，精神匮乏也不是社会主义。他特别强调要妥善处理改革、发展、稳定三者的关系，并提出了"抓住机遇、深化改革、扩大开放、促进发展、保持稳定"的基本方针。在外交方面，以江泽民为核心的第三代领导集体显示出了驾驭国际局势、处理各种复杂的国际事务的卓越能力。在他主政期间，中国外交工作取得了一系列丰硕成果，中国的国际地位和在国际事务中的影响日益提高和增强。中国与世界各国的关系在和平共处五项原则的基础上得到进一步发展，与周边国家的睦邻友好关系更加巩固，与广大发展中国家的团结合作大为加强。中国政府高度重视中美关系。江泽民在会见美国政要和各界人士时，反复强调一个观点，即双方要增加信任，减少麻烦，发展合作，不搞对抗，得到了美国各界有识之士的赞同。

江泽民目光远大、审时度势，总是从中国和世界发展大势、从党和国家工作全局出发观察和思考问题，不断推进理论创新和其他各方面的创新；他信念坚定、处事果断，总是把党和人民放在心中最高的位置，始终不渝地坚持共产党人的理想信念，在关键时刻具有作出果敢决策的非凡胆略和进行理论创新的巨大勇气；他尊重实践、与时俱进，总是紧紧把握时代发展的脉搏和契机，坚持从党和人民活生生的实践出发总结经验、寻找路子，脚踏实地而又开拓进取地推进党和国家的各项工作；他尊重群众、关心群众，总是高度关注人民群众的安危冷暖，依据最广大人民的根本利益来检验和推动工作。他高度重视培养各级领导干部的身体力行意识，强调凡是要求群众做到的干部首先要带头这样做，必须要以自身的模范行动去影响群众、感染群众、带动群众。他经常引用"上梁不正下梁歪，中梁不正倒下来"、"己不正焉能正人"等古训，教育全党特别是高级领导干部从自己做起，给群众做好表率，树立共产党人勤政廉洁的公仆形象。这种优秀品格和高尚风范，激励全党和全国人民坚持解放思想、实事求是、与时俱进，坚持中国特色社会主义共同信念和共产主义远大理想，坚持理论联系实际，坚持全心全意为人民服务，为党和人民持之以恒地去学习、去工作、去奋斗。

2004年9月19日，中国共产党第十六届中央委员会第四次全体会议通过关于同意江泽民同志辞去中共中央军事委员会主席职务的决定，"高度评价江泽民同志为党、为国家、为人民作出的杰出贡献。江泽民同志参加革命60年来，矢志不移地为党和人民的事业而奋斗，为党和人民建立了卓越功勋，赢得了全党、全军、全国各族人民的衷心爱戴和国际社会的广泛赞誉"。决定指出：

从党的十三届四中全会到党的十六大的13年中，在国际国内十分复杂的形势下，"在以江泽民同志为核心的党的第三代中央领导集体领导下，我们从容应对一系列关系我国主权和安全的国际突发事件，战胜在政治、经济领域和自然界出现的困难和风险，保证了改革开放和现代化建设的航船始终沿着正确的方向破浪前进。党的十三届四中全会以来13年我们党和国家取得的巨大成就，同江泽民同志作为马克思主义政治家的雄才大略、关键作用和高超政治领导艺术是分不开的"。

"江泽民同志坚持马克思主义的思想路线，尊重实践，尊重群众，准确把握时代特征，科学判断我们党所处的历史方位，围绕建设中国特色社会主义这个主题，在改革发展稳定、内政外交国防、治党治国治军等各方面都提出了一系列新思想、新观点、新论断，为坚持和发展党的基本理论、基本路线、基本纲领、基本经验作出了杰出贡献。特别是他集中全党智慧创立的'三个代表'重要思想，进一步回答了什么是社会主义、怎样建设社会主义的问题，创造性地回答了建设什么样的党、怎样建设党的问题，是对马克思列宁主义、毛泽东思想、邓小平理论的继承和发展，实现了我们党在指导思想上的又一次与时俱进，体现了一位真正马克思主义者的巨大政治勇气和理论勇气。"

"江泽民同志高度重视党和人民事业承前启后、继往开来这个重大战略问题。在筹备党的十六大期间，江泽民同志主动提出，为了党和国家事业的长远发展，为了党和国家的长治久安，他不再担任中央领导职务，并从中央委员会退下来，以利于促进党和国家高层领导的新老交替。中央同意了江泽民同志的请求。从当时国际形势复杂多变、国防和军队建设任务繁重考虑，党的十六届一中全会决定江泽民同志留任中央军事委员会主席。党的十六届一中全会以来，江泽民同志全力支持以胡锦涛同志为总书记的新一届中央领导集体的工作，尽心尽力履行党中央交付他的职责。现在，从党和国家事业长远发展的大局出发，江泽民同志又主动提出辞去他担任的党和国家中央军事委员会主席的职务。这充分体现了他对党和国家事业发展的深谋远虑，也充分体现了他作为一名真正共产党人的宽广胸怀。"[①]

党的十八大报告指出："以江泽民同志为核心的党的第三代中央领导集体带领全党全国各族人民坚持党的基本理论、基本路线，在国内外形势十分复杂、世界社会主义出现严重曲折的严峻考验面前捍卫了中国特色社会主义，依据新的实践确立了党的基本纲领、基本经验，确立了社会主义

---

① 《中国共产党第十六届中央委员会第四次全体会议关于同意江泽民同志辞去中共中央军事委员会主席职务的决定》（2004 年 9 月 19 日中国共产党第十六届中央委员会第四次全体会议通过）。

市场经济体制的改革目标和基本框架,确立了社会主义初级阶段的基本经济制度和分配制度,开创全面改革开放新局面,推进党的建设新的伟大工程,成功把中国特色社会主义推向二十一世纪。"

1989年11月12日,邓小平在会见参加军委扩大会议全体同志时的讲话中指出:"我认为,确定以江泽民同志为核心的党中央,是我们全党做出的正确的选择。江泽民同志是合格的军委主席,因为他是合格的党的总书记。"①

1994年,邓小平在他生前最后一次外出视察途中曾高兴地说:"我对江泽民同志为核心的班子很信任,他们方向、路子正确,工作得很好,我非常放心。"②

美国著名的国际投资银行家和公司战略家罗伯特·劳伦斯·库恩博士在他所著的《他改变了中国:江泽民传》一书中写道:江泽民"虽然他不是经济学家,但他实施了邓小平的改革开放政策,(在他人协助下)引导宏观经济和产业政策安全驶过惊涛骇浪。虽然他没有从军经历,但他对军队实行了现代化改革,赢得了军队的拥戴。虽然他不擅政治伎俩,但他却成为协调众议、理顺党内关系、巩固权力的行家。虽然他不是律师,但他规范了党和政府的法律、法规和议事程序,让地方官员处在人大的监督之下。虽然他不是法官,却能惩恶扬善,给广大民众带来空前的财富。虽然他不是哲学家,却能阐明社会矛盾,传承文化、道德、文明和美德"。

江泽民作为新一代政治家具有浓厚的学者气质。他酷爱读书,博学多才,能够运用英文、俄文、罗马尼亚文,还初通德语和日语。在会见外宾时,他时常用外语来表达自己的观点。他对中国古典名著钻研颇深,讲话中常常熟练地引用中国古代诸子百家和唐诗宋词元曲中的一些名句。对西方文学名著,他也涉猎甚广。不仅爱好文学,也喜欢中国的传统乐器笛子、二胡以及西洋的钢琴。他认为,中西文化中的艺术精品是人类共同的财富。

---

① 《邓小平文选》第三卷,人民出版社1993年版,第334页。
② 苏台仁主编:《邓小平生平全纪录》,中央文献出版社出版。

革命家的品格

第二编

彭德怀
「我不能白吃人民的东西」

| 经典摘录 |

☆一个人如果只想到自己，那是最可耻的；一个人如果只为自己活着，那就不如死掉。

☆说大话，说假话，一害自己，二害国家，没有一点好处；今后须特别注意实事求是，不要虚假。只有讲真话，对一切事物采取老实态度，才主动而不被动。

☆我死以后，把我的骨灰送家乡……把它埋了，上头种一棵苹果树，让我最后报答家乡的土地，报答父老乡亲。

☆现在我的名誉不好，几次告诉你们不要来看我，而你们却偏偏要来。这些孩子还小，希望他们健康成长，不要因为我给他们留下什么牵连，影响他们。

☆"挂我的像干什么?! 挂我的像是错误的。""挂像只能挂毛主席和朱总司令的，我不过是毛主席路线的追随者和执行者。"

主要经历

彭德怀,汉族,1898年10月生,湖南湘潭人,原名彭得华,1928年4月加入中国共产党,元帅军衔。

1926年,参加北伐战争。1928年7月,发动平江起义,成立中国工农红军第五军。先后任红五军军长、红三军团总指挥、军团前委书记、红三军军长、红军北上抗日先遣队司令员、中华苏维埃西北革命军事委员会副主席、红一方面军司令员、中国人民红军抗日先锋军司令员、西北野战军司令员兼政治委员,红军前敌总指挥部总指挥。抗日战争时期,任八路军副总指挥,第十八集团军副总司令。解放战争时期,任中共中央军委副主席兼总参谋长、中国人民解放军副总司令员、西北野战军司令员兼政治委员。中华人民共和国成立后,任中央人民政府人民革命军事委员会副主席、中共中央西北局第一书记、西北军政委员会主席、西北军区司令员。1950年10月起,任中国人民志愿军司令员兼政治委员。1952年起,主持中央人民政府人民革命军事委员会日常工作。1954年9月起,主持中共中央军委日常工作,任国务院副总理兼国防部部长。1965年9月,任中共中央西南局三线建设委员会第三副主任。是中共第六届、七届、八届中央政治局委员,第一届、二届国防委员会副主席。1974年11月29日在北京逝世。

主要著作有:《彭德怀自述》《彭德怀军事文选》。

情操实践

面对民族危难——敢于"横刀立马"

在苦难的童年时代,彭德怀读了两年私塾即因家境贫穷而废学,从10岁起就挑起生活的重担,要过饭,放过牛,做过煤窑的车水工和林围的堤工,参加过饥民闹粜。这段辛酸经历,打下了彭德怀对黑暗的旧世界无比痛恨、为普天下穷苦人打天下找出路的思想根基。参加革命后，对党无限忠诚、对人民的深厚感情，锻造了他在对敌斗争中的坚毅性格。英勇善战，敢打、善打恶仗、硬仗，成为彭德怀军事指挥艺术的特质。

1935年10月，中共中央率领红一方面军胜利完成两万五千里长征，来到陕北吴起镇。此时，中央红军仅剩7200余人。风闻中央红军落脚陕北的蒋介石，调整部署，企图趁机将在他看来已是疲惫之师的中央红军一举歼灭。蒋介石电令驻扎陕甘宁一带的国民党军各部："朱毛赤匪长途行军，疲惫不堪，企图进入陕北会合刘志丹"，各部要"前往堵截，相机包围，予以歼灭"。于是，国民党白凤翔部第六师主力和第三师一部从正面推进，马鸿宾部第三十五师马培清骑兵团在侧后迂回、紧追，企图在吴起镇地区歼灭陕甘支队。曾在腊子口地区遭受红军沉重打击的鲁大昌部也急急赶来，企图报复。

毛泽东决不容许将国民党军带进陕甘根据地，那样红军会继续处于流动作战的状态。他在陕甘支队干部会上坚定地指出，我们后面的敌人是条讨厌的"尾巴"，一定要把这条尾巴斩断在根据地门外，作为与陕北红军会师的见面礼。

在敌我力量对比极度悬殊的严峻形势下，为贯彻毛泽东的作战意图，彭德怀不畏困难，利用吴起镇一带的有利地形，在塬上深沟设伏，以第三纵队干部团节节阻击，诱敌深入；以第二纵队在左翼，第一纵队在正面，首先消灭马鸿宾部骑兵团，然后突击其余敌军。

10月21日晨，红军各部秘密进入吴起镇以西五里沟口的设伏阵地。当国民党军骑兵团进入伏击圈后，彭德怀一声令下，轻重机枪一齐开火，手榴弹如雨点般投入敌人马群。红军各部奋勇冲锋，经过数小时激战，歼灭国民党军骑兵团。随后转兵向西，又在齐桥、李新庄之间击溃了国民党军另外两个骑兵团，并俘敌700余人，迫使敌军停止了对进入陕北的中央红军的追击。毛泽东的作战意图得以实现。见到彭德怀提枪勒马，指挥部队冲杀，威武的英姿犹如一尊战神，毛泽东诗兴大发，借用彭德怀、周恩来、叶剑英发给前线部队并报毛泽东的电报中写下的"山高路远沟深"一句，当场赋就《六言诗·给彭德怀同志》：

山高路远坑深，大军纵横驰奔。

谁敢横刀立马？唯我彭大将军！[1]

这首诗高度评价了彭德怀的卓越军事才能和指挥风格，也是对他一生坚强的革命意志的写照。

1950年6月，朝鲜战争爆发。美帝国主义悍然决定干涉朝鲜内战，并将战火烧到鸭绿江边，严重地影响了中国的安宁。历史的慧眼再一次垂青独有"横刀立马"之能的彭大将军。

当时的国际国内形势，已使中国出兵抗美援朝成为必然。对于由谁出任志愿军司令员，中共中央曾作多次酝酿。7月7日和10日，根据毛泽东指示，周恩来先后两次召开国防会议，讨论朝鲜局势和我国国防问题，会议决定：组成东北边防军，其任务是保卫东北边防，必要时支援朝鲜人民军作战。以粟裕为司令员兼政委，萧劲光为副司令员，萧华为副政委，李聚奎为后勤司令员。此后毛泽东又派陈毅向粟裕传达，明确要粟裕担负抗美援朝作战指挥任务。但此时，粟裕身患高血压、肠胃病、美尼尔氏综合症。8月8日，毛泽东复信粟裕："目前新任务不甚迫切，你可以安心休养，直至病愈。"[2]

由于粟裕病情加重，无法承担如此重任，毛泽东只得考虑其他人选。林彪便进入毛泽东的视野。但林彪却称病不出，毛泽东指示卫生部组织专家为他检查身体，结果真相大白，林彪是装病。这样，彭德怀就成为出任中国人民志愿军司令员兼政委的唯一人选。临危受命，彭德怀没有思想准备，但坚决服从中央的决定。

1950年10月19日夜，中国人民志愿军第十三兵团4个军及3个炮兵师在司令员兼政委邓华率领下秘密进入朝鲜。就在志愿军入朝之际，以美国为首的"联合国军"占领平壤，北朝鲜人民军在美军登陆仁川后遭到重创，仅剩3个师。此时，"联合国军"在朝鲜的总兵力达到42万人，拥有作战飞机1100余架，各型舰艇300余艘，地面部队兵力为5个军15个师另2个旅计23万人，其中，美军3个军6个师12万人，南朝鲜军2个军9个师，另有英国、土耳其、澳大利亚、泰国、菲律宾等国军队1.2万人。

10月15日，美国总统杜鲁门飞抵太平洋上的威克岛，与"联合国军"

---

[1] 《毛泽东诗词选》，人民文学出版社1986年版。
[2] 《粟裕传》，当代中国出版社2000年版，第853~855页。

总司令麦克阿瑟会面，麦克阿瑟向杜鲁门报告了朝鲜战场的战况。他说：北朝鲜军队无法抵挡"联合国军"，更无力转入反攻，他们目前只剩下10万人，而且部队缺乏训练，装备不足，北朝鲜军队现在不过是在为了保全面子而战。美军越过"三八线"后，进展顺利。麦克阿瑟断言：朝鲜战争将在感恩节（11月23日）前全部结束。美第八集团军和第十军主力部队可以在圣诞节（12月25日）时撤回日本，届时将在朝鲜只留下美第二师、第三师以及由其他国家的部队组成的第十军，完成占领任务。

面对骄纵的强敌，善打硬仗的彭德怀决定：集中第三十八、第三十九、第四十军和第四十二军第一二五师于西线，在云山、温井、熙川地区，各个歼灭南朝鲜第一、第六、第八师，灭掉敌人的威风。25日，入朝第一仗打响，到11月6日第一次战役结束，志愿军共歼敌1.5万人，其中包括美军3518人。接着，志愿军发起第二次战役。11月30日，向美第二师发起总攻。据美国陆军官方战史记载，美第二师在这次战斗中遭受歼灭性打击。至12月1日，该师按战时编制1.8万人，战后收拢人数时，只剩下8662人，重装备丢失殆尽，单兵装备丢失达40%。志愿军经过49天连续作战，基本消灭了南朝鲜军第七、第八师，给予美军第二、第七师、陆战第一师以歼灭性打击，歼灭美军第二十五师、骑兵第一师一部，击毙美军2.4万人。彻底击破了美军不可战胜的神话，挫败了"联合国军"在圣诞节前结束朝鲜战争的总攻势。

无奈之下，麦克阿瑟宣布"联合国军"实行总退却。美国总统杜鲁门只得发表声明，承认失败。他说："中国人使用了大量的军队对我们进攻，而这种进攻仍然在继续进行。结果联合国部队大部分被迫撤退。目前，战场上的情况是不稳定的。我们可能要节节败退，就像我们前次所遭受的失败一样。但是联合国的部队不打算放弃他们在朝鲜的使命。"① 此后，志愿军又发起第三、第四、第五次战役。没有任何胜机可言的美军只好回到谈判桌上，并于1953年7月27日签署它唯一一次在没有获胜的情况下的停战协定。

抗美援朝战争的胜利大大提高了中国人民的国际地位。

---

① 《抗美援朝战争史》第二卷，军事科学出版社2000年版，第151页。

捍卫真理——"九死其犹未悔"

为寻求救国救民的真理，彭德怀早年参加湘军，取号"石穿"，想以滴水穿石的意志寻找救穷苦人于火海的活路。但并没有看到心中的希望，彭德怀逐渐认识到：自己是给军阀部队当炮灰，对旧军队所抱幻想日渐破灭。

在轰轰烈烈的大革命运动中结识的北伐军第一师政治部秘书长、共产党员段德昌把彭德怀引向革命道路。1926年10月的一天，彭德怀与段德昌在玉泉山关帝庙里铺草就宿。面对关云长塑像，段德昌问彭德怀有何感想。彭德怀说，关公不过是封建统治者的工具，而自己的愿望是为工农谋利益，打倒帝国主义，打倒军阀、贪官污吏和土豪劣绅，实行耕者有其田。段德昌告诉他：一个真正的革命者，不应当停留在耕者有其田上，而应当变生产资料私有制为公有制，由各尽所能、各取所值，再发展为各尽所能、各取所需，实行共产主义制度。共产党就是按照这样的理想而斗争的，共产党员要为实现这个伟大理想奋斗终生。这一席话，对于苦苦求索的彭德怀，犹如在茫茫黑夜中看到了曙光。这次畅谈成了他人生道路上一个根本转折的开端。直到几十年后，彭德怀还说："到现在，有时还回忆这次谈话。"

这次谈话后的几个月里，彭德怀如饥似渴地阅读了段德昌送给他的《向导》《新青年》《共产主义ABC》等进步书刊。到1927年冬，担任团长的彭德怀已决定把终生交给共产主义事业。此后，无论遇到什么艰难险阻，彭德怀始终咬定真理不动摇。从段德昌指导他在独立第五师开展秘密工作，"作长期打算……在适当时机举行起义"[①]那一刻起，彭德怀便开始为此而聚集力量。1928年4月，即彭德怀加入中国共产党的当月，中共华南安特委在一团成立了由彭德怀任书记，黄公略、邓萍、张荣生、李灿为委员的中共团党委。为了使一团成为党掌握的部队，彭德怀将南华安特委派来的共产党员邓萍安排在团部任书记官，让张荣生任传令排排长，让共产党员黄纯一任三营九连连长。并推荐黄公略出任三团三营营长。

7月18日，二营营长陈鹏飞的一个从长沙来的亲戚传来绝密消息：

---

① 王焰主编：《彭德怀年谱》，人民出版社1998年版，第23页。

"昨天长沙破获了共产党的一个机关，从被捕人身上搜出随营学校校长黄公略亲笔开具的通行证，被师长周磐认出笔迹。"彭德怀闻讯后，直赴县电报局核实信息，果然证实华南安特委已被破获，特委负责人在长沙被捕，供出黄公略是共产党员。周磐已下令逮捕黄公略和经黄公略介绍来的黄纯一、贺国中。湖南省政府主席鲁涤平更怀疑推荐黄公略的彭德怀也是共产党。

面对突然变故，当晚彭德怀召集邓萍、张荣生、李灿等紧急商议对策，省特派员滕代远也参加了会议。彭德怀开门见山地说：今天召开团党委紧急会议，请同志们讨论是否起义。李灿说，时机不成熟，仓促了一些，形势对我们不大有利。彭德怀接过话茬："决心起义，一点也不能犹豫！犹豫就会失败。"他分析形势说："第一营完全可靠，是基本力量。第二营六至七成可靠。第三营只有二成多至三成可靠。团特务连基本可靠。"他认为平江周围的敌情不算严重，起义只要"彻底消灭城内反动武装，就能争取时间，巩固胜利"。① 听了彭德怀的一番话，李灿马上表示："放弃犹豫，赞成马上起义。"这时，滕代远根据《中共中央关于湘鄂赣总暴动和平江问题决议》精神，当机立断，赞成彭德怀立即起义的主张。

一项在中国革命史上影响深远的起义计划，在古老的平江县城内一间狭小、简陋的病房里迅速又周密地制定出来。

1928年7月22日11时，在盛暑烈日下，湖南陆军独立五师一团800名勇士，全副武装，颈系红带，精神振奋，集合在平江城东门外一营驻地天岳书院的操场上，誓师起义。下午1时，平江县军警官兵午睡正酣。800名勇士越过浮桥，向县城发动进攻，一举解除了城内反动军警2000余人的武装，缴获步枪1万余支，子弹100万发。活捉了罪恶多端的县长刘作柱和清乡督察员杨鹏翼等反动分子200余人。平江起义取得了彻底胜利。

事实证明，采取坚决的态度，发动平江起义是完全正确的，不仅为党保存了骨干力量，而且它是继南昌起义、秋收起义、广州起义之后，中国共产党人组织和领导的武装力量，对国民党血腥镇压的又一次反击。其政治影响是巨大的。平江起义胜利后，以湖南独立第五师第一团为基础成立的红第五军，于12月11日与朱、毛红军在井冈山会师。从而进一步壮大

---

① 《彭德怀传》，当代中国出版社1997年版，第53页。

了井冈山革命根据地的力量。

为寻找真理而投身革命的彭德怀,可能没有想到,革命胜利之后为坚持真理,将要经受更多的严峻考验。

抗美援朝战争结束后,彭德怀回国担任国务院副总理、国防部长,主持军委日常工作。这时遇到的一个棘手问题是如何对待"苏联经验"。当时,这是一个政治上很敏感的问题,但彭德怀发现苏军的经验并不完全符合我军实际。于是,他在强调必须学习苏军经验时,同时要求:"要发展,把苏联军事科学与自己的经验结合起来,使其条理化,变成自己的东西,提高干部军事理论水平……要克服骄傲自满、墨守成规和防止机械搬运。"①

彭德怀带头反对照搬苏军经验。为加强沿海防务,中国人民解放军从苏联进口了几十个连的火炮。根据苏联顾问的设计所构筑的阵地,"完全是露天的,对空毫无遮掩;火炮的位置放在最前沿,胸墙很薄……仅能防弹片;炮与炮之间距离很近……而且等距离排列在一条直线上,只要有一枚凝固汽油弹或重磅炸弹落入阵地,全连火炮都有被毁的危险。到了战时,在敌人飞机轰炸和舰炮射击的情况下,不待发挥作用就可能被敌火力摧毁。"彭德怀认为,这些炮阵地的设计,在苏联有强大空军掩护,有大、中型口径火炮的海岸防御火力配系,或许是适用的,但照搬过来,就是完全脱离中国实际的战术思想。②他每次视察工作看到这些海岸炮地,就要批评这种脱离国情的做法,并将具体情况向党中央和毛泽东作了报告。

在以刮"共产风""浮夸风"为特征的全国"大跃进"和农村人民公社化运动的浪潮中,彭德怀是党内不多的保持清醒的领导人之一。他的清醒建立在调查研究基础上。彭德怀先后来到青海、湖南进行考察。在青海农村,他看到菜地里大量的白菜零乱地堆放着,遍地散落着菜叶,公共食堂的大锅里,是用面掺土豆块煮熟的稀面糊。在湖南农村,他得知每人每天只能吃到二三两米,数九寒天老人们还睡在光光的篾席上,连褥单都没有……带着这些问题,彭德怀上了庐山。

1959年7月2日,中共中央扩大会议(即庐山会议)正式开幕。在提

---

① 彭德怀:《在全国军事系统党的高级干部会议上的总结》,1954年1月26日。
② 《彭德怀传》,当代中国出版社1997年版,第543页。

交会议讨论的18个问题中,毛泽东比较看重的是形势问题。他对"大跃进"以来的国内形势作了这样的概括:"成绩伟大,问题不少,前途光明。"毛泽东说:"缺点只是一、二、三个指头的问题。许多问题是要经过较长的时间才看得出来的。过去一段时间的积极性中带有一定的盲目性。这样看问题,就能鼓起积极性来。"①

彭德怀从自己进行农村调查和会上与中央和地方一些负责同志交流的情况中,得出了与毛泽东对形势不同的看法。这在7月3~10日的会议讨论中彭德怀所作的7次发言或插话中反映出来。彭德怀以他自己一贯的风格,开门见山地说:"解放以来,一连串的胜利,造成群众的头脑发热,因而向毛主席反映情况只讲可能和有利的因素。在大胜利中,容易看不见、听不进反面的东西。""我们党内总是'左'的难以纠正,右的比较好纠正;'左'的一来,压倒一切,许多人不敢讲话。""人民公社我认为办早了一些,高级社的优越性刚发挥,还没有充分发挥就公社化,而且没有经过试验。如果试验上一年半年再搞,就好了。""要找经验教训,不要埋怨,不要追究责任。人人有责,人人有一份,包括毛泽东同志在内。我也有一份,至少当时没有反对。"②

即使彭德怀讲了这些带有刺激性的话,毛泽东也没有表示责怪。7月10日,毛泽东在各组长的联席会议上发表讲话。那天,他的情绪十分乐观,显得格外轻松。毛泽东说,从全局来说,还是九个指头和一个指头的问题,算总账不能说得不偿失。他认为"大跃进"和人民公社化运动中发生的问题,经过郑州会议到庐山会议,已逐步解决了。并指定胡乔木等成立文件起草小组,起草《庐山会议诸问题议定的纪录》,作结束会议的准备。7月14日,《议定纪录》写出第一稿,总的精神还是纠"左"。

就在这一天,彭德怀给毛泽东写了一封信,使会议急转直下,由纠"左"变为反右。彭德怀的信主要写了两层意思:一、"1958年'大跃进'的成绩是肯定无疑的";二、"如何总结经验教训"。从毛泽东的反应看,他主要对彭德怀写的两个问题不满:一、彭德怀在信中把"大跃进"以来工作中出现问题的原因归结为"资产阶级的狂热性";把"比例失调"的

---

① 《毛泽东文集》第八卷,人民出版社1999年版,第81~82页。
② 庐山会议文件《彭德怀在小组会议上发言摘录》。

后果上升到"具有政治性"的严重性质。二、认为彭德怀的信"否定一切"。毛泽东把这概括为"动摇",甚至对彭德怀在信中把"有得有失"一词误写为"有失有得"抓住不放,"说把'得'放在后边,是经过斟酌的……是资产阶级的动摇性"。

彭德怀的信是否正确呢?

1962年,刘少奇在七千人大会上的讲话中说:彭德怀"信中所说到的一些具体事情,不少还是符合事实的。一个政治局委员向中央的主席写一封信,即使信中的一些意见是不对的,也并不算犯错误"。①

那么,是什么原因导致毛泽东发动对彭德怀的批判?从毛泽东7月23日的讲话看,他是把当时右派对党的进攻与彭德怀的信联系起来了,把开展对彭德怀的批判,当作击退右派对党的进攻,捍卫"大跃进"以来中央采取的重大方针政策的政治行动。据胡乔木回忆说,毛泽东试图给"大跃进""降温",并已经着手进行局部纠正,但他不愿意让人们给形势泼冷水。他认为,缺点和错误是存在的,那些持反对意见的人抓住这些东西来攻击总路线,是把总路线引到错误的方向去。他反复斟酌后确定,彭德怀这封信就是要求改到相反的方向去……

作为久经考验的无产阶级革命家,彭德怀难道对这封信可能产生的政治后果没有任何顾虑吗?据参与此信文字整理工作的彭德怀秘书王承光回忆:7月"16日午餐时,彭德怀情不自禁地对着我和景希珍分析起这封信的可能命运来。他说,主席看了我的信会认真考虑的,有些问题也是他正在考虑还难以下决心的,看了信,也许会约我去谈一谈,商量解决办法,有些真实情况别人不一定会给他直讲;也可能把信拿到常委会上议一议,听听其他几位同志的意见;也可能印发给到会同志参考,以后适当时机再研究这些问题。"②

既然考虑到"可能印发给到会同志参考",那么,在当时十分敏感的政治气候下,如此敏感的问题,在党内引起争论是必然的,把自己推向这样的风口浪尖上,其结果就难以乐观了。后来,彭德怀在自述中回忆说:10日毛泽东讲话后,我感到会议就这样结束了,不解渴,没有解决问题。在找毛泽东当面谈因他已经入睡没有谈成后,便决定写信反映自己的想

---

① 王相坤著:《读懂刘少奇》,四川人民出版社2010年版,第293页。
② 《一个真正的人彭德怀》,人民出版社1994年版,第251页。

法。这就是彭德怀，为了捍卫真理，为了党和人民的事业，把个人的一切置之度外。

于是，自这次仗义执言后，彭德怀的人生就进入逆境：1959年8月，中共八届八中全会作出《关于以彭德怀同志为首的反党集团的决议》；9月，彭德怀被免去国防部长和中央军委委员职务；1962年9月，被中央立案审查；1965年1月，被撤销国务院副总理职务；1966年12月至1973年4月，在"文化大革命"中被关押。即便如此，彭德怀始终无怨无悔。1974年11月29日，含冤逝世。

与士兵关系——"有盐同咸、无盐同淡"

彭德怀深知，密切的官兵关系是战争制胜的基础。因此，入党前夕，彭德怀就向全团宣布两项命令：一、全团军官今后一律不准打骂士兵；二、取消小厨房，和士兵一起吃饭。他还在部队中组织士兵委员会，禁止军官打骂士兵，废除体罚；反对克扣军饷，实行经济公开。为了教育士兵不忘为人民扛枪打仗，他规定部队每日早晚点名和饭前列队时，要高呼问答口号。由值日班长问："我们吃的谁的饭？穿的谁的衣？"士兵齐声答："我们吃的农友的饭，穿的工友的衣，我们不要忘记工农。"成为革命军队高级将领以后，彭德怀对密切党同人民群众的血肉联系和新型官兵关系的重要性认识进一步加深，实行官兵一致，"有盐同咸、无盐同淡"成为他的座右铭。

解放战争时期，陕甘宁解放区财政经济十分困难，1947年平均每人粮食只有90公斤。华东野战军司令员陈毅在濮阳会议上曾这样描述当时西北野战军的困难情形："麦面有一年多没有吃到了，小米也很难得吃到，主要是吃黑豆，过去是喂马的马料，有时还是吃野菜吃糠……下大雪时许多同志没有鞋子穿，还是要打仗行军，只好用破布包一包，麻绳捆一捆。"① 打沙家店战役时，有的团一天只领到7斗黑豆。彭德怀听说有个营没有粮食做饭，就命令将司令部仅剩的4斗小米全部送去，再让带路的民兵为司令部人员想个"填填肚皮的办法"。被毛泽东称作"西北大捷"的宜川战役，就是在部队严重缺粮的情况下，依靠广大指战员的坚强意志打下来的。当时有的战士连续三餐未吃上饭，仍然奋勇作战。为了节省粮食支援

---

① 《一个真正的人彭德怀》，人民出版社1994年版，第124页。

前线，彭德怀下令取消司令部小灶，说："我不吃小灶了，以后大灶吃什么，我吃什么。"

1951年1月1日，彭德怀指挥志愿军冒着零下30度的严寒，突破敌人防线并挺进至"三八线"。但此后粮食、弹药、服装、鞋袜等后方供应的严重困难，使志愿军处于十分危险的状态。为此，彭德怀不顾敌机轰炸和个人安危，亲赴北京，面见毛泽东，汇报前线将士遇到的四大问题：一是经过三次战役后，伤亡很大，得不到及时补充，战斗力已日益削弱；二是后方交通运输线遭受敌机昼夜轰炸，一切粮弹物资供应很不及时；三是志愿军奉命越过"三八线"作战，正是冰天雪地的严寒季节，寒风袭人，而战士们的衣服鞋袜均破烂不堪，生病冻伤已是普遍现象；四是朝鲜"三八线"以南是无粮区，几十万志愿军既得不到充足的粮食，更得不到新鲜蔬菜，断炊现象非常普遍，战士靠的是吃一把炒面一把雪坚持作战，营养不良，体力下降，甚至许多人患夜盲症，严重影响战斗力。

在接下来召开的协调会议上，苏联驻华军事总顾问沙哈诺夫大将拒绝了彭德怀提出的"希望苏联方面派遣两个空军师，驻在鸭绿江北岸中国境内，担负掩护'三八线'以北交通线任务"的请求。国内一些同志也对解决后勤供应的有关问题表现出畏难情绪。爱兵如子的彭德怀立刻火冒三丈，说道："你们去前线看看，战士们吃的什么，穿的什么！现在第一线部队的艰苦程度甚至超过长征时期，伤亡了那么多战士，他们为谁牺牲？！为谁流血？！现在既没有飞机，高射火炮又很少，后方供应运输条件根本没保障，武器、弹药、吃的、穿的，经常在途中被敌机炸毁，战士们死的、伤的、饿死的、冻死的，这些都是年轻可爱的娃娃呀，难道国内就不能克服困难吗？"①

对前方将士深厚的爱，使彭德怀顾不得许多，一番饱含深情又满脸怒气的话，使主持会议的周恩来和在场的同志十分感动。此后周恩来禀报毛泽东，并经毛泽东与斯大林磋商，解决了由苏联出动两个空军师、5个高炮师进入朝鲜境内作战和国内后勤供应等问题。

庐山会议后，身处逆境的彭德怀，失去了为国防建设再作贡献的机会。他就动员警卫班的战士、工作人员开荒种菜，挖池塘，养鱼，种藕，

---

① 《一个真正的人彭德怀》，人民出版社1994年版，第185页。

原来草木凋落的荒园在他带头辛勤劳作下，变成了瓜果菜满园。看到丰收景象，彭德怀喜不自胜，掰着手指计算能收多少斤菜，多少斤粮，能为国家减轻多少负担。三年困难时期，彭德怀自动将自己的伙食标准一降再降，口粮标准一减再减，每月规定只吃18斤口粮，而且国家特供给他的东西，也总是买得很少。别人劝他注意身体，彭德怀却说："现在解决国家和人民的困难，我个人只能有这两条办法：一是生产，二是节约。我不能白吃人民的东西。"

拒绝对他的宣传——"我不过是毛主席路线的追随者和执行者"

彭德怀对党和人民事业所做的一切，赢得了人民的无限信赖和爱戴。为了表达对他的深厚感情，干部群众采取各种形式，希望多宣传"彭老总"。

1948年8月的一天，应邀参加第二兵团团以上干部会议的彭德怀，走进会场，看到主席台的幕布上并排挂着毛泽东、朱德和彭德怀的画像。彭德怀毫不客气地当场批评挂他画像的做法，命令马上取掉。他说："挂我的像干什么?!挂我的像是错误的。""挂像只能挂毛主席和朱总司令的，我不过是毛主席路线的追随者和执行者。"

一个月后，在西北野战军前委第三次扩大会议上，彭德怀再次谈及此事，说：过去有的单位把我的像也挂上了，我说要取下来，但是有的还在挂，这是无组织、无纪律的表现。挂像是有规定的，毛泽东、朱德同志是经过几十年斗争锻炼，是政治上成熟了的人民领袖，我们应挂他们的像，应向人民群众宣传他们，至于未经中央批准就滥宣传，也是一种无政府状态，必须坚决纠正。根据他的要求，西北野战军政治部专门发出通报，明令不得再挂他的像。

对有关他的新闻宣传，彭德怀也严格加以限制。1947年8月，在松木城郊的沙丘上，正在阵地前沿勘查地形的彭德怀，被敏感的摄影记者发现了新闻价值。正当记者将要按动镜头快门的一瞬间，被彭德怀躲闪过去。他告诉摄影记者说：你们不要对着我，应当到战士中去，多拍战斗场面。由于彭德怀极力回避对他个人的宣传，使得反映解放大西北历史篇章的纪录片《红旗漫卷西风》竟然没有威名远扬的野战军司令员的重要镜头。后来还是请习仲勋帮忙，才补拍解决此事。

1951年10月，朝鲜民主主义人民共和国最高人民会议常任委员会为表彰彭德怀在朝鲜人民反抗美帝国主义武装侵略的解放战争中，以卓越的指挥艺术，指挥英雄的中国人民志愿军给予美国侵略者以歼灭性的打击，给予朝鲜人民军莫大的帮助，决定授予彭德怀一级国旗勋章。当月25日，朝鲜民主主义人民共和国最高人民会议常任委员会特派以金科奉委员长为首的政府代表团，到达中国人民志愿军司令部驻地，召开授勋大会。出于外交礼节，彭德怀无法拒绝这枚勋章，但他从内心里并不情愿接受这一殊荣。他对志愿军政治部主任甘泗淇说：这枚勋章授给我不合适，第一应该授给高岗，第二应该授给洪学智，如果没有他们两人想尽办法动员各种工具、昼夜支援志愿军所需的粮弹物资，我的指挥再高明再正确，志愿军也是打不了胜仗的。甘泗淇对他说，你不能这样想，打仗没有运筹帷幄智勇兼备的指挥员能打胜仗吗？你是司令员，你就是志愿军的总代表，所以这枚勋章应该授给你。彭德怀没有再说什么，但后来他离开志愿军司令部回国时，又把这枚勋章留了下来。

遭遇磨难之后——"不要因为我给他们留下什么牵连"

庐山会议后，由于受到错误批判，为了不让同志们受连累，彭德怀开始回避他的同事和往日的部下。1959年10月，彭德怀患感冒和气管炎，卫生部副部长傅连暲前来探视。彭德怀说：我这里是是非之地，请你以后不必再来了。傅连暲对他说：我还是要负责你的保健工作，谁有了病都应该治，我派人来为你治疗。第二天，傅连暲果真派来医护人员，一直到他病愈才离开。

彭德怀没有子女，在遭受迫害的日子里，夫人浦安修也被迫与他离婚了。亲属中对他较多地承担照顾义务的是其二弟的女儿彭梅魁。

一天，彭梅魁带着三个孩子去看伯伯。那天天气很好，孩子们想拍照。自遭受迫害之后已经很少出现在镜头前的彭德怀，也想留下一张亲人团聚的美好瞬间。于是，破天荒地答应了孩子们的请求。彭德怀站在台阶前，好不容易把孩子们一一安排坐好，自己却悄悄地走开了……舍不得离开孩子们的彭德怀，躲在纱门后，看着孩子们合照，结果出现在那张照片上的彭德怀只留下一个黑乎乎的人影。只有细细地辨认，才能看到他那宽厚的肩膀，魁伟的身躯，背后面立的神态。

彭梅魁很不理解彭德怀为何这样做，曾向伯伯询问。彭德怀充满深情地说："现在我的名誉不好，几次告诉你们不要来看我，而你们却偏偏要来。这些孩子还小，希望他们健康成长，不要因为我给他们留下什么牵连，影响他们。"

多么高尚的情怀呵！处处为别人着想，唯独没有想过他自己。

| 历史评说 |

彭德怀是德高望重的老一辈无产阶级革命家、政治家和军事家，中国人民解放军的缔造者之一，中国共产党、中华人民共和国与中国人民解放军的杰出领导人，中华人民共和国元帅。

1978年12月24日，邓小平同志在彭德怀追悼大会上致悼词，代表党中央称赞"彭德怀同志是国内和国际著名的军事家和政治家，一直受到广大党员和群众的怀念和爱戴"；"彭德怀同志热爱党，热爱人民，忠诚于伟大的无产阶级革命事业。他作战勇敢，耿直刚正，廉洁奉公，严于律己，关心群众，从不考虑个人得失。他不怕困难，勇挑重担，对革命工作勤勤恳恳，极端负责。"

1981年6月27日，在党的十一届六中全会通过的《关于建国以来党的若干历史问题的决议》中，对彭德怀在1959年庐山会议上遭受错误批判，并在此后受到不公平待遇予以平反。决议指出："庐山会议后期，毛泽东同志错误地发动了对彭德怀同志的批判，进而在全党错误地开展了'反右倾'斗争。八届八中全会关于所谓'彭德怀、黄克诚、张闻天、周小舟反党集团'的决议是完全错误的。这场斗争在政治上使党内从中央到基层的民主生活遭到严重损害，在经济上打断了纠正'左'倾错误的进程，使错误延续了更长时间。主要由于'大跃进'和'反右倾'的错误，加上当时自然灾害和苏联政府背信弃义地撕毁合同，我国国民经济在1959年到1961年发生严重困难，国家和人民遭到重大损失。"

1993年5月5日，在纪念彭德怀诞辰95周年座谈会上的讲话中，江泽民指出：彭德怀同志一贯重视干部特别是高级干部的表率作用。他对部队一向要求很严，批评起来不留情面，在日常工作中对大家关怀备至，耐心地进行帮助和指导。他反复强调，凡是要求部队做到的，高级干部必须首先自己做到，只有这样才能率领部队经受严酷的考验。他善于团结使用干部，搞"五湖四海"，一切从工作需要出发。他尊重实际，讲求效率，重视实干，对形式主义、弄虚作假的现象深恶痛绝。他要求高级干部，身居高位而时刻不忘群众疾苦，不摆架子，不谋私利，全心全意为人民。他的这些思想和作风，至今对我们各级党政干部和军队干部仍有重要的教育意义。江泽民说：彭德怀同志出身很苦，饱经磨难，对劳动人民始终怀有深厚的感情。正因为这样，他一生中对自己要求十分严格，时刻按照劳动人民的生活标准规范自己。他廉洁奉公，克勤克俭，无论是在战争年代还是在和平时期，一直保持普通劳动者的本色，不接受任何特殊待遇。对自己的亲属和身边工作人员，要求也十分严格。他的严于律己的风范，在干部和群众中产生了巨大的影响和作用，增强了全军上下的凝聚力，激励着大家奋发前进的斗志和勇气。他的这种高尚情操，为老一辈革命家所称颂，教育着一代一代的干部。江泽民最后指出：彭德怀同志在长期革命斗争中养成了志存高远、顾全大局、忍辱负重的可贵品格。当受到不公正待遇身处逆境时，他依然心怀革命全局，自觉遵守党的纪律，刚正不阿，坚持真理。他的这种气节，尤为感人。①

1998年10月23日，在纪念彭德怀同志诞辰100周年座谈会上的讲话中，江泽民再次高度评价彭德怀的一生，"是革命的一生，是忠于党、忠于人民的一生"。"在中国革命的各个历史时期，彭德怀同志都担任我军的高级领导职务，是毛泽东、朱德同志指挥全军的得力助手。他具有非凡胆略和精湛指挥艺术，在国内外享有崇高的声望"。"在中央苏区五次反'围剿'斗争中，在艰苦卓绝的二万五千里长征中，在红军长征到达陕北后的作战中，他指挥部队打了许多硬仗、恶仗和胜仗"。"他认真研究中国革命战争的特点和规律，创造性地执行毛泽东同志提出的战略方针和战术原则，丰富和发展了人民战争的战略战术"。"为毛泽东军事思想的形成和发展作出了重要贡献。他"始终保持坦荡的革命胸怀，保持艰苦奋斗的作风。在许多重要历史关头，他总是挺身而出，坚持真理，坚定地维护党的利益。红军时期，他拥护毛泽东同志的正确领导，同军事上的冒险主义作坚决的斗争"。"在一九五九年庐山会议上，他受到错误的批判和处理，尽管身处逆境，但他始终相信党、相信人民，顾全大局，忍辱负重。'文化

---

① 《江泽民在中央军委召开彭德怀元帅纪念座谈会上讲话》，见《人民日报》1993年5月6日。

大革命'中，他受到林彪、'四人帮'的残酷迫害，但他大义凛然，威武不屈，表现了共产党人的坚贞气节。他为党和人民作出了巨大贡献，却从不居功自傲，从不接受任何特殊待遇，严于律己，克勤克俭，始终保持劳动人民的本色。""为我们加强思想修养和党性锻炼，把党和人民的事业继续推向前进，树立了光辉的典范"。①

---

① 《江泽民在纪念彭德怀同志诞辰100周年座谈会上的讲话》（1998年10月23日），见《人民日报》1998年10月24日。

刘伯承

做「中国的布尔什维克」

| 经典摘录 |

☆如果我去世的时候，能在我墓上立一块碑，上书中国布尔什维克刘伯承之墓，那就是我莫大的安慰。

☆小道理要服从大道理，大道理要用小道理来充实。当处在全局领导的位置上时，要善于调查研究各个局部，使各个局部指挥者按照全局总的意图机断行事，使他们的局部对全局发挥最大限度的作用；当处在局部的地位上时，则要认真研究上级的全局意图，充分发挥自己局部的力量，为全局的胜利作出尽可能大的贡献，甚至不惜牺牲局部，去争取全局的胜利。

☆一个干部，如果思想不"红"，就没有目的，前进道路上就容易迷失方向。相反，一个人只有美好的理想和目的，不掌握专业技术，那就是空头政治家。而要又红又专，就必须认真学习。共同学习政治，各自钻研业务，勉为政治家和业务专家。

☆既不能躺在过去的经验上，也不能采取全盘照搬的教条主义做法。同一孙子兵法，马谡的用法就是教条主义，孔明就不是；庞涓、孙膑同师鬼谷子，可是一个是教条主义，一是不是教条主义。王明和毛主席读的同是马克思列宁的经典著作，一个是教条主义一个不是。

主要经历

刘伯承，汉族，1892年12月生，重庆开县人，原名刘明昭，1926年5月加入中国共产党，元帅军衔。

1914年加入孙中山领导的中华革命党。1916年参加护国战争，1917年参加护法运动。1926年12月，参与发动和领导泸州、顺庆起义，任起义军国民革命军川军各路总指挥。1927年8月，参加领导南昌起义，任中共前敌委员会参谋团参谋长。1931年1月至1934年12月，任中共中央军事部参谋长。1932年1月，任工农红军学校校长兼政治委员、中华苏维埃共和国中央革命军事委员会总参谋长。遵义会议后，兼任中央红军北上先遣队司令员。抗日战争时期，任八路军第一二九师师长。解放战争时期，任晋冀鲁豫军区、中原军区、中国人民解放军第二野战军司令员。中华人民共和国成立后，先后任西南军政委员会主席、中共中央西南局第二书记、解放军军事学院院长兼政治委员。1954年起，历任人民革命军事委员会副主席、中共中央军委训练总监部部长。是中共第八届、九届、十届、十一届中央政治局委员，1966年1月、1975年2月、中共十一届一中全会任中央军委副主席。第二届、三届、四届、五届全国人大常委会副委员长。1986年10月7日在北京逝世。

主要著作有：《刘伯承军事文选》。译著有《苏军步兵战斗条令》、苏军《合同战术》。

情操实践

做"中国的布尔什维克"，多次丢官，信念弥坚

刘伯承1892年12月4日生于四川开县一户贫苦农民家庭。原名明昭，取自《荀子·劝学》篇中的章句："无冥冥之志者，无昭昭之明。"后改名"伯承"，有子承父业之意。

1911年年末，参加辛亥革命。1912年底，到川军第五师，先后任司务长、排长、连长。1913年夏，参加四川讨袁之役。1914年加入孙中山领导的中华革命党。1915年底，回四川拉起400余人的队伍，组成川东护国军第四支队。1916年3月，在指挥攻打丰都县城时，右眼中弹致残。1917年10月，参加护法战争，任川军第五师第九旅参谋长、四川督军署警卫团团长。1923年3月至4月，参加讨伐北洋军阀吴佩孚的战争，任东路讨贼军第一路指挥官，取得驰援龙泉驿等战斗的胜利。8月在作战中右腿负重伤。1926年5月，经杨闇公、吴玉章介绍，加入中国共产党。12月，任中共重庆地委军事委员会委员，与杨闇公、朱德等发动泸（州）顺（庆）起义，被赋予"国民革命军川军各路总指挥"的重任。历时167天的起义，有力地策应了北伐战争，实现了中共中央关于抑制四川军阀部队东下威胁武汉的战略目的。1927年4月，被武汉国民政府任命为暂编第十五军军长，这是中共党员在国民革命军中被任命的第一个军长职务。7月下旬秘密转赴南昌，与周恩来、贺龙、叶挺、朱德等领导了南昌起义，任中共前敌委员会参谋团参谋长。年底奉命赴苏联学习军事，先入莫斯科高级步兵学校，后转入伏龙芝军事学院。1930年夏，学成回国，先后任中共中央军事委员会参谋长、长江局军委书记兼参谋长、中央军委委员，协助中央军委书记周恩来处理军委日常工作。1932年1月，任中央军事政治学校校长兼政治委员。10月，任中国工农红军总参谋长，协助朱德、周恩来指挥作战，取得第四次反"围剿"的胜利。

在参加中国共产党之前，刘伯承就是孙中山领导的广州政府川军第二混成旅指挥官、颇负盛名的"川军名将"。以"深思断行"为格言，主张为人处事独立思考，不随波逐流，对社会上各种观点、主义，"不能一见旗帜就拜倒"的刘伯承，最终选择了加入共产党。

入党后，他把一切献给党的壮丽事业。1942年12月16日，在50岁生日时，刘伯承庄重地写下《自铭》：

"勉作布尔什维克：要在执行党的正确路线中把握当前具体情况实现之；要在危险中发挥坚强性；要在实践中致力学业。"①

如果我去世的时候，能在我墓上立一块碑，上书中国布尔什维克

---

① 《刘伯承回忆录》第三集，上海文艺出版社1987年版，第340页。

刘伯承之墓，那就是我莫大的安慰。①

在大半个世纪中，"为了党的整体利益，他总是毫不犹豫地牺牲个人和局部的利益，总是主动挑起最艰巨最危险的任务，兢兢业业，排除万难去圆满完成"。②即使受到不公平对待的时候，也从不动摇对党的信念。

——长征出发前，刘伯承因与李德的错误军事指挥作斗争，被撤销总参谋长职务。毕业于苏联伏龙芝军事学院、化名"李德"的德国共产党人奥托·布劳恩，1932年春被共产国际执委会派往中国，担任中共军事顾问。这位普鲁士骄子踌躇满志，希望通过帮助中国革命，在东方这块古老的土地上显示自己的军事才华。一到中央革命根据地，李德立即与"左"倾路线领导者拉上关系。据他回忆，他到达瑞金首府的当晚，博古和张闻天拜访了他，"博古和张闻天向我简略地介绍了中央苏区的经济、政治和军事形势"，"当天晚上我们还规划了一下我的工作范围，我们一致同意，由我主管军事战略、战役战术领导、训练以及部队和后勤的组织等问题。我们还完全一致地明确规定，我对政治领导不进行任何干涉"。③

深陷"左"倾路线泥坑且不了解中国实际的李德，注定了他在中国的失败。曾任李德秘书的伍修权后来回忆说：李德"推行的完全是军事教条主义那一套，他根本不懂得中国的国情，也不认真分析战争的实际情况，只凭他在学院学到的军事课本上的条条框框，照样搬到我国，搬到苏区，进行瞎指挥"。④先是盲目蛮干，驱使红军与强大的敌人硬拼，打所谓"正规战"、"阵地战"，继而又推行"以堡垒对堡垒"的消极防御方针，分兵把守，处处设防，提出"御敌国门之外"等不切实际的口号。在作战指挥上，李德取代了军委的集体领导，他一人躲在"独立房子"里，凭着几张地图指挥战斗，导致第五次反"围剿"的失败。

身为军委总参谋长，刘伯承不能容忍李德这样置党的事业和红军将士的生命于不顾。他翻译并发表了苏联红军的权威性著作《合同战术》中关于《任丹吉在〈合同战术〉上所述袭敌后方的"穿袭"和游击队动作》一

---

① 邓小平：《悼伯承》，见《刘伯承回忆录》第三集，上海文艺出版社1987年版，第5页。
② 邓小平：《悼伯承》，见《刘伯承回忆录》第三集，上海文艺出版社1987年版，第5页。
③ [德]奥托·布劳恩著：《中国纪事》(1932~1939)，现代史料编刊社1980年版，第45~46页。
④ 陈石平著：《中国元帅刘伯承》，中共中央党校出版社1992年版，第130~131页。

节，其目的是通过介绍苏联红军的游击战理论与实践，帮助中国红军指战员了解马克思列宁主义军事科学，促使李德对错误军事指导的反思。但李德等人没接受刘伯承的意见。刘伯承又两次找到李德，提出改变作战方针的意见，并指出：如果我们不停止这种拼消耗的战术，采取灵活机动的方针，那我们的根据地将会丢掉！我们的红军将会拼光！① 在第五次反"围剿"陷入困境之时，刘伯承再一次找到李德，提出只有立即中止不切实际的军事指导方针，才能改变目前的被动局面。李德等人不仅对刘伯承的正确意见不予采纳，而且通过各种手段打击报复，使刘伯承这个总参谋长"在作战指挥方面已无事可做，只好管管红军学校和后方医院一类的事情"。②

  有一次，李德到总参谋部谈事情，因话不投机，当场训斥刘伯承："你还不如一个普通的参谋，白在苏联学习了几年。"还有一次，李德到总参谋部去，几个机要员在路边烧火做饭，挡住了他的路。李德顿生无名火，一脚把饭锅给踢翻了。面对战友无缘无故受到侮辱，刘伯承终于忍无可忍，当场与李德争吵起来。他用俄语说："帝国主义分子就是这样欺负中国人的。作为国际派来的顾问，你这种行为是错误的，是帝国主义行为。"③ 李德悻悻而去。这次同李德的争吵，准确地说是反对李德等人错误军事指挥，导致刘伯承第一次被撤职。李德向博古告状，说刘伯承不尊重他，这样的总参谋长妨碍他的工作。而刘伯承与李德的矛盾实际上也是对中共临时总负责博古的批评，因此，刘伯承很快被撤销总参谋长职务，降到第五军团当参谋长。

  职务被贬也未能改变刘伯承对错误军事指挥的看法。1934 年 10 月，他在第五军团营以上干部会上作关于长征的动员报告中，公开批评李德、博古的错误军事指挥。他说："一年来的战争实践证明，我们红军的广大干部和战士是英勇善战的，但是我们的战略战术有问题，需要改变。"④ 多年后忆起这段历史，刘伯承深有感慨地说："那时候李德自以为是共产国际的代表，同'左'倾路线领导人抱在一起，在军事上以内行自居，在地图上比比画画来指挥战争，使革命遭到巨大损失。为了同李德进行斗争，

---

  ① 《共和国元帅刘伯承卷》上，长征出版社 2000 年版，第 345 页。
  ② 《刘伯承传》，当代中国出版社 1992 年版，第 99 页。
  ③ 《刘伯承传》，当代中国出版社 1992 年版，第 101 页。
  ④ 《刘伯承年谱》，第 25～26 页。

真是伤透了脑筋呀,我的头部本来就负过重伤,从那以后脑病时常发作,疼痛不已。"①

这次撤职两个月后,1934年12月18日,中共中央在黎平召开了政治局会议。会议接受毛泽东的意见,决定放弃到湘西会合第二、六军团的计划,改向敌人力量薄弱的贵州前进。在正确力量占据主导地位的形势下,会后中革军委不顾李德反对,重新任命刘伯承为红军总参谋长,兼任中央纵队司令员。

——长征途中,因反对张国焘分裂党和红军,第二次被免去总参谋长职务。1935年6月12日,红一方面军先遣团(第二师第四团)与红四方面军先头部队在夹金山北麓胜利会师。6月25日,刘伯承随毛泽东、朱德、周恩来、张闻天、博古等中央负责同志从抚边赶到两河口,欢迎红四方面军领导人张国焘。此时,中央红军约2万多人,四方面军约8万人。中央决定抓住这一有利时机北上,促进全国的抗日高潮。但张国焘早有主意。他在两军会师前即成立西北联邦政府,"他的目的是在西北,包括西康、青海、甘肃西北部以至新疆"。② 两军会师后,仗着枪多人众,张国焘坚持预定计划不变,继续向西康、青海等少数民族地区退却,不执行中央北上方针。

在两河口会议上,中央政治局决定:一、四方面军会师后,党的战略方针是集中主力向北进攻,在运动中消灭敌人,创建川陕甘根据地……大小金川流域在政治、经济、军事条件上均不利于红军的活动与发展……张国焘当时在会上也表示拥护上述方针,但离开会场后就变卦了。

7月6日,中共中央派刘伯承、李富春、林伯渠、李维汉等组成中央慰问团,到红四方面军慰问部队,帮助传达两河口会议决定,统一战略思想。张国焘却向中央慰问团提出解决组织问题的建议,并策动其亲信以"川康省委"的名义,要求改组中央军委和红军总司令部,提出让张国焘出任"军委主席"。为实现中央的战略意图,党中央作出重大让步,"首先(周)恩来、(毛)泽东退出了军委工作,任(张)国焘为总政委……求得了一方面军及四方面军之两个军组成右路军,由毛尔盖经松潘附近北出甘南。同时亦只好让(张)国焘及朱德率四方面军主力和一方面军一部组成

---

① 陈石平著:《中国元帅刘伯承》,中共中央党校出版社1992年版,第132页。
② 《刘伯承回忆录》,上海文艺出版社1981年版,第10页。

左路军西出青海……"① 总参谋长刘伯承随朱德、张国焘率领四方面军第九军、第三十一军和一方面军第五军团、第九军团行动。

9月3日，张国焘借口噶曲河涨水不能通过，命令已进到噶曲河附近的部队返回阿坝。此前，刘伯承于8月21日晚亲自到噶曲河探测河水，得出了相反的结论。他说："有人认为茫茫草地，无法通过，连噶曲河涨水也成了不可克服的障碍了。我来一看，完全不是这么回事嘛！"②

但张国焘不会因为刘伯承的结论而有所改变。9月8日，他致电中革军委，坚持"乘势南下"的主张，同时密电右路军前敌总指挥部政治委员陈昌浩率军南下，企图危害中共中央。他在致电三十一军政委的电报中说："九十一师两团即经梭磨直到马尔康、卓克基待命，须经之桥则修复之，望梭磨、康猫寺路，飞令军委纵队政委蔡树藩将所率人员移到马尔康待命，如其（不）听则将其扣留，电复处置。"③ 9日，前敌总指挥部参谋长叶剑英得悉此电，立即报告毛泽东。中共中央政治局经紧急研究，于10日凌晨，率领右路军中的第一、三军和军委纵队8000余人秘密脱离危险地区迅速北上。

张国焘在错误的道路上越走越远。9月中旬，他在阿坝召开中共川康省委扩大会议，公开与党分道扬镳。会场上挂着的标语是："反对毛周张博北上逃跑！"张国焘说："毛尔盖会议是错误的，北上是行不通的，还是要南下，建立天（全）芦（山）雅（安）根据地，相机向四川发展。"在张国焘的蛊惑下，一些受蒙蔽的与会者，嚷嚷逼朱德、刘伯承表态。刘伯承不惧威胁，坚定地说："我同意北上，从全国形势来看，北上有利，南下是要碰钉子的。薛岳、李抱冰并没有走，向南走，就会碰到薛岳和川军，打得好可以蹲一段，打不好还得转移北上。"④ 10月5日，张国焘公然另立"中央"。为了支撑门面，强加给朱德、刘伯承许多头衔。朱德、刘伯承临大节而不辱，拒绝承认张国焘的"中央"。张国焘威胁刘伯承："不念你是南昌起义的参谋长，我就杀了你！"刘伯承毫不含糊地回答道："你杀了我，我也拥护中央的决议和毛泽东的主张！"不屈服张国焘的淫威，刘伯承遭遇又一次被撤职。1936年2月，刘伯承被撤销总参谋长职务，贬

---

① 《中共党史风云录》，人民出版社1990年版，第317页。
② 《刘伯承年谱》，人民出版社1998年版，第28页。
③ 《中共党史风云录》，人民出版社1990年版，第312～313页。
④ 《刘伯承传》，当代中国出版社1992年版，第133页。

任红四方面军红军大学校长。

后来谈起三次担任参谋长的经历，刘伯承总结说："三任总戎幕，一败两罢官。"①

"集革命家与学者的品质于一身"，在战争中学习战争，成为"在国内外屈指可数"的"大知识分子，大军事家"

刘伯承是兼具革命家与学者风花的领导人。20世纪50年代在主持军事学院工作时他就给全院提出"共同学习政治，各自钻研业务，勉为政治家和业务专家"②的治学要求。他认为，一个干部，如果思想不"红"，就没有目的，前进道路上就容易迷失方向。相反，一个人只有美好的理想和目的，不掌握专业技术，那就是空头政治家。而要又红又专，就必须认真学习。因此，他孜孜苦读，勤奋著述，一生写下了100余万字的军事著作，具有较深军事造诣和马克思主义理论水平。

早在1928年，刘伯承就写下我党关于南昌起义失败原因的最早、最全面的总结。从四个方面深刻分析了党在组织暴动时的"根本上的弱点"，从八个方面详细列举了我党在政治上、组织上和军事指挥上存在的错误。

四项"根本上的弱点"是：在发动时间上，没有选择在我党力量上尚未遭到严重破坏的时刻；在起义空间上，没有选择在群众基础广泛的两湖地区；在革命武装数量上，没有把军事力量同群众力量结合起来；在革命武装质量上，没有切实加强起义队伍的政治领导。

八条错误是：党的领导不力；未能发动群众一起奋斗；作战指挥不统一；对敌斗争不坚决；对敌我力量估量有错误；财政政策不明确；军事人才准备不足；舆论宣传不够。③

这些真知灼见，反映了刘伯承对革命武装的高度重视和对中国革命道路问题的比较清醒的认识。

---

① 《刘伯承传》，当代中国出版社1992年版，第133页。
② 《刘伯承回忆录》第三集，上海文艺出版社1987年版，第334页。
③ 《刘伯承传》，当代中国出版社1992年版，第133页。

南昌起义失败的经验教训，使刘伯承深感加强军事武装的重要性。于是，他愉快接受党组织派遣来到苏联，先后到高级步兵学校、伏龙芝军事学院学习。为了能直接阅读俄文书籍、听苏联教官讲课，刘伯承下很大功夫学习俄文。谈起这段学习生活，他曾对川军旧友说："余年逾而立，初学外文，未行之时，朋侪皆以为虑。目睹苏联建国之初尤饥馑，今日已能饷我以牛奶面包。每思川民菜色满面，'豆花'尚不可得，更激余钻研主义、精通军事以报祖国之心……乃视文法如钱串，视生字如铜钱，汲汲然日夜积累之；视疑难如敌阵，惶惶然日夜攻占之，不数月已能阅读俄文书籍矣。"① 刘伯承这种为革命而勤奋学习的精神，在当时的中苏同学间传为美谈。

回国后，刘伯承把所学到的马克思主义军事学说和苏联战争理论，充分运用于革命战争的实践中。邓小平评价他："对于上级命令和指示，从未粗枝大叶，总是读了又读，研究了又研究，力求适应于自己的工作环境而加以实现。在实行中，且时时注意着检查，务使贯彻到底。'深入海底'，差不多是他日常教导同志的口语。"②

"学而不厌，勤读不倦，坚持理论联系实际的优良学风"，一贯重视研究马克思主义理论，研究古今中外的军事典籍，结合中国革命战争的实际，创造性加以运用，使刘伯承成为我党著名的马克思主义军事理论家。在处理军事与政治的问题上，刘伯承认为，战争是解决政治矛盾，实现一定政治目的的一种最高的斗争形式，军事本身就是政治性质的行动，军事一刻也离不开政治。他指出："打胜仗的战术要靠不断的政治工作。""无论现代新式武器——飞机、坦克、化学兵器、新式火炮、机关枪之类，怎样精良到了不得，总是死的，都要靠活的人来使用；如果人的质量（包括政治的、军事和与纪律的训育和素养）不强，那么只有打败仗。"③

在处理全局与局部的关系上，刘伯承提出：小道理要服从大道理，大道理要用小道理来充实。他认为，当处在全局领导的位置上时，要善于调查研究各个局部，使各个局部指挥者按照全局总的意图机断行事，使他们的局部对全局发挥最大限度的作用；当处在局部的地位上时，则要认真研

---

① 《刘伯承传》，当代中国出版社1992年版，第76页。
② 《刘伯承元帅研究》一，重庆出版社1987年版，第2页。
③ 《刘伯承元帅研究》一，重庆出版社1987年版，第110页。

究上级的全局意图，充分发挥自己局部的力量，为全局的胜利作出尽可能大的贡献，甚至不惜牺牲局部，去争取全局的胜利。

在处理战争指导的问题上，刘伯承提出：指挥员必须切实掌握任务、敌情、我情、时间、地形等"五行术"，他要求指挥员"研究情况要从任务、敌情、我情、地形与时间的综合估计考虑，据此而定下决心"。根据具体情况，采用不同的战法，灵活用兵，因敌变化而取胜。

刘伯承关于军事与政治、军事战略与政略、全局与局部等战略重要思想，关于作战指导的"五行术"、游击战、运动战及正规化、现代化建军等战争指导和军队建设的一系列重要军事建树，高超的指挥艺术和作战谋略，精辟独到的军事著述，使刘伯承的军事理论当之无愧地成为毛泽东军事思想的重要组成部分。

"治军必先治校"，不计个人得失，主动请缨办军校

刘伯承的优秀思想品德，不仅表现在战争年代他以一贯的自我牺牲精神，主动承担最困难、最危险的任务，临危不惧，赴汤蹈火，战胜强敌；更表现在和平时期他对我军现代化、正规化建设殚精竭虑。1950年6月，当得知中央军委决定建设陆军大学的消息后，刘伯承主动给中央写信，恳请辞去西南军政委员会主席和第二野战军司令员的职务，自告奋勇去办军校。作出这一选择时，中央正在考虑由他出任总参谋长的问题。但刘伯承没有考虑个人得失，而想得更多的是我军建设的未来。

早在1946年我军还处在小米加步枪的时代，刘伯承就从诸兵种联合作战的前景，来考虑我军的建设问题，并在频繁的战事中抽出一切时间，补译、校订《合同战术》一书。1950年6月突然爆发的朝鲜战争，使刘伯承对建设现代化国防进一步增强了紧迫感。他认为，"建军必建校"、"治军必先治校"。于是，刘伯承毅然致信中央："要建设一支现代化的军队，最难的是干部的培养，而培养干部最难的又是高级干部的培养。我愿意辞去在西南担任的一切行政长官的职务，去办一所军事学校。战争已经结束了，我年龄这么大了，还是让我去办学校吧！"毛泽东被他的真诚所感动。就这样，刘伯承担任了中国人民解放军军事学院院长。

为了完成中央军委赋予军事学院"在人民解放军现有素质及军事思想的基础上，训练出在中国共产党领导下，忠实于中央人民政府及人民事业，能熟悉与指挥现代各技术兵种并组织其协同动作，同时熟悉参谋勤务

与通信联络,以准备与美帝为首的侵略集团作战的指挥人员"的光荣任务,刘伯承在全军第一个系统论述了正规化现代化建设的内容与要求,他指出:现代化就是新兵种及其学术的建设。新兵种,指步兵以外的其他诸兵种,包括各种辅助兵种;学术,指诸兵种的战斗条令,应用技术战术,在各种条件下的协同动作。正规化主要是军队正规化生活秩序的建设,具体地说,就是严格地制订与执行各种条令、条例,一切按条令条例办事,使军队像大机器一样,车间与车间,这一齿轮与那一齿轮,能有准确的规律,向共同的生产目标协同动作。

按照这一思想,他从学习各兵种技术战术知识及其协同作战的法规法则、建立正规秩序入手,严格训练,严格要求,实行每日6小时课业制度,组织国家考试,并以实兵示范演习和现场作业检验学习成效。年已花甲的刘伯承自觉做育人的模范。为了帮助学员在学习外军经验和理论中防止机械教条,他多次告诫师生:既不能躺在过去的经验上,也不能采取全盘照搬的教条主义做法。"同一孙子兵法,马谡的用法就是教条主义,孔明就不是;庞涓、孙膑同师鬼谷子,可是一个是教条主义,一是不是教条主义。王明和毛主席读的同是马克思列宁的经典著作,一个是教条主义一个不是。"有教员向他请教讲课的诀窍时,他风趣地说:"有啥子诀窍啰!我号召你们学习,我自己也要带头学习。我这是几番心思一堂课,十八天准备,六小时讲完。如果有什么诀窍的话,那就是四个字:'昼夜不息'。"军事学院一位院领导曾这样概括刘伯承的勤勉精神:"60岁高龄,常带头学习;且战略眼光远大,常以有备无患,干部应向科学进军,学多学深一点作号召;特别谦虚谨慎,日夜工作,制军语、译外文、校条令、写教材、上大课,无一不是以身作则,特别关心与指导政治思想工作的进行,尤其注意检查效果……这些模范行为,永远是我们学习的榜样。"①

多年的辛勤努力终于结出累累硕果。经过军事学院培养的我军高级将领在部队实际工作中特别在朝鲜战场上发挥了重要作用,志愿军一个军的四名领导干部联名给刘伯承的信中说:"一年来,我们深深体会到在学院所学的东西,对于指导实际工作的重要意义。过去所学的理论,帮助我们在工作上解决了许多困难,使我们在许多问题上能够正确贯彻执行建军方

---

① 《刘伯承传》,当代中国出版社1992年版,第660页。

针，服从建军利益。"①

历史评说

刘伯承是中国人民解放军的缔造者之一，伟大的无产阶级革命家、军事家，马克思主义军事理论家，中国共产党和中国人民解放军"政治工作的模范"、"著名军事教育家"、"军事战略家"。

中国共产党第十一届中央委员会第七次全体会议给刘伯承的致敬信，高度评价刘伯承"是中国人民解放军的缔造者之一"，"是创建晋冀鲁豫根据地主要领导人之一"，"在一系列重要战役中，特别是在上党、平汉、淮海、渡江战役中，在进军解放西南战役中，表现出了卓越的军事才能"。致敬信指出："您的指挥艺术和作战谋略是毛泽东军事思想的重要组成部分。您不愧是身经百战的元帅，马克思主义的军事理论家，坚强的无产阶级革命家。""您忠于祖国，忠于人民，忠于共产主义事业……您勤奋学习，严守纪律，从不居功自傲。您艰苦奋斗，廉洁奉公，先天下之忧而忧，后天下之乐而乐，与人民群众和士兵同呼吸，共命运。您的高尚品德，在党内外深孚众望。全党、全军和全国各族人民一定永远铭记您的功绩，您永远是我们的学习榜样。"②

刘伯承逝世后，他的悼词上说："刘伯承同志对党无限忠诚，一贯地服从党中央、中央军委和所在党组织的领导。""有大智大勇，为了中国人民的解放事业，一贯以自我牺牲的精神，主动承担最困难、最危险的任务，临危不惧、临难不苟，赴汤蹈火，义无反顾。他以无产阶级军事家的远见卓识和战略眼光，藐视一切貌似强大的对手，驾驭战局的发展变化，夺取主动，战胜强敌。""他是我党著名的马克思主义军事理论家。他的高超的指挥艺术和作战谋略，他的精辟独到的军事著述，是毛泽东军事思想的重要组成部分。""刘伯承同志光明磊落，作风正派，胸怀坦荡，顾全大局，躬自厚而薄责于人，受委屈而毫无怨言。""刘伯承同志功勋卓著，长期身居高位，但自奉俭薄，廉洁奉公。在他革命的一生中，真正达到了功

---

① 《刘伯承传》，当代中国出版社1992年版，第648页。
② 党的十一届七中全会给刘伯承同志的致敬信，1982年8月6日。

高不居功,位尊不恋位,权重不擅权,一心为了党和人民的事业的高尚境界。他对家属子女,亲朋故旧,身边工作人员,总是谆谆教诲,严格要求。他的革命家风,深为大家所钦佩。"①

毛泽东曾称赞刘伯承是"用兵新孙武"。他说:"我有刘伯承,蒋介石不可能不完蛋。"他还说:"生不愿称王,死不愿封万户侯。伯承是共产党人的楷模。"

周恩来赞许:"伯承其人,川中一枝花,我党一奇才也!"

朱德元帅曾赞誉刘伯承:"具有仁、信、智、勇、严的军人品质,有古名将风,为国家不可多得的将才。"

1942年12月15日,邓小平曾撰写《庆祝刘伯承同志五十寿辰》一文,指出:"热爱国家,热爱人民,热爱自己的党,是一个共产党员必须具备的优良品质。我们的伯承同志不但具备了这些品质,而且把他的全部精力献给了国家、人民和自己的党。"赞扬"他对于上级命令和指示,从未粗枝大叶,总是读了又读,研究了又研究,力求适应于自己的工作环境而加以实现,在实行中,且时时注意着检查,务使贯彻到底。'深入海底',差不多是他日常教导同志的口语"。"伯承同志是勤读不厌的模范。他不特重视理论的研究,尤重视理论与实际的结合。他常常指导同志向下层向群众去学习,他自己也是这样做的。"说:"伯承同志热爱自己的同志,对干部总是循循善诱,谆谆教诲,期其进步。他同同志谈话的时间很多,甚至发现同志写了一个错字,也要帮助改正。在他感召下得到转变和发展的干部,何止千万。"②邓小平还在《悼伯承》一文中写道:"伯承同志是我党我军的大知识分子,大军事家。他的军事指挥艺术和军事理论造诣,在国内外屈指可数。"

陈毅元帅也说:刘伯承"论兵新孙吴,守土古范韩"。

曾任中央组织部部长的宋任穷曾撰文,称赞刘伯承是"不可多得的将才","政治工作的模范","杰出的军事教育家","赤诚的共产主义战士"。③

---

① 《胡耀邦在刘伯承追悼会上的悼词》,(1986年10月16日)。
② 《新华日报》华北版1942年12月15日《特刊》。
③ 宋任穷:《刘伯承同志永生》,见《人民日报》,1986年10月25日。

贺 龙

怕死不革命

| 经典摘录 |

☆共产党员不要总是把土地、房子、老婆、钱放在心上，你的脑壳是谁的？我们的一切已经交给了党，什么时候叫牺牲就牺牲，还有什么牺牲不得，还有什么受不起波折的呢！

☆作为一名革命军人，对党忠诚是第一位的，必须坚持党对军队的绝对领导。率领军队的党员，绝对不能把军队看成是自己的。人民军队不归任何个人私有，而是属于共产党绝对领导的，实行无产阶级专政的工具。它必须坚决贯彻执行党的路线、方针和政策，决不允许"军权高于一切"、向党闹独立性的倾向发生。

☆我对子女的要求就像我们这代一样，就做一个普普通通的人，不要想着成名成家，做人本来就是一个非常高深的学问，把人做好就行了，不要求你们当博士、硕士、当局长、部长，老老实实做人就行了，把日子过好就行了。

主要经历

贺龙,汉族,1896年3月生,湖南桑植人,原名贺文常,字云卿,1927年秋加入中国共产党,元帅军衔。

1914年,加入孙中山领导的中华革命党,曾参加讨袁护国军,任四川讨贼军第一混成旅旅长、川军第一师师长、澧洲镇守使。1926年7月,参加北伐战争,任国民革命军第八军六师师长兼湘西镇守使。1927年8月,参加南昌起义,任起义军总指挥。1929年春起,先后任红四军军长、红二军团总指挥。1934年后,任湘鄂川黔革命委员会主席、红二方面军总指挥。抗日战争爆发后,任八路军第一二〇师师长。解放战争时期,任陕甘宁晋绥联防军司令员、晋绥军区司令员、西北军政大学校长、西北军区司令员、西安市军事管制委员会主任。中华人民共和国成立后,任中共中央西北局第二书记、西南军区司令员、军区党委书记、西南军政委员会副主席。1954年6月起,任中央人民政府人民革命军事委员会副主席、中共中央军委副主席、国务院副总理兼国家体育运动委员会主任、国防工业委员会主任。1964年初,主持中央军委日常工作。发动全军开展群众性的大练兵。"文化大革命"开始后,遭林彪、江青、康生等诬陷,被隔离审查。是中共第八届中央政治局委员,第一届、二届、三届国防委员会副主席。1969年6月9日在北京逝世。

主要著作有:《贺龙军事文选》。

情操实践

"两把菜刀闹革命",南昌起义中的非共产党员总指挥

出生于湖南省桑植县一个贫农家庭的贺龙,由于家境贫寒,仅读了5年私塾便辍学务农,以打柴、割草、放牛,农闲时节与父亲外出缝衣赚钱养家糊口。苦难的童年,使其以愤世嫉俗,仗义疏财,敢于同恶势力相抗争而闻名乡里。

1914年，年仅18岁的贺龙加入中华革命党，开始从事反袁护国的革命活动。孙中山领导的资产阶级民主革命屡遭失败，使贺龙逐渐认识到，穷人要翻身解放，必须抓枪杆子。于是，他酝酿了向反动当局夺枪的计划，并3次成功地夺得武器。

第一次是1916年1月21日，贺龙设计向石门县团防局夺枪。石门县泥沙镇的团防局有枪80余支。贺龙联合革命党人吴佩卿，决定采用调虎离山之计，由吴佩卿等设赌场诱使团丁聚赌，贺龙等在饭庄摆下酒席宴请团防局中相识的团丁，趁团防局空虚，寻机夺枪。结果，团防局中计，局内仅剩3个人，"一个哨兵守在门口，局长和队长在抽大烟"。贺龙得知此讯，带着10个伙伴直奔团防局，捉住哨兵，冲进局里，活捉了局长唐臣之和团防队长。一枪没打，一人没伤，缴获了20支枪。

第二次是1916年3月16日，向巴茅溪盐局夺枪。当晚，贺龙率领21名青壮年，带着1支火枪、3把马刀、3把菜刀，连夜赶了90多里山路，来到巴茅溪盐局大门口。"哗啦"一声，大门被木桩撞开了。十几个勇士蜂拥而入。顿时，手中的火把照得夜如白昼，磨得锋快的菜刀闪着寒光。门口的两个税警来不及反应，就被贺龙的伙伴制服。楼上的4个税警，早已被楼下的场面吓得魂飞魄散，一个拼命掀房瓦，企图逃生；一个用被子死死蒙住脑壳。贺龙等飞身上楼，第三个税警举起木椅劈头打来，被贺龙顺手一拨，木椅重重地把另一个税警砸昏在地。高举菜刀的贺龙一声高呼："不准动！"企图负隅顽抗的税警乖乖束手就擒，并交出了4杆枪。就这样，贺龙拉起了第一支民军。

第三次是1917年底，贺龙与吴玉霖一起夺枪。那天，贺龙在桃源县与慈利县交界的两水井，意外地碰见一个投奔他的青年吴玉霖。吴玉霖随身带着两把菜刀，要求跟着贺龙杀富济贫。贺龙告诉他，我们的志向应该更远大，"要打出一个让贫苦农民都有田种的天下！"交谈间，贺龙发现从常德方向走来了一队人马，原来是护送慈利新任县长的。在4人抬着的轿子前有几个兵开道，后边有两个士兵背枪压阵。他们背着的两支汉阳造步枪引起了贺龙的兴趣。贺龙灵机一动，就和吴玉霖不紧不慢地跟了上来。走到一段偏僻的小路上，两人猛扑过去，抢起菜刀，结果了背枪的士兵，夺了两支枪，飞快离去。

三次夺枪成功，贺龙拉起自己的队伍并不断得到发展，在荆江两岸与北洋军阀部队作战中连获胜利。1945年，贺龙在参加党的七大填写的履历表上写着："1917年底，曾用两把菜刀，发展到百余人的队伍，任援鄂军第一路总司令所属之游击司令。"

毛泽东从贺龙"两把菜刀闹革命"的壮举中，看到了革命的星星之火以及夺取革命胜利应采取的正确道路。在"三湾改编"中，他以此为例鼓励起义军："贺龙两把菜刀起家，现在当军长，带出了一个军。我们现在不只两把菜刀，我们已经有了两个营的兵力，还怕干不起来吗？"

在旧军队里，贺龙从营长当到军长，但他从孙中山的国民党中没有看到中国的希望。他曾对好友刘达五说："孙中山是个伟人，我一直是对他敬佩的。可是，经过两三年在四川打仗，我有点想法啰，依我看，孙中山很多次出兵作战，都是正义的。照理说，正义应该得胜嘛，毛病就出在他依靠的还是军阀队伍。这帮人有奶便是娘……早晚是靠不住的。"

1919年爆发的五四运动和1921年中国共产党的成立，使贺龙在黑暗中艰辛探索救国救民的真理中找到了光明。1924年底，贺龙通过各种渠道寻找共产党。他先后接触了共产党员夏曦、毛泽东派来的兼有国共两党省委委员身份的陈昌甫，并慷慨资助中共5万银圆。

1926年8月30日，贺龙向国民革命军总政治部派到他的军中开展政治工作的共产党员周逸群公开提出："我要参加共产党，你介绍我加入。"由于当时中共规定在友军内部不准吸收高级军官入党，周逸群对他说："共产党是不关门的，只要够条件，时机一到，一定会有人找你。"

此后，贺龙一次又一次地提出入党申请，但都没有得到批准。其中，阻止贺龙入党的一个重要人物是张国焘。他认为贺龙"出身土匪，他要参加中共跟你干，你要不同意他干的话，他反水，要翻脸就麻烦"了。这时，蒋介石派人游说，拉拢贺龙，许诺让他当国民党中央委员、江西省主席，并赠送一栋地处南京的大洋楼，贺龙断然拒绝。

在大革命失败前夕，面对白色恐怖，有的人动摇了，有的人远离甚至背叛了革命，但贺龙对加入中国共产党却意志弥坚。6月底，贺龙主动拜访共产党人林伯渠，表示坚决跟共产党走到底。7月初，周恩来与贺龙会面，贺龙说："我一直追求能让工农大众过上好日子的政党。最后，我认定中国共产党是最好的，我服从共产党的领导，只要共产党相信我，我就别无所求了。"并说："我很清楚，只有共产党才能救中国，我听共产党的话，决心和蒋介石、汪精卫……拼到底。"

7月17日，贺龙在全军连以上军官大会上郑重宣布："现在，革命到了危急关头，摆在我们面前的出路有三条：第一条是把队伍解散，大家都回老家去。这条路行不行？不行！第二条是跟着蒋介石、汪精卫去干反革命，屠杀工农兄弟。这条路行不行？不行！第一条路是死路，自杀的路，第二条路是当反革命的路，也是自杀的路，我们绝不能走。我贺龙不管今后如何危险，就是刀架在颈子上，也绝不走这样的路。我要跟着共产党走革命的路，坚决走到底！"

7月23日，中共临时政治局常委会决定举行南昌起义。当日，中共临时政治局委员谭平山会见贺龙，向他通报了中央的决定，希望贺龙率领第二十军参加。贺龙激动地说："我贺龙感谢党中央对我的信任，也感谢你把这样重大的机密告诉我。我只有一句话，赞成！我完全听从共产党的指示。"27日，周恩来来到南昌，以他为首的前敌委员会随即成立，并决定由贺龙担任起义军总指挥。这时，有关吸收贺龙加入中国共产党的问题再一次提了出来。周恩来不同意张国焘的看法，他认为贺龙出身也是贫苦的，多年来，积极追求真理，是经过考验的，是可以信任的。周恩来主张吸收贺龙入党，而不是应付他、安抚他。

1927年8月1日，周恩来、贺龙、叶挺、朱德、刘伯承等领导2万余人的革命武装，在南昌举行起义。战斗异常激烈。贺龙的指挥部和敌人隔街相望，距离不到200米。站在石阶上指挥作战的贺龙，流弹不时从头上呼啸飞过，他从容不迫，指挥若定。激战4个小时，全歼敌军3000余人，宣告了南昌起义的胜利。

参加并领导南昌起义的实践，进一步证明了贺龙对党的赤胆忠诚，根据周恩来、周逸群提议，8月末或9月初的一天，贺龙终于如愿以偿地加入中国共产党。多年后，回顾自己的入党经历，贺龙如是说："有的材料写着我七十次找党，算上历次的要求，我也记不清楚了，没有七十次，恐怕也有几十次吧！"

挫败张国焘的阴谋，顶住林彪的淫威，绝不允许"军权高于一切"

贺龙常说，怕死不革命，革命不怕死。他认为，共产党员的党性修养，最重要的是坚持"党的利益高于一切"。在战争年代，要敢于冲锋陷阵，不怕牺牲，消灭敌人；在和平时期，要坚持真理，勇于修正错误，全心全意为人民服务。他说，共产党员不要"总是把土地、房子、老婆、钱放在心上，你的脑壳是谁的？我们的一切已经交给了党，什么时候叫牺牲就牺牲，还有什么牺牲不得,还有什么受不起波折的呢!"① 他认为,作为一名革命军人,对党忠诚是第一位的,必须坚持党对军队的绝对领导。率领军队的党员,绝对不能把军队看成是自己的。人民军队不归任何个人私有,而是属于共产党绝对领导的,实行无产阶级专政的工具。它必须坚决贯彻执行党的路线、方针和政策,绝不允许"军权高于一切"、向党闹独立性的倾向发生。因此,贺龙自从参加革命后,跟着共产党、毛主席干革命的信念就没有动摇过。

1935年1月,中共中央召开遵义会议,确立了毛泽东在党和红军中的领导地位。接到中央的电文后,贺龙表示坚决拥护。他说:"我虽然没有见过毛泽东同志,但从我本身的经验教训中,从读到他写的文章中,深知他是我们的正确领导者。"

1936年6月底,贺龙率领红二军团来到雀儿山下的甘孜,同红四方面军会师。张国焘为拉拢红二军团反对中央,在干海子中国工农红军总部见到贺龙和任弼时后,大大恭维了贺龙、任弼时和关向应一番,接着,攻击中央奉行"右倾逃跑"路线,奸诈地提出要召开党的会议,讨论"一、四方面军问题",想从组织上胁迫二、六军团同意他的反党路线。任弼时马上反问:"谁作报告?如果有不同意见,结论怎么做?"把他顶了回去。

张国焘又生一计,提出要开四方面军和二、六军团的干部联席会议,想以多数压少数,通过拥护他的决议。贺龙同弼时、向应商议后说:"联合起来开会,我们不反对,但是,丑话要说在前头,不准以多数压少数,把错误的政治观点强加给二、六军团。"

还在6月初,贺龙就从王震的电报中得知张国焘派人到六军团散发攻击党中央领导人毛(泽东)、周(恩来)、张(闻天)、博(古)的小册子,被王震扣下了。贺龙坚决反对张国焘反对中央的行动。为了教育部队不受张国焘蛊惑煽动,贺龙多次对二、六军团的高级干部说:"这里是张国焘搞的假中央,他在进行分裂党和红军的罪恶活动,真中央是毛大帅(指毛泽东——引者注)领导,现在在陕北。我们大家都要听党中央的,都要跟着毛大帅走。谁要是不听党中央的,反对毛大帅,他就是天王地老子也不行,他就是八只角的王鱼,也要掰下一只角来!"

7月2日,在张国焘提议召开的四方面军和二、六军团干部联席会议上,由于朱德、贺龙、任弼时、刘伯承、关向应、王震等坚决拥护中央关

---

① 贺龙:《我们的工作就是为人民服务》,1947年2月10日。

于北上的路线，维护两支部队的团结，会议一致通过了两支部队立即共同北上的决议，使张国焘借口需要筹粮以拖延北上的计谋，又一次破产了。

中华人民共和国成立后，尽管情况发生了很大变化，特别是"文化大革命"期间，林彪在很长一段时间把持军队大权，但贺龙始终不改初衷，军队必须听党的话。这样，贺龙成为林彪的绊脚石。于是，他授意李作鹏、吴法宪罗织、捏造罪名向毛泽东告状。1966年9月5日上午，毛泽东把林彪送来的吴法宪的诬告信交给了贺龙。贺龙看后问道："我要不要找吴法宪他们谈谈？"毛泽东说："有什么好谈的？"又说："你不要怕，我当你的保皇派。"9月9日晚，毛泽东让秘书给贺龙打电话说："经过和林彪还有几位老同志做工作，事情了结了，你可以登门拜访，征求一下有关同志的意见。"遵照毛泽东的指示，次日上午，贺龙来到林彪住处。林彪当即表示："贺老总，我对你没有意见。""不，林总，总会有一点吧。"面对贺龙诚恳的态度，林彪好像想起什么似的说："要说有吧，也只那么一点点。就是，你的问题可大可小，主要的是今后要注意一个问题，支持谁，反对谁。"

林彪此话，露骨地表明他要千方百计抓住自以为是贺龙的小辫子从而达到控制贺龙的险恶用心。作为从1964年起主持军委日常工作的军委副主席，贺龙明白，他不可能让林彪满意。于是，就笑了笑说："林总，我革命这么多年，支持谁，反对谁，你还不清楚！谁反对党中央、毛主席，我就反对谁；谁拥护党中央、毛主席，我就支持谁！"贺龙很清楚，这样的回答并不是林彪所希望的，但作为一名忠诚的共产党人，他不可能作出别的选择。这样，更大的灾难接踵而来。在生命最后一刻，贺龙依然相信党、相信人民、相信历史。他说："人民是历史的真正主人，是最公正的裁判。谁为人民做了好事，人民永远不会忘记；谁在人民面前犯了罪，人民也决不会饶恕。"

林彪迫害贺龙的阴谋得逞，令毛泽东十分难过，他曾作过3次检讨，尽管在他的有生之年已为贺龙平反。对为贺龙平反，毛泽东多次过问。1973年12月21日，八大军区司令员调动，毛泽东在军委常委扩大会上说要为贺龙平反。1974年9月4日，毛泽东问，贺龙恢复名誉搞好了没有？不要核对材料了。1975年6月9日，贺龙逝世六年，经中共中央批准，在八宝山革命公墓礼堂举行了贺龙骨灰安放仪式。

官兵一致，爱兵如子，人格魅力产生巨大凝聚力、战斗力

贺龙深知士兵与战争制胜的关系。他说："要用兵，就要爱兵。"他不仅这样教育干部保持密切的官兵关系，而且以身作则，带头做爱兵的模范。1928年冬，部队来到湘鄂边的高山峻岭之中。冰天雪地，寒风刺骨。贺龙和战士们一样，一身单衣，一双草鞋，几天吃不上一粒盐，喝不上一口稀粥。有一次，炊事员想方设法弄到手指大一点盐巴，给贺龙专炒了一碗辣子。贺龙尝了一口，知道是炊事员专给他做的，便将那碗辣子倒在大锅里。炊事员向前阻挡，贺龙微笑着说："我们官兵一样，有盐同咸嘛！"他问同志们："苦不苦？"战士们回答说："不苦"。贺龙说："不苦是假。但是我们红军不怕苦。"

长征途中，红军战士说：贺军长对我们战士真关心，一见面，总是问长问短，我们病了，他把马让给我们骑；我们有什么想不通，他就找我们谈心；我们打仗的时候，他同我们站在一条战壕；我们打土豪的时候，他同我们一道把谷子挑送给受苦农民；贺军长硬是一点架子都没有，同我们心心相连。

他曾视察过的部队官兵回忆说，1952年，贺龙深入部队检查工作，发现一个工兵连住着简陋的工棚，连电灯也没有，生活条件很差。贺龙很生气，立即把部队的领导找来，严厉地批评说：这个连就住在你们眼皮底下，你们却对战士的困难和疾苦视而不见，不关心战士，这怎么能行呢？接着叫他们把自己住的房子腾出来，让给工兵连住。这不仅对当事人是一次生动的教育，而且也是对全军干部的教育。

贺龙始终把自己看成是普通一兵，从不特殊。他坚持参加党的小组生活和支部活动。他所在党小组的同志考虑到他工作繁忙，年老多病，有时开小组会就不通知他。有一次他对小组长说："开小组会为什么不通知我？是共产党员就要过组织生活。你们不让我参加是不对的。在长征途中，我和马夫、伙夫编在一个党小组，马夫担任组长。他叫我张贴标语、搞宣传，我非常高兴，提起糨糊桶就走。今后你们也要分配我参加一些活动。"

活到老，学到老，改造到老，是贺龙实践了一生的信条。他看到毛泽东家的床上有一半放的都是书，走廊里也都是书，只要能接触到的地方都是各种各样的书。回来后就给夫人交代：主席酷爱读书，很爱干净，生活很简单，床上铺的是白的床单，白的枕套，咱们家也这样，要向主席看齐，多读书，多学习。在周恩来家，他看到周恩来经常参加外事活动需要穿西装，冬

天如果里面加穿很多衣服影响美观，就多穿一条裤子。回来后贺龙就提出他以后毛裤不要穿了，总理都是穿两条裤子，以后我也这样。当夫人担心他年龄大了身体难以承受时，他说：总理能行，我也一定能行。

对待子女，贺龙严格要求。他说：我对子女的要求就像我们这代一样，就做一个普普通通的人，不要想着成名成家，做人本来就是一个非常高深的学问，把人做好就行了，不要求你们当博士、硕士，当局长、部长，老老实实做人就行了，把日子过好就行了。这话听起来没有尺度，实际上却是个很高的标准。为此，贺龙给他的子女立了不少规矩，比如，要有远大理想，这是希望他们老一辈终生孜孜以求的革命理想薪火相传，诚如陈毅元帅写给自己儿子陈丹怀的一首诗中所说："汝是党之子，革命是吾风。汝是无产者，勤俭是吾宗。汝要学马列，政治多用功。汝要学技术，专业应精通。勿学纨绔儿，变成百痴聋……"贺龙要求子女养成艰苦朴素的良好习惯，吃饭不能掉米粒，吃完饭以后还得把碗筷自己洗干净；要自食其力，自己挣钱，自立自强；绝不允许以他的名义向学校和组织上要求特殊的照顾和待遇；要培养孝道，贺龙父亲生日时，就把子女们叫到一起，让子女们面向爷爷的相片磕头，表示对祖辈的崇敬。在他的影响下，儿子贺鹏飞在上中学时有一次踢足球把腿踢断了，疼痛难忍，但毅然咬牙坚持，让两个同学扶着，说我不能倒下，我的腿断了，但不能倒下。被送回家后打了石膏才治愈。

贺龙这样修身、立德、掌兵、为国、治家，以自己的榜样作用影响人、教育人、感染人，产生了巨大的人格力量。在他辞世几十年后，他的故事在神州大地上仍广为传颂。毛泽东曾高度评价他"忠于党，忠于人民，对敌斗争狠，能联系群众"。对于这个评价，贺龙当之无愧。

历史评说

贺龙是久经考验的无产阶级革命家、军事家，中国人民解放军的创始人之一，中华人民共和国元帅。

1996年3月21日，在纪念贺龙同志诞辰100周年座谈会上，刘华清代表党中央发表讲话，高度评价贺龙同志的一生，指出："他对党、对人民无限忠诚,对共产主义理想坚信不移,始终保持旺盛的革命斗志,具有矢志不渝的政治信念;他坚持原则,顾全大局,严守纪律,坚决维护党对军队的绝对领导,维护党的团结和统一,具有赤诚坚强的党性观念;他多谋善断,沉着坚定,机智果敢,具有高超卓越的军事指挥艺术;他实事求是,注重深入实际,讲求实效,勇于开拓,具有理论联系实际的优良作风;他刚直不阿,光明磊落,敢于坚持真理,具有坚定不移的政治立场;他克己奉公,廉洁自律,尊重知识,尊重人才,关心部属,平易近人,具有密切联系群众的崇高风范。贺龙同志以自己的革命实践和高风亮节,弘扬了我党我军的优良作风和中华民族的传统美德,为我们树立了一个真正共产党人的崇高榜样。"①

毛泽东称赞他:"忠于党,忠于人民,对敌斗争狠,能联系群众。"还称他是"红二方面军的旗帜"。

1943年1月7日,任弼时写下《向贺龙同志学习》一文,这样评价贺龙:

"贺龙同志是南昌起义的军事领袖,苏维埃革命时期的红军创造者之一"。"是一个真正身经百战的勇士,有指挥战争与建设军队的丰富经验"。他从小就有反抗旧统治的思想,在反动统治下单人独马去创立武装组织,从几个人、几匹马、几支枪的小队伍发展到大的部队。在旧社会里做过镇守使,大革命时代是国民革命军的一个军长,非常熟悉旧社会,特别是旧军队的情形。这都是值得我们向他学习的。"贺龙同志伟大之处,不仅在此,而在于他对革命对党的一贯忠诚的态度。他有百折不挠的精神,不因斗争失败而气馁。"南昌起义失败后,他便跑到洪湖去,从仅仅几个人的起义,发展成为大兵团的红军。后来因立三路线和"左"倾机会主义路线而使部队缩小,但他从不灰心丧气,又跑到贵州东北部去建立根据地。他对党中央的正确路线是坚决而忠实地执行的,从不以军队势力和党对立,不把军队看得比党高。当二方面军和四方面军会合时,他是坚决反对张国焘所采取的反抗中央的行动的。在延安的一次反对国焘路线的会议上,贺龙同志手指着张国焘说:"当你是共产党员的时候,我还是个军阀;现在我做了共产党员,你反而变成军阀了!"这说明了他是对党忠诚的,是反对军阀主义的。他还时常说,率领军队的党员,绝对不能把军队看成是自

---

① 刘华清:《在纪念贺龙同志诞辰100周年座谈会上的讲话》,(1996年3月21日),见《人民日报》1996年3月22日。

己的，自己如果调动工作时，就希望代替自己工作的人，能够很快地把军队带得很顺手，很就绪，否则，自己心中是不安的。这说明了贺龙同志对党对革命的忠实。"他是立场坚定，有原则性，有组织能力，善于和群众打成一片，性格直率，富有魄力，大公无私的一个同志。"对于党所赋予的任务，或者他下了决心要干的事情，他是一定要一直干到底，不管其中有任何的困难与艰险。这样，当你和他在一起工作的时候，就会使你感到有一种可以依靠的力量存在着，就会增加你的胜利的信心。①

薄一波曾写下《往事追寻忆贺龙》一文，称赞："贺龙同志为党为国毕生奋斗，功垂史册。他骁勇过人，坦诚豪爽，正是由于他这种鲜明、独特的个性，使他的革命业绩倍生光彩，在群众中流传着许多脍炙人口的传奇故事。"薄一波在文中说：贺龙"有意见就要直言不讳"。"1944年的一天，贺龙同志约我去野外打猎，稍事休息。途中，他问我，你对最近发生的一件事怎么看？我问他什么事，他说，就是坐着美国人的飞机兜风啊！原来他指的是中央一位领导人乘坐美军观察组的飞机在延安上空转了几圈的事。接着，他比较激动地讲了自己的看法：人家既然叫美军观察组，驻到延安，就是来观察我们的。我们也要观察他们，按照国际礼仪，同他们友好交往，这是没有问题的。可是有什么必要坐着他们的飞机去兜风？这样的事情发生在一位高级负责同志身上，我看太不检点，真是乱弹琴！这对党的影响好吗？中央开会时，我还要当面提出。有意见就要直言不讳，该批评的事就要批评，不管它发生在谁身上，绝不可因为官大就避而不讲，讳莫如深。我觉得，在党内特别是高级干部的政治生活中，应该保持敢于直言的正气。古人尚且主张'面析其过'，如果我们都做不到这一点，还叫什么共产党人！对于贺龙同志讲的这件事，我因不了解情况，当时未予置评，但我赞赏他的直抒己见的精神。我以为他的这番议论在当时是有思而发的，在今天这种直言不讳的精神仍是值得我们学习和发扬的。"②

"文化大革命"开始后，贺龙遭林彪、江青、康生等诬陷，被隔离审查，迫害致死。为此，毛泽东曾说："我看贺龙搞错了，我要负责。"1974年9月29日，中共中央发出《关于为贺龙同志恢复名誉的通知》。1982年10月，中共中央又作出"为贺龙同志彻底平反的决定"。决定中充分肯定了贺龙为中国革命作出的不朽贡献。

---

① 《向贺龙同志学习》，见《任弼时选集》，人民出版社1987年版。
② 《人民日报》，1989年3月9日，第6版。

陈毅

人民『重生亲父母』

经典摘录

☆这次闹得有点伤感情，主要是我的错误。我没有认清毛泽东的天大的优点，没有指出正确的路线。我回去带头检讨。纠正调和主义错误所造成的不良后果，和同志们一起打倒"陈毅主义"。

☆我从不向敌人低头，但对自己的同志，我常常自我批评，很愿意低头，胜利时如此，不利时也是如此，即使失败亦是如此。

☆汝是党之子，革命是吾风。汝是无产者，勤俭是吾宗。汝要学马列，政治多用功。汝要学技术，专业应精通。勿学纨绔儿，变成百痴聋。少年当切戒，阿飞客里空。身体要健壮，品德重谦恭。工作与学习，善始而善终。人民培养汝，报答立事功。祖国如有难，汝应作前锋。试看大风雪，独立有青松。又看耐严寒，篱边长忍冬。千锤百炼后，方见思想红。

☆儿去靠学校，照顾胜家庭。儿去靠组织，培养汝成人……应知天地宽，何处无风云？应知山水远，到处有不平。应知学问难，在乎点滴勤。尤其难上难，锻炼品德纯。人民培养汝，一切为人民。革命重坚定，永作座右铭。

主要经历

陈毅,汉族,1901年8月生,四川乐至人,1923年11月加入中国共产党,元帅军衔。

1928年1月,参与领导湘南起义,任工农革命军第一师党代表;4月起,任工农革命军第四军政治部主任兼第十二师师长。1930年2月起,任红六军政治委员、红三军政治委员、红二十二军军长兼政治委员、江西军区总指挥部总指挥。长征开始后,任中华苏维埃共和国中央政府南方办事处主任,参加了南方三年游击战争。1938年1月起,任新四军第一支队司令员、新四军江南指挥部指挥、华中新四军八路军总指挥部代总指挥。皖南事变后,任新四军代军长。1942年5月起,任中共中央华中局代书记。1947年1月起,任华东军区司令员、华东野战军司令员兼政治委员。1949年2月起,任中国人民解放军第三野战军司令员兼政治委员、上海市市长。1958年2月至1972年1月,兼任外交部部长。1969年夏,向中共中央提出打开对外工作新局面的战略性建议。是中共第八届中央政治局委员,政协第三届、四届全国委员会副主席。第一届、二届、三届国防委员会副主席。曾三次出任国务院副总理、三次担任中央人民政府人民革命军事委员会副主席和中共中央军委副主席。1972年1月6日在北京逝世。

主要著作有:《陈毅军事文选》《陈毅诗词选集》。

情操实践

勇改己过,"道歉亲上门"

陈毅,1901年8月26日生于四川省乐至县,原名世俊,有成为才智出众的俊杰人物之意。号"仲弘"。曾子有"士不可不弘毅"的诗句,他想,要推翻压在中国人民头上的三座大山,任重而道远,光有弘(刚强)不够,还须有毅(毅力),坚持始终,于是改名"陈毅"。

1919年8月，陈毅赴法国勤工俭学。1922年秋末冬初，加入中国社会主义青年团。1923年10月，到北京中法大学文学院学习。11月，转入中国共产党。1927年5月，任武汉中央军事政治学校中共委员会书记。8月，参加南昌起义。后任国民革命军第十一军二十五师七十三团政治指导员。协助朱德整顿余部，对遭到重创的起义部队进行思想政治工作，说明革命的前途，鼓舞坚持斗争，保存了南昌起义部队的骨干。1928年1月，陈毅与朱德一起，发动和领导了湘南起义，建立了工农革命军和工农革命政府。后协助朱德率领起义部队向井冈山前进，和毛泽东在砻市胜利会师，两支部队合编为中国工农红军第四军，任政治部主任。

1929年5月底，中共红四军前委会议在福建永定县湖雷召开。会上，就党对军队领导的问题发生争论。争论的焦点是红四军内是否仍要设立军委。刚从苏联回国、就任红四军政治部主任和红四军临时军委书记的刘安恭，照搬苏联红军的做法，认为前委代替包办了军委的工作，主张设立正式军委，并主持临时军委会议作出决定，前委只讨论行动问题，不要管军队的其他事项。

对这种下级党委限制上级党委领导权的做法，红四军前委书记毛泽东表示反对，认为这是从根本上危及党对红军的领导。他坚持加强党对军队的领导，加强思想政治工作，实行民主集中制，发动群众，建立巩固的农村根据地的主张。而有些领导同志则忽视党的领导和思想政治工作，片面强调提高军官权威，认为实行"从上而下的民主"就是实行"家长制"。由此，刘安恭的错误主张被有些同志看成"军委与前委分清彼此的职权范围，有利于工作开展"。这种不同看法使红四军高层在这一问题上的争论蔓延到部队。

为解决红四军领导层中的认识分歧问题，6月22日，召开了中共红四军第七次代表大会。由陈毅起草并在他主持下通过的会议决议采取"各打五十大板"的做法，一方面指出毛泽东的领导是正确的，红军离不开毛泽东；同时，也对毛泽东和朱德提出了十分尖锐的批评，并追究毛泽东作为前委书记对党内分歧应承担的责任，给予"党内严重警告"处分。陈毅这种调和态度，其用心是为了红四军党内的团结，但却产生了适得其反的效果，致使在大会选举前委书记中，原由中共中央指定的前委书记毛泽东落选，陈毅当选为前委书记。对陈毅的折中平衡、息事宁人的态度，毛泽东是非常不满的，他在会上作最后发言，重申了自己的各项政治主张，表示

"至于陈毅对我个人有许多批评，我现在不辩……不正确的将来自然会证明是不正确"。会后，毛泽东被迫离开红四军的主要领导岗位，到闽西特委指导地方工作。

中共红四军七大后，毛泽东对陈毅的态度也发生变化。据陈毅回忆，9月下旬召开中共红四军第八次代表大会，并致信毛泽东出席大会。毛泽东回信说：我平生精密考察事情，严正督促工作，这是陈毅主义的眼中之钉，陈毅要我做"八边美人四方面讨好"，我办不到；红四军党内是非不解决，我不能够随便回来；再者身体不好，就不参加会了。① 为此，毛泽东受到党内"警告"处分。

后来的实践证明毛泽东是正确的。在离开毛泽东的日子里，红四军由于实行所谓"由下而上的民主制"，甚至"为了一个红军法规中的党代表权力问题，讨论了两天仍旧没法解决，结果还是决定请示中央"。中共红四军"八次大会时，无组织状态的开了三天，毫无结果"。陈毅也看到这一不良发展事态。8月21日，他来到上海，向中共中央汇报红四军的情况。29日，中央政治局会议详细听取了陈毅关于红四军的全面情况和朱德、毛泽东之间有关争论的汇报。陈毅在汇报中秉持客观公正的态度，这对此后重新确立毛泽东在红四军的领导地位至关重要。

中央政治局在听取汇报后，决定成立李立三、周恩来、陈毅三人委员会，由周恩来召集，起草一封中共中央指示信。这封由陈毅执笔起草的中共中央指示信就是著名的"九月来信"。"九月来信"着重指出，"党的一切权力集中于前委指导机关，这是正确的，绝对不能动摇。不能机械地引用'家长制'这个名词来削弱指导机关的权力，来作极端民主化的掩护"；"前委对日常行政事务不要去管理，应交由行政机关去办"。要求红四军维护朱德、毛泽东的领导，毛泽东"应仍为前委书记"。这些指示，肯定了毛泽东提出的"工农武装割据"和红军建设的基本原则，为红四军党内统一认识、纠正各种错误思想提供了根据。

起草"九月来信"的过程也是陈毅提高认识的过程，在周恩来、李立三的帮助下，陈毅认识到自己的问题。他表示："这次闹得有点伤感情，主要是我的错误。我没有认清毛泽东的天大的优点，没有指出正确的路线。我回去带头检讨"。

---

① 第一次苏维埃区代表大会红四军代表报告，1930年5月16日。

10月22日，陈毅携中共中央"九月来信"回到红四军前委机关。他没有想到红四军党的七大对毛泽东造成如此严重的伤害。陈毅说，这次回来就是为了纠正调和主义错误所造成的不良后果，他自己也要和同志们一起打倒"陈毅主义"。在当天夜里召开的前委会议上，陈毅详细介绍了在党中央的所见所闻，传达了中央"九月来信"。会后，陈毅派专人把中央"九月来信"送给毛泽东，并附上自己一封信，请毛泽东回红四军前委主持工作。信中写道："我俩之间的争论已得到正确的解决。七次大会我犯了错误，八次大会的插曲更是错误的。见信请即归队，我们派人来接。"毛泽东收到陈毅的来信后，表示接受中共中央的"九月来信"，包括对他工作方式的批评，并说他在红四军八大时因为身体不好，情绪不佳，写了一些伤感情的话。这样，相互间的矛盾和隔阂就消除了。

待人以宽、以信、以诚，"周围是友情"

陈毅与人相处豪爽热情，以诚待人，以维护人民的根本利益为出发点，为朋友着想，向朋友交心，力争与朋友共同前进。解放之初，陈毅向上海文化界著名人士发表讲话，就乐于解剖自己，无保留地坦露自己曲折的思想演变的过程，详细说明自己绝不是天生的革命者，而是由信仰孔夫子，信仰"德先生、赛先生"（民主与科学）逐步演化，经过一再的"思想大动荡"，才成为共产主义者的。这使出席会议的上海文化界人士大为感动。

1943年初，饶漱石担任华中局书记兼新四军政委后，为排斥资深望重的陈毅，制造了"黄花塘事件"。原来，在一次会议上，饶漱石提出自己的兼职16个之多，可否电请中央给予其他同志负责一些。陈毅和赖传珠、曾山、张云逸商量后，一致同意免去饶漱石兼任的新四军政治部主任一职，并由陈毅起草电文向中央汇报。饶漱石得知后，立刻致电毛泽东、刘少奇、任弼时控告陈毅谋夺领导权。此后，华中局便在领导干部中开展了对陈毅的整风和批判。1943年11月25日，陈毅被迫离开新四军。

在筹备党的七大期间，毛泽东告诉陈毅，有人告你的状，这个电报如果你要看，我就给你看，但最好你不要看。陈毅说，那我就不看。毛泽东又说："凡事忍耐，忍耐最难，但作为一个政治家，必须练习忍耐。""你来了很好，旧事不要提了……新四军还是由你和少奇主持。"尽管如此，陈毅背的这个"黑锅"并没有洗清。陈毅以宽阔的胸怀看待此事，没有再向中央提出意见，也没有为难受饶漱石调唆在向中央状告自己的电报上签过名的同志。他说："我从不向敌人低头，但对自己的同志，我常常自我批评，很愿意低头，胜利时如此，不利时也是如此，即使失败亦是如此。"

1954年2月高饶事件爆发后，"黄花塘事件"真相大白。毛泽东得知陈毅蒙冤，曾找陈毅说："现在看来，黄花塘这件事，饶漱石是在捣鬼，不仅是给你捣鬼，也是给我捣鬼，很多问题现在才是总暴露，所以，日久见人心是对的。你受了委屈，可是，在党内谁都要受些委屈，不受委屈或者受不了委屈，那是不可能革命到底的。"此后，刘少奇亲自到陈毅住处，诚挚地向他道歉，说自己过去看错了人，信任了饶漱石，使陈毅受委屈了。

又过了多年后，中央第二代领导集体核心邓小平彻底为"黄花塘事件"平反，他说："黄花塘事件是饶漱石利用毛主席和中央的信任，欺骗了刘少奇同志，有预谋地整陈毅同志，是新四军史上的冤假错案。"

陈毅的宽阔胸怀，令毛泽东感动，他以"路遥知马力，日久见人心"两句谚语表达对陈毅的认识。1972年1月6日，陈毅逝世，中央将有关陈毅追悼会的文件送给毛泽东审阅。报告中按军队元老一级安排追悼会，提出主席和其他政治局委员不参加。毛泽东看了报告，将悼词中"有功有过"四个字划掉。在追悼会开始前夕，毛泽东突然对工作人员说："调车，我要去参加陈毅同志的追悼会。"毛泽东出席陈毅的追悼会这在毛泽东晚年是罕见的，当时他已患重病。这不仅彰显他与陈毅几十年的友谊，也是对陈毅革命一生的最好评价。在八宝山革命公墓礼堂，毛泽东接见陈毅的夫人张茜及其子女时说："陈毅同志是一个好人，是一个好同志。陈毅同志是立了功劳的。他为中国革命、世界革命做出了贡献，这已经作了结论嘛……陈毅同志是执行中央路线的，陈毅同志是能团结人的。"[1]

生活俭朴，"勤俭是吾宗"

艰苦奋斗是陈毅一直保持的优良传统。这与战争年代艰难岁月的砥砺、磨炼有关。1934年，红军主力长征时，陈毅与项英一起留下来领导南方游击战争。后人总结中共历史上环境最艰苦的三次斗争，便是红军长征、东北抗联在雪原密林中坚持斗争和南方三年游击战争。

---

[1] 刘树发主编：《陈毅年谱》，人民出版社1995年版，第1225页。

艰苦卓绝的三年游击战争生活，除训练和提高了保存自己、消灭敌人的能力之外，也锻炼了陈毅坚韧的革命意志和严酷生活的适应能力。在陈毅留下的诗作中，有许多是歌颂这一时期战斗生活、抒发革命豪情、战胜艰难险阻的内容。在《梅岭三章》中，陈毅写道：

> 断头今日意如何？创业艰难百战多。
> 此去泉台招旧部，旌旗十万斩阎罗。
>
> 南国烽烟正十年，此头须向国门悬。
> 后死诸君多努力，捷报飞来当纸钱。
>
> 投身革命即为家，血雨腥风应有涯。
> 取义成仁今日事，人间遍种自由花。

在《三十五岁生日寄怀》中，陈毅又写道：

> 大军西去气如虹，一局南天战又重。
> 半壁河山沉血海，几多知友化沙虫。
> 日搜夜剿人犹在，万死千伤鬼亦雄。
> 物到极时终必变，天翻地覆五洲红。

这些诗篇，是陈毅革命乐观主义的真实写照。透过这些诗文，一个刚正铁骨的共产党员的光辉形象展现在我们面前。

1954年高饶事件发生后，陈毅从高岗、饶漱石两个曾经的功臣堕落成为反党集团的首恶中看到保持"两个务必"的极端重要性，由此，他以《手莫伸》为题，赋诗告诫共产党人保持党的优良传统和作风，"第一想到不忘本，来自人民莫作恶。第二想到党培养，无党岂能有所作？第三想到衣食住，若无人民岂能活？第四想到虽有功，岂无过失应渐怍。""党与人民在监督，万目睽睽难逃脱""手莫伸，伸手必被捉"。

陈毅带头践行全心全意为人民服务的宗旨，从不搞特殊。1938年冬天一个风雪交加的傍晚，陈毅率领新四军第一支队司令部转移到茅山抗日根据地一个小山村。负责联系住房的同志找遍全村也找不到一处适合司令员住的房子，好不容易找到一座小土地庙，司令员却不见了。原来，陈毅早就住在了村后一间破旧的羊圈里。看到盘腿坐在草铺上，就着马灯微弱的灯光低头批阅文件，身旁还偎依着两只山羊的司令员，机关工作人员为自己没有尽到责任而难过得流下泪来。陈毅却风趣地说："这儿不是很好嘛！我陈毅革命还没成功就先住上'洋'房啰！"

中华人民共和国成立不久，听说陈毅当了市长，陈毅的大哥陈孟熙陪同陈毅的父母、带着侄儿来到上海，希望能给他们找个工作。陈毅热情接待，陪他们看了"大世界"，逛了城隍庙等上海有特色的地方。然后安排陈孟熙和侄儿杨仲迟去上海革命大学读书。结业之后，陈毅把他们叫去说："你们是我很亲的亲人，但我作为国家的普通工作人员，不能破格办事，我不能为你们安排工作，你们把父母送回去，但不能惊动了成都市委和军区。"从此，再也没有亲戚找陈毅要工作，要好处了。

重学习、修养：留下历史箴言

陈毅一生酷爱学习，即使在炮火连天的战争年代也从不间断。他把从书本中获得知识、获得技能视作"我们的工作资本"。1939年4月11日，在为新四军干部作的《关于学习》的报告中，陈毅提出了九种学习方法：一是要少、要精、要约。二是"学而不思则罔"，读了书，听了报告，脑子里对有关内容必须确实把握。三是要多问。四是要博，广于浏览，留心一切问题，学问的各部门都有他们的联系性。五是要动手，写摘要，写笔记，写精粹的句子。六是要耐心复习，"博学之、审问之、慎思之、明辨之"。七是要忙里偷闲来学习。八是教人家是最好的学习方法，所谓教学相长。九是保持中国的艰苦学习的优良传统。

为了增强官兵的学习兴趣，抗战时期，陈毅和项英把游击战战术编成歌诀，便于文化低的战士记忆。如：

> 团结群众，配合行动；支配敌人，自己主动。
> 硬打强攻，战术最忌；优势敌人，决战要避。
> 敌人正面，力量集中；攻打费力，又难成功。
> 敌人侧翼，力量虚空；集中兵力，坚决猛攻。
> 驻止之敌，施行袭击；行进之敌，采取伏击。
> 动作突然，敌难防范；不行火线，白刃来干。

> 行迹飘忽，故难追踪；死板不动，挨打最痛。
>
> 胜利要快，进攻进攻；保守主义，革命送终。

在学习的过程中，陈毅特别注意培养马克思主义的世界观、人生观，增强党性和道德修养。在他的诗文中充满有关修养问题的研究成果。1936年，他在《赣南游击词》中写道："靠人民，支援永不忘。他是重生亲父母，我是斗争好儿郎。革命强中强。勤学习，落伍实堪悲。此日准备好身手，他年战场获锦归。前进心不灰。莫怨嗟，稳脚度年华。贼子引狼输禹鼎，大军抗日渡金沙。铁树要开花。"

1964年8月，陈毅以《六十三岁生日述怀》，追述几十年革命经历，把自己对共产党员修养的规律性认识作了概括，留下了许多脍炙人口的诗句，如："难得是诤友，当面敢批评"；"一喜有错误，痛改便光明。一喜得帮助，周围是友情"；"党既能谅我，我亦谅别人。别人更谅我，互励互除乘……我是一党员，更应献至诚。个人太渺小，党群才万能"等，至今仍然被不少干部群众视为加强思想道德修养的座右铭。

陈毅十分重视对青年一代的教育培养。1961年4月，第26届世界乒乓球锦标赛在北京举行。赛前，周恩来委托陈毅给中国运动员作思想动员。陈毅对运动员们说：乒乓球比赛不只是把球推来推去，它表示出我们国家的战斗力和精神面貌，表现我们青年是向上的。要争锦标，不要锦标主义；要发挥个人才能，不要个人主义；要强调技术，但"技术决定一切"不对；要红专结合，政治越高，技术也要越高。

围绕如何处理红与专关系，11月，陈毅在视察安徽大学时的讲话中再一次指出：政治是辨别方向的，各行各业都要学点政治；红就是要辨别是非，但它不能代替各行各业的上进，为人民服务就需要专业来保证，拿政治代替专业或拿专业来抵消政治都是不对的；对大学来说，就要教好、学好专业，鼓励刻苦学习专业，成为专门家。一个多月后，陈毅等在宴请4000多名科学技术工作者时的讲话中进一步强调学习问题。指出，在建设事业中，全国人民对科技工作者是给予厚望的；靠刻苦努力，向科学技术堡垒进攻，是科技工作者面临的战斗任务。科技工作者对自己要"学而不厌"，对别人要"诲人不倦"，有经验的年长专家要带徒弟，年轻的要虚心学习，使我们尽快形成一支强大的又红又专的科技队伍。

1961年7月，陈毅的儿子陈丹怀考上哈尔滨军事工程学院，赴校入学的时候，正赶上陈毅要去南方参加外事活动，陪巴西朋友访问杭州。匆忙之间，不及多叙，但又想到儿少年幼，涉世尚浅，不知风云多变，征途多艰，遂写此诗，作为告诫，并表父子离别之情。他在诗中写道：

> 汝是党之子，革命是吾风。
> 汝是无产者，勤俭是吾宗。
> 汝要学马列，政治多用功。
> 汝要学技术，专业应精通。
> 勿学纨绔儿，变成百痴聋。
> 少年当切戒，阿飞客里空。
> 身体要健壮，品德重谦恭。
> 工作与学习，善始而善终。
> 人民培养汝，报答立事功。
> 祖国如有难，汝应作前锋。
> 试看大风雪，独立有青松。
> 又看耐严寒，篱边长忍冬。
> 千锤百炼后，方见思想红。
> 儿去靠学校，照顾胜家庭。
> 儿去靠组织，培养汝成人。
> 样样均放心，为何再叮咛？
> 只为儿年幼，事理尚不明。
> 应知天地宽，何处无风云？
> 应知山水远，到处有不平。
> 应知学问难，在乎点滴勤。
> 尤其难上难，锻炼品德纯。
> 人民培养汝，一切为人民。
> 革命重坚定，永作座右铭。

在这些诗句里，陈毅把谆谆教诲融于切切之言，把爱子之情寓于鼓励和厚望，爱中有严，严中有爱，交相辉映，使我们看到了革命家的铮铮铁骨和一个严父的依依情怀，既抒发了陈毅的真挚情感，又再现了他的人生感悟。是留给后人加强党性和思想道德修养的宝贵精神财富。

| 历史评说 |

陈毅是伟大的无产阶级革命家、政治家、军事家、外交家，中国人民解放军的创建者和领导者之一，中华人民共和国元帅，党和国家的卓越领导人。

毛泽东曾经说："陈毅同志是一个好人，是一个好同志。陈毅同志是立了功劳的。他为中国革命、世界革命做出了贡献，这已经作了结论嘛……陈毅同志是执行中央路线的。陈毅同志是能团结人的。"毛泽东还说："要是林彪的阴谋搞成了，是要把我们这些老人都搞掉的。"①

延安整风期间，毛泽东指出："关于抗战时期皖南、苏南的工作，陈毅同志是执行中央路线的"，"无论是内战时期与抗战时期，陈毅同志都是有功劳的，未犯路线错误的"。

1940年10月，中共中央、中央军委批转陈毅的电报指出："你的统战方针与统战工作是正确的"，"中央及军委完全同意陈毅统战方针及统战工作"、"特将陈毅的报告转发全军学习"。后被毛泽东赞誉为"党的统战政策的天才执行者"。

1954年6月，毛泽东与陈毅谈话，谈及饶漱石排挤陈毅的往事，以"路遥知马力，日久见人心"，称赞陈毅。

1991年8月26日，江泽民在陈毅同志90诞辰纪念会上的讲话中说："陈毅同志是长期站在党的重要斗争第一线的实践家。""他一生光明磊落，坦荡无私，爱憎分明。他文武兼资，有很高的马克思主义水平、渊博的学识和丰富的政治、军事、外交经验，为中国革命和建设事业，为人民军队的创建和发展，立下了不朽的功勋。""他在上海市长任内的卓越政绩和清廉、正直、办事雷厉风行、处处以身作则、和人民同甘共苦的风范，至今仍为上海人民所怀念。""在对外交往中，他充分表现出已经站立起来的中华民族的高度自尊和自信，同时又通情达理、豁达大度、实事求是、以诚待人，赢得了许多外国朋友的尊敬与信任，成为当代杰出的外交家。""陈

---

① 《陈毅年谱》，人民出版社1995年版，第1225页。

毅同志在长期严酷的斗争中锤炼形成的革命坚定性，是他极可宝贵的品格。在几次历史的重大转折关头，当党遭到重大挫折、革命处于低潮的严峻时刻，在他个人受到不公正的对待或打击的时候，他对党的事业的光明前途始终充满信心，总是生气勃勃地活跃在斗争的最前列。他教育自己的子女说：我缺点很多，只有一个优点你们可以学习，那就是革命到底。'革命重坚定，永作座右铭。'这是陈毅同志留给我们的宝贵箴言。""他对人民爱得很深，时刻关心群众疾苦，把人民比作'重生亲父母'。他从不居功自傲，总是把一切成就归功于党和人民群众。周围的同志有什么缺点错误，他直截了当地批评或讲道理说服。他更勇于解剖自己，欢迎别人批评和帮助，从不文过饰非，有错就改，而且改得痛快，改得彻底。他严于律己，事事出以公心，生活俭朴，从不以权谋私。"①

1991年8月28日，原国家主席李先念曾撰文《纪念陈毅元帅》，称赞"陈毅同志心胸宽广，如海纳百川，肝胆照人，如千里清秋。他一贯顾全大局，维护团结，即使身处逆境，也舍己忘我，勇于坚持真理，修正错误，言必信，行必果，是立党为公、党性坚强的楷模。"李先念回忆说："我在鄄城初次和他见面，就对他那热情、爽朗、大度、潇洒的风格，留下了深刻印象。后来和他一道去西柏坡开会，在中原军区共事，彼此融洽无间，进一步结下了深情厚谊。他文武兼备，博学多才，嬉笑怒骂，皆成文章。和他摆起'龙门阵'来，津津有味，毫无倦意，既感到无比兴奋，又能开阔思路，增长见识。他的诗词大气磅礴，感人至深，具有革命现实主义和浪漫主义相统一的鲜明特色。在他去世之后，张茜同志将他的诗集送我一本，我都读完了。掩卷思人，感慨良深。作风民主，善于将将，举重若轻，也是他的一大长处。研究作战部署时，博采众议，深思熟虑；定下决心后，就放手让前线指挥员机断指挥，没有特殊情况，决不任意干涉。室外炮声隆隆，他照样谈笑风生，弈棋对垒。他手下的战将，一般都具有独立作战、果决机断、积极主动、勇于负责的特点，这与陈毅同志的大将风度和知人善任是分不开的。""作为一个彻底唯物主义者和伟大共产主义战士，陈毅同志不仅坚信新生事物必将战胜腐朽力量，共产主义终将代替资本主义，而且对于他所献身的人民革命事业的艰巨性、复杂性、曲折性，具有清醒的估计和准备，因而在前进道路上，从不向强敌、困难、

---

① 《人民日报》，1991年8月27日。

挫折、逆境低头。敌人愈强大，斗争愈残酷，环境愈艰苦，他愈是铁骨铮铮，豪气干云，披荆斩棘，百折不挠，浑身充满革命乐观主义精神和大无畏战斗气概。他曾以'毕生征战，饱经忧患'八个字概括自己的奋斗经历，临终时仍断断续续吃力地遗言子女：'一直向前……战胜敌人……'这种始终如一的强烈革命气质，正是他一生最光彩照人的地方。"①

有人曾赋诗称赞陈毅："革命节操，试比天高。陈毅元帅，武略文韬。豪情盖世，雄风浩浩；诗怀如海，怒浪滔滔。赣南游击，梅岭挥毫。当年雄篇，犹荡心涛。"

---

① 《人民日报》，1991年8月28日。

罗荣桓

有一份精力,就要为党多做一点工作

| 经典摘录 |

☆干革命团结的人越多越好。

☆提出的不同意见，是从实际出发得出的真知灼见，经得起历史检验；人格上光明磊落，坦荡无私；在做法上严格按照组织程序，有话讲在当面，不搞小动作；在策略上对事不对人，不伤人。

☆教育孩子是件麻烦的事情，急躁不行，夸奖太多也不好。不过有一条，做父母的完全可以办到，那就是，只要发现他们有一点苗头就指出来，要他们改正，不让它发展下去。

☆我一生选择了革命的道路，这一步是走对了，你们要记住这一点。我没有遗产给你们，没有什么可以分给你们的。爸爸只留给你们一句话：坚信共产主义这一伟大真理，永远干革命。

| 主要经历 |

罗荣桓，汉族，1902年11月生，湖南衡山人，字雅怀，号宗人，1927年转为中国共产党党员，大学学历，元帅军衔。

1927年9月，参加秋收起义。1929年12月，出席古田会议。历任红四军军委书记兼政治委员，第一军团政治部主任。八路军一一五师政治委员，山东军政委员会书记，山东军区司令员兼政治委员，一一五师代师长兼政委，中共中央山东分局书记，中共中央东北局副书记兼东北人民自治军第二政治委员，东北野战军政治委员，中国人民解放军第四野战军政治委员，中国人民解放军平津前线政治委员，中国人民解放军第四野战军第一政治委员，最高人民检察署检察长，中共中央华中局第二书记，华中军区第一政治委员，中国人民解放军总政治部主任兼任总干部管理部部长，中国人民解放军监察委员会书记。中国人民武装委员会主任，中央人民政府人民革命军事委员会副主席、中共中央军委副主席。是中共第八届中央政治局委员，第一、第二届全国人大常委会副委员长，第一、第二届国防委员会副主席。曾两度出任解放军总政治部主任、解放军监察委员会书记。1963年12月16日在北京逝世。

主要著作有：《秋收起义与我军初创时期》《学习毛泽东同志的思想》《处在总反攻前夜的山东解放区》《分散性游击战争与对敌政治攻势问题》等。

| 情操实践 |

忠诚令毛泽东感动："国有疑难可问谁？"

罗荣桓，1902年11月26日生于湖南省衡山县。他原名罗宗人，改名"荣桓"，其意是：《诗》云："桓桓于征。""桓桓"者，威武也；"征"者，征伐也。寄予将来讲习武事，建功军旅。1927年4月，加入中国共产主义青年团，随即转入中国共产党。8月，参与组织通城、鄂南农民暴动，任党代表。9月参加秋收起义。是中国人民解放军历史上最早的连队党代表之一。

忠于党和党的事业，尊重党的领袖，是罗荣桓参加革命后至死不渝的人生信条。1927年5月，在蒋介石发动四一二反革命政变后的一片白色恐怖下，罗荣桓毅然选择加入中国共产党，并成为参加秋收起义部队的一员。秋收起义失利之后，工农革命军第一师仅剩千余人，有的人开了小差，罗荣桓却坚定地留了下来，上了井冈山。

1929年6月，在红四军第七次党的代表大会上，就党领导军队的问题发生了争论，而代表正确意见的毛泽东却成为少数派。罗荣桓在会上明确支持毛泽东。几个月后，在红四军第八次党的代表大会上，罗荣桓再一次秉公直言，坚决要求将毛泽东请回来，领导红四军的工作。为此，会议还起草了《敦请书》，通过了有关决议。实践证明，毛泽东的主张是正确的，而罗荣桓坚持请毛泽东回红四军主持工作的意见也是正确的。

根据中央"九月来信"精神，毛泽东回到红四军后，罗荣桓积极参与由毛泽东主持的为红四军第九次党的代表大会的召开而进行的有关筹备工作，并重点阐述了废止肉刑、反对打骂士兵等问题。1929年12月28日，中共红军第四军第九次代表大会在古田的溪背村曙光小学召开。毛泽东作关于大会政治决议草案的报告，朱德作军事报告，陈毅传达中央九月来信并就禁止枪毙逃兵问题作了发言，一致通过了由毛泽东起草的《中国共产党红军第四军第九次代表大会决议案》，即"古田会议决议"。1956年，罗荣桓回顾参与古田会议的亲身经历，认为古田会议解决了有关人民军队的一系列重大问题：

"一是反对流寇思想"。主要表现在：有些同志"没有建立根据地的观念"，"主张走到哪里，吃到哪里；打城市、打土豪、打倒一切。口号是：打来打去，造成到处都是无产阶级，无产阶级革命就发动起来了。在思想上是不要组织，不要纪律，不要政策，不要政权"。

"二是军阀主义。虽然那时军队本身建立了党的组织，但是，军队内部有矛盾，官兵关系很不好。军官们虽然受到过大革命的洗礼，但他们管理军队的方法仍然是旧的。军官随便处罚人，搞体罚，造成官兵对立。老兵也欺侮新兵……要巩固部队，就非和这种随便打人骂人的军阀主义作风作斗争不可。"

"三是解决了一个反对单纯军事观点的问题。在红四军第七次代表大会上曾经就'军事首长、政治首长,倒是谁大呀?''是司令部对外呀还是政治部对外呀?'等问题发生了争论。有的人认为军队能打仗就行了,军事高于一切。不重视政治工作,实际上是单纯军事观点。"

"总之,古田会议就是总结经验,把部队中存在的错误的东西,如:流寇思想、军阀主义、无组织无纪律、单纯军事观点、个人主义等各种非无产阶级思想,总括起来,做个总结,重申军队内的民主作风,确立党对军队的绝对领导。"[①] 毛泽东系统地总结了一整套建军的经验,奠定了人民军队政治工作的基本路线,使之得以肃清一切旧军队的影响而成为一支新型的人民军队。

1948年8月,担任东北军区第一副政治委员兼东北野战军政治委员的罗荣桓与林彪等共同指挥了辽沈战役。中央军委《关于辽沈战役的作战方针》指示:"置长春、沈阳两敌于不顾,并准备在打锦州时歼灭可能由长、沈援锦之敌",确立打"前所未有的大歼灭战的决心"。中央军委一再指出,攻占锦州是东北"整个战局的关键"。[②] 但东北军区司令员兼政治委员、东北野战军司令员林彪迟迟下不了战役决心,他的主要顾虑是:一、缺粮缺油,汽车只带了从后方南下单程的汽油;二、后方运输战线太长;三、怕傅作义由关内北上,锦州攻不下,大量汽车、坦克、重炮会因无汽油而撤不出来。

对此,罗荣桓亲自指挥后勤部门筹粮筹油。看到筹集来的3000万斤小米、10万斤大米和3个纵队的冬装、15辆坦克、几百辆汽车需用的油料按时安全运到前方,林彪这才下了攻打锦州的决心。9月12日,辽沈战役终于打响,到29日,东北解放军先后攻克河北省的昌黎、北戴河和辽宁省的绥中、兴城,切断了辽西走廊,将锦州、义县之敌分割包围。

这时,从截获的一份敌台情报得知敌人增兵葫芦岛4个师兵力。林彪又犹豫起来,担心被沈阳、锦西、葫芦岛之敌所夹击。他一面命令部队停止前进,一面致电中央军委,要求放弃攻锦州而改攻长春。罗荣桓深知这一战役方向的改变的严重性,他与参谋长刘亚楼交换意见后,决定阻止林彪的草率行动。他告诉林彪:攻打锦州是牵动全局的重大战役行动,毛主

---

① 《罗荣桓元帅》,解放军出版社1987年版,第141—145页。
② 《中国共产党历史》第一卷下册,中共党史出版社2002年版,第787页。

席早就提出要"置长、沈两敌于不顾",现在因为敌人增加了4个师就改变计划,即便打下长春,锦州还得打,那时,敌人无需东顾长春,涌到辽西的兵力会更多,我反处于被动。

在罗荣桓的坚持下,林彪不得不改变原来的想法,并由罗荣桓执笔向中央军委重新发了不改变攻打锦州的电报。毛泽东对在罗荣桓的努力下改变林彪动摇思想,使辽沈战役重又回到正确轨道上来表示"甚好,甚慰。"正是罗荣桓在关键时刻坚持原则,不折不扣地执行毛泽东、党中央制定的战略方针,从而奠定了辽沈战役胜利的基础。

对罗荣桓忠于党、忠于人民的赤诚之心,毛泽东曾给予高度评价。1963年12月16日,罗荣桓去世。毛泽东十分悲痛,几天睡不着觉,便提笔写成一首七律《吊罗荣桓同志》:"记得当年草上飞,红军队里每相违。长征不是难堪日,战锦方为大问题。斥鷃每闻欺大鸟,昆鸡长笑老鹰非。君今不幸离人世,国有疑难可问谁?"在这首诗中,毛泽东以"国有疑难可问谁?"表达对国之栋梁——罗荣桓的器重。

厚德溶化分歧:"善于团结的楷模"

团结是党的生命。罗荣桓深深懂得团结的重要性,他说:"干革命团结的人越多越好。"罗荣桓对影响团结的因素进行了认真分析,认为影响团结的因素是很多的,但在团结上出问题并非都是原则分歧,有时一句话都可能埋下团结的隐患。为了养成良好的个人修养,增强党的团结因素,罗荣桓特别注意加强学习,不断提高马克思主义水平。在坚持党性原则的前提下,对于非原则性问题,以宽广的胸怀对待不同意见分歧,使罗荣桓较早在党内军内树立起崇高威信。1930年6月,23岁的林彪担任红四军军长,他虽然打仗有些办法,但高傲自大,性格褊狭古怪,猜忌心强,过去同历任党代表都搞不好关系。对这样一个很难共事的人,毛泽东选定了有宽广胸怀,善于忍让、谅解又能坚持原则的罗荣桓。罗荣桓到职后,十分尊重林彪在军事指挥上的长处,为了使林彪集中精力考虑军事和作战问题,罗荣桓经常把思想教育、后勤保障、宣传群众等工作揽过来,把工作抓得井井有条,免除林彪的后顾之忧。这使喜欢挑剔的林彪感到没有什么可以挑剔的,他们之间的合作一直延续到新中国成立。毛泽东曾对身边的同志说："罗荣桓在四军，不是跟林彪团结得很好吗?!"①

团结不等于一团和气，息事宁人。在原则问题上坚持鲜明的立场，通过积极的思想斗争，达到思想统一才是真正的团结。罗荣桓就是这样处理团结问题的。毛泽东曾称赞："罗荣桓是执行上级指示的模范，也是善于提不同意见的模范。"

在第一一五师和山东纵队参加百团大战的问题上罗荣桓提了不同意见。百团大战第一阶段结束时，彭德怀曾有在津浦线、胶济线和陇海线东段，也搞大规模破击战的打算。罗荣桓认为山东敌伪力量强大，同时还有艰巨的反对投降派和顽固派的任务，不宜进行这样集中兵力的作战，以免过分消耗自己的力量。于是，他致电中央军委，阐述对坚持山东斗争的意见，指出山东地区的战略意义和坚持山东斗争的有利条件，同时非常明确地指出，由于我们还没有建立起巩固的根据地，在敌顽夹击下，"将会遇到最大的困难"。②根据毛泽东关于"山东是你们的基本根据地，华中则是你们的准备发展方向……使山纵正规化是你们的共同任务"③的指示，经报请中央批准，罗荣桓只派了少数部队在铁路和重要交通线上搞破袭，作为对百团大战的配合，主力部队则以建立巩固的根据地为重点。事实证明，这是正确的。后来毛泽东说："百团大战不能说都不对；但是，罗荣桓不参加百团大战，集中力量强占山东的地盘，这很了不起。"④

在延安整风运动中有关审干问题上罗荣桓也提了不同意见。1943年，中央曾要求在整顿党的作风的同时，对全党干部作一次认真的审查。时任中央社会部部长的康生借机塞进了自己的"私货"。他在所谓《抢救失足者》的报告中作出错误估计，说有的单位百分之七八十是"特务"，或者是"政治上靠不住的坏人"，这个报告在全党造成十分恶劣的影响。罗荣桓看到《抢救失足者》的小册子后，敏锐地发觉其中的问题，认为对"失足者"估计过分了，他以对党的事业高度负责的政治勇气，毅然决定暂缓执行，并通知山东分局办公厅："不要向下分发"。这一断然措施，使在全国造成恶劣影响的抢救失足者运动，在山东并未产生大的消极影响。后来，毛泽东说："罗荣桓领导的整风，把主要目的放在从检查领导思想作

---

① 《罗荣桓元帅》，解放军出版社1987年版，第181页。
② 《罗荣桓元帅》，解放军出版社1987年版，第387页。
③ 《罗荣桓年谱》，人民出版社2012年版，第136～137页。
④ 《罗荣桓年谱》，人民出版社2012年版，第865页。

风开始,到改进领导思想作风结束。重点是端正路线,而且抵制了延安的'抢救运动'。这很难得。"①

罗荣桓敢于坚持真理,来自于他对真理的执着追求,对事物的准确判断,对客观规律的深刻认识。他提出的一些不同意见,都是从实际出发得出的真知灼见,经得起历史检验;人格上光明磊落,坦荡无私;在做法上严格按照组织程序,有话讲在当面,不搞小动作;在策略上对事不对人,不伤人。因此,罗荣桓虽然提不同意见很多,但这并没有成为团结的障碍。就连搞阴谋诡计的高岗,也被罗荣桓的坦荡正直所折服。高岗曾多次找人游说进行反党活动,但始终不敢向罗荣桓开口,他说:"罗荣桓是党内圣人,不敢去找罗荣桓乱说。"②

严师与慈父齐名:"永远干革命"成为留给子女的最后遗言

罗荣桓对人和蔼可亲,凡是和他接触过的人,都说他像冬天的一盆火,谁都喜欢同他亲近,谁都愿意跟他讲心里话。一位在外地工作的同志到北京看望罗荣桓后写下这样一首诗:

革命友谊重山河,首长关怀暖心窝;
帅府门前客不断,单车(即自行车)倒比汽车多。

这首诗从一个侧面反映了罗荣桓平易近人的领导作风。

罗荣桓对基层官兵特别关心。他一贯认为,关心官兵生活,维护官兵利益,是政治工作的重要组成部分。说:"战斗胜利依靠两个基本条件,最主要是靠部队中间的政治工作,只有政治工作强的部队才能发挥全体战斗员的勇敢性,才不至于在敌火前趴着不动,才不至于发生要人多(密集队形)才敢前进,人少(三三制)就不敢前进的现象,才能使战斗员在战斗中有主动性和战术上的创造性。"③ 因此,每次到连队,他总要到伙房看一看战士的伙食好不好;有时还去看看战士的厕所干净不干净,方便不方便。在政工会上,他告诉指导员们:要当好指导员,首先要关心爱护战

---

① 《罗荣桓年谱》,人民出版社2012年版,第865页。
② 《罗荣桓年谱》,人民出版社2012年版,第865页。
③ 《罗荣桓元帅》,解放军出版社1987年版,第689页。

士,战士家属来了,你们连的干部要陪家属吃顿饭,叫伙房多炒两个菜。晚上站岗要找人替班,让战士有充裕的时间和家属在一起。要使战士心情愉快,感受到革命部队的温暖,保持愉快饱满的情绪。罗荣桓说:"政治工作干部,特别是政治指导员,一定要与战士有浓厚的感情,要把战士当作自己的亲兄弟。做到战士心里有话,都愿意并且敢于向指导员说。如果战士有话,闷在心里,不敢或不愿对指导员、对支部讲,那不能说明别的,只能说明我们的工作没有做到家,我们的工作落后了。所以,落后不在于群众,而在于领导……"

基层干部最关心使用问题。罗荣桓一再强调,要搞五湖四海,坚持任人唯贤。他对干部一视同仁,不分亲疏。他经常讲:干革命团结的人越多越好。"如果因为个人的熟悉不熟悉,决定使用不使用,领导者就不会使用大量的干部,容纳大量的干部,只是在熟人的小集团中去打圈子,领导者要变动工作就想到把熟人也来一个搬家,必然会造成个人的干部政策倾向。"如果以合乎个人口味来衡量,那么能够使用的干部就少得可怜了,甚至可能用些庸俗的吹牛拍马的角色了。

对人宽厚热情的罗荣桓对子女要求却是十分严格的。他说,教育孩子是件麻烦的事情,急躁不行,夸奖太多也不好。不过有一条,做父母的完全可以办到,那就是,只要发现他们有一点苗头就指出来,要他们改正,不让它发展下去。他的儿子东进和女儿南下上小学时,学校离家很远。有一次放学晚了,家里人派车接了一次。罗荣桓发现后,把全家人叫到一起,严肃地对孩子们说:这样不好,汽车是组织上给我工作用的,不是接送你们上学的,你们平时已经享受了不少你们不应当享受的待遇,如果再不自觉就不好了,那样会害了你们自己。

大女儿罗玉英出生后,罗荣桓为了革命的需要,一直把她留在农村,解放后才来到北京。但罗荣桓并没有因为战争年代女儿在农村吃了很多苦就迁就她。一次,她准备到街上去补一条破了的裤子,正巧被罗荣桓看到,他当即批评道:"为什么不自己补?刚出来就忘本啰!"玉英由于身体不好,在学校难以坚持学习,便要求提前分配工作。她满以为爸爸会在城里的大机关里给找一个合适的工作,可罗荣桓没有这样做。他要女儿到工农群众中去,到基层、到艰苦的地方去工作,去学习,锻炼自己。不久,她被组织上分配到郊区一个农场工作,且条件比较艰苦,交通也不方便。

罗荣桓在外面是共和国的元帅;在家里,更是一位严师,时时处处以自己的模范行动影响和教育家人。罗荣桓长期身体不好,但他从不因为病而要求特殊的照顾。有一次他住院回来,发现家里多了四张躺椅,就问秘书:"哪里来的躺椅呀?"当得知是总后考虑他的身体状态特意配备的,罗荣桓马上指示:把躺椅退回去。秘书很为难。他又说:"还退不成,一定照原价给钱,用我的薪金。"这样照价付钱后,躺椅才留了下来。

1963年9月,罗荣桓再一次住进医院。弥留之际,他拉着夫人林月琴的手,深情地说:"我死以后,分给我的房子不要再住了,搬到一般的房子去,不要特殊。"又嘱咐孩子们说:"我一生选择了革命的道路,这一步是走对了,你们要记住这一点。我没有遗产给你们,没有什么可以分给你们的。爸爸只留给你们一句话:坚信共产主义这一伟大真理,永远干革命。"昏迷中,他还不断地重复说:"我革命这么多年,选定了一条,就是要跟着毛主席走。"①

听到这些话,在场的人感动得热泪盈眶。多么忠诚的共产主义战士,多么高尚的共产党员品格!罗荣桓几十年如一日恪守共产党人的世界观、人生观,为我们树立了光辉榜样。

历史评说

罗荣桓是坚定的马克思主义者,伟大的无产阶级革命家、政治家、军事家,中国人民解放军和中华人民共和国缔造者之一,中国人民解放军政治工作奠基人,中华人民共和国元帅,党、国家和军队卓越领导人。

1961年庐山会议后,毛泽东在同王力的一次谈话中,对罗荣桓作了高度评价。毛泽东说:"罗荣桓的品格,用十句话概括:无私利,不专断,抓大事,敢用人,提得起,看得破,算得到,做得完,撇得开,放得下。"解放战争时期,"山东只换上一个罗荣桓,山东全局的棋就下活了。山东的棋下活了,全国的棋也就活了。山东把所有的战略点线都抢占和包围了。只有山东全省是我们完整的、最重要的战略基地。北占东北,南下江南,都主要靠山东"。"罗荣桓在决定中国革命成败的地区,做好了决定中

---

① 《罗荣桓元帅》,解放军出版社1987年版,第956~957页。

国革命成败的事业。""罗荣桓到山东的第一天,就想的是把山东全部拿过来,就想到为把全国拿下来尽义务。""山东是执行中央十大政策的模范。罗荣桓一到山东就在谁领导谁,谁团结谁,谁统一谁这一最根本的问题上,坚持正确路线。""罗荣桓在山东一直抓依靠谁,团结谁,打击谁(的问题)。什么是中心?就是依靠群众,发动群众,武装群众。少奇同志到山东,支持的就是罗荣桓。""敌人蚕食了,是面向根据地,还是背向根据地?罗荣桓的翻边战术不是战术,是战略。他掌握山东局面以后,敌人越蚕食,根据地越扩大。"①

1963年12月16日晚,在罗荣桓逝世当天,毛泽东对政治局常委会的全体同志说:"罗荣桓同志是1902年出生的。这个同志有一个优点,很有原则性,对敌人狠,对同志有意见,背后少说,当面多说,一生始终如一。一个人几十年如一日不容易,原则性强,对党忠诚。对党的团结起了很大的作用。"②

1963年12月23日,在人民大会堂举行的公祭大会上,邓小平代表党中央致悼词,高度评价"罗荣桓同志的一生,是光荣的共产党员战斗的光辉的一生……表现了共产党员的高度原则的精神。罗荣桓同志是人民解放军杰出的领导人之一。罗荣桓同志在一生的工作和斗争中,充分体现了马克思列宁主义的党和人民革命军队的作风。他从来相信人民群众的伟大力量,最善于动员、组织群众和依靠群众,最善于团结干部。他对革命胜利具有无限的信心和高度的革命乐观主义精神。无论是在艰苦战斗的岁月里,还是在和平建设时期,他总是和人民群众、和广大士兵同呼吸、共命运,表现了无产阶级革命战士的高贵品质,在我党我军中享有很高的威信"。③

1978年5月29日,军委副主席叶剑英在全军政治工作会议上讲话指出:"罗荣桓同志在世时,就同林彪作过针锋相对的斗争。罗荣桓同志对我军政治工作有重大建树,是我们总政治部的一位好主任,是我们大家学习的榜样。"④

2002年11月26日,江泽民在纪念罗荣桓诞辰100周年座谈会上的讲

---

① 《罗荣桓年谱》,人民出版社2002年版,第865页。
② 《罗荣桓年谱》,人民出版社2002年版,第861页。
③ 《罗荣桓年谱》,人民出版社2002年版,第863页。
④ 《罗荣桓年谱》,人民出版社2002年版,第872页。

话中，称赞"罗荣桓同志为我军政治工作的发展作出了卓越的贡献，是军队政治工作的杰出典范"。"军政兼优，既是优秀的政治工作领导者，又是优秀的军事指挥员。他身经百战，智勇双全，功勋卓著"。"他长期患病，仍不知疲倦地工作，真正做到了为人民鞠躬尽瘁、死而后已。他时时处处以身作则、率先垂范，顾大局、讲原则，严于律己，坚持以模范的行动影响和带动群众。他自觉与人民群众结合在一起，把人民的利益作为工作的出发点和归宿，与人民群众同生死、共命运、心连心。他廉洁自律，生活俭朴，家风严谨，始终保持劳动人民和普通一兵的本色"。①

2002年11月26日，中国人民解放军总政治部撰文，称赞罗荣桓是"高举旗帜典范，政治工作巨匠"。②

---

① 新华社，2002年11月26日。
② 《人民日报》，2002年11月26日。

徐向前

任务重于生命

| 经典摘录 |

☆指定部队进入的战斗位置,必须按时到达,跑不动爬也要爬到战斗岗位上去;指定死守的阵地,哪怕打到只剩下一个排、一个班、一个人也要坚持到底。当我们最困难、最熬不住的时候,往往也是敌人最困难、最熬不住的时候。打仗就要有股狠劲、硬劲,要熬得过战局中的"最后五分钟"。

☆一场革命,人民群众的牺牲是巨大的。不仅对敌斗争要付出血的代价,在党的路线发生错误时,同样会付出血的代价。由此不难理解,坚持党的马克思主义的路线,是多么重要!

☆特殊家规:子女不准询问和介入首长的工作,看首长的文件。作为党和国家领导人享受的待遇不准子女分享,如自己用的贵重保健药品,不准亲属使用;重要的参观和文艺演出,不准子女"沾光";配备的专车,不让子女乘坐。

| 主要经历 |

徐向前，汉族，1901年11月生，山西五台人，原名徐象谦，字子敬，1927年3月加入中国共产党，黄埔陆军军官学校毕业，元帅军衔。

1924年4月，入黄埔陆军军校，毕业后留校任排长。1925年参加第一次东征。大革命失败后，参加广州起义，后任工农革命军第四师参谋长、师长，中共鄂豫边革命军事委员会主席，红四军参谋长、军长。1931年至1936年，任红四方面军总指挥、红军前敌总指挥部总指挥、右路军总指挥、红军西路军军政委员会副主席兼西路军总指挥。抗日战争时期，先后任八路军第一二九师副师长、第一纵队司令员。解放战争时期，历任陕甘宁晋绥联防军副司令员、晋冀鲁豫军区第一副司令员、华北军区副司令员兼华北军区第一兵团司令员、政治委员。中华人民共和国成立后，任解放军总参谋长、中央人民政府人民革命军事委员会副主席。1978年至1980年，任国务院副总理兼国防部部长。1979年2月至3月，参与决策和指挥中越边境自卫反击战。是中共第八届、十一届、十二届中央政治局委员，第三届、四届全国人大常委会副委员长，第一届、二届、三届国防委员会副主席，先后4次担任中共中央军委副主席。1990年9月21日在北京逝世。

主要著作有：《徐向前军事文选》《历史的回顾》《徐向前回忆录》《徐向前元帅回忆录》。

| 情操实践 |

同张国焘共事五年多，50%不能合作。
关键时刻挺身而出："哪有红军打红军的道理？"

徐向前，1901年11月8日生于山西省五台县，乳名"银存"，有前程似锦、发财享福之意。学名象谦（"谦"为《易经》中六十四卦之一，是六十四卦中唯一的六爻皆吉的卦）。大革命失败后，他下定决心，立志要做一个继续前进的人，于是将"象谦"改为"向前"。

徐向前在少年时代受到良好家风的教育和熏陶。其父徐懋淮是晚清秀才，以教书育人为业，"为人耿直，不阿不欺，办事公道"。他的行为对徐向前影响很大。徐向前少年时代常常以父亲为榜样，模仿着以平等的态度对待周围的人。徐母是一个虔诚的佛教徒。在回忆录中，谈到母亲，徐向前动情地说："她节俭勤劳，温柔善良，自己省吃俭用，但常常帮贫助老。她的性格和美德，对我们兄弟姐妹颇有影响。"即使在晚年，徐向前对父辈留下的家训仍能倒背如流：

> 褔褓失母，兄文厚、文达祖负抱而耕。文源祖以报恩，誓其子孙焉：布谷催耕，兄泪盈盈，有弟无母，无母孰哺？负我耜，抱我弱弟，以适于南亩。苗既硕，弟何小，兄也顾之，劳心草草。弟既长，兄已老，弟也事之，私心未了。漙沱浩浩，潭水一掬，决潭益沱，毋乃不足，曰予世世子孙，惟兄之子孙，是亲是睦，敢或侮之，神其不福。

在这样的家庭中长大，使徐向前养成顾全大局、与人为善的优秀品德。为了党的事业，他不惜忍辱负重，委曲求全。

1932年，张国焘在鄂豫皖苏区推行王明"左"倾路线，发动"肃反"运动，把许多好同志打成"改组派"、"第三党"和"AB团"予以逮捕、审讯以致杀害。为了整徐向前的"黑材料"，将他的妻子程训宣关押审查。当时，徐向前是中华苏维埃共和国中央革命军事委员会委员、红四方面军总指挥兼第四军军长。正在前线进行第四次反"围剿"作战，得知爱人被抓，心情十分沉重，但为了大局，强忍悲愤，继续指挥作战。程训宣被关押后，尽管被用尽酷刑，但始终不承认是"改组派"，更不承认徐向前是"改组派"。张国焘没有得到她的口供，下令将程训宣处死。

1937年到延安，徐向前才听说爱妻被杀害了，便问鄂豫皖苏区保卫局局长周纯全："为什么把我老婆抓去杀了，她究竟有什么罪？"周纯全只好说了实话："她没有什么罪。当时抓她，就是为了搞你的材料！"[①] 对爱妻

---

① 《徐向前传》，当代中国出版社1991年版，第113页。

被错杀，徐向前十分痛心。多年后他在回忆录中说："一场革命，人民群众的牺牲是巨大的。不仅对敌斗争要付出血的代价，在党的路线发生错误时，同样会付出血的代价。由此不难理解，坚持党的马克思主义路线，是多么重要！"①

徐向前没有记恨张国焘，但张国焘却常常压制他。谈起与张国焘的共事经历，徐向前说过："在红四方面军与张国焘共事五年多，我们是50％的合作，50％的不合作，有时是两票（张国焘与陈昌浩）对一票，我是孤掌难鸣。"② 在十分困难的局面下，徐向前一方面以光明磊落、顾全大局、维护团结的高风亮节支撑危局，一方面对张国焘的分裂主义行为进行坚决而灵活的斗争。

1935年6月红一、四方面军会师后，面临的主要问题，是确定战略方针，统一作战部署，打破蒋介石的围堵计划，建立新的革命根据地。由徐向前起草的以张国焘、徐向前、陈昌浩等红四方面军领导名义给党中央的电报中请示："以后关于党政军应如何组织行动，总方针应如何确定"，"请立即告知"。③ 中共中央到达川西北地区后，发现这里大多是少数民族聚居地，山高谷深，交通不便，经济贫困，不利于红军的生存和发展。而在此以北的陕甘地区，地域宽阔，交通方便，物产丰富，汉族居民较多，邻近抗日前线华北。因此主张红军继续北上，以便在北方建立抗日的前进阵地，领导和推进全国抗日民主运动。6月16日，毛泽东、朱德、周恩来、张闻天复电张国焘等指出："以懋功为中心之地区，纵横千余里，均深山穷谷，人口稀少，给养困难。""主力出此似非长策。""今后我一、四方面军总的方针应是占领川陕甘三省，建立三省苏维埃政权，并于适当时期以一部组织远征军占领新疆。"④

张国焘不同意党中央的行动方针，他的主意是：向西退却到人烟稀少、少数民族聚居的新疆、青海、西康等地。以为这样可以避开国民党军队的强大压力。

为解决战略方针的分歧，6月26日，中共中央政治局在两河口召开会议。会上经过讨论，一致同意周恩来、毛泽东等多数人关于北上的意见，

---

① 徐向前：《历史的回顾》，解放军出版社1988年版，第105页。
② 《徐向前元帅百年诞辰纪念文集》，解放军出版社2003年版，第236页。
③ 国防大学编：《徐向前军事文选》，解放军出版社1993年版，第9页。
④ 《毛泽东军事文集》，军事科学出版社、中央文献出版社1993年版，第358页。

张国焘也表示同意。但张国焘却拖延执行中央军委的北上计划，并以给养困难为借口，继续兜售其南下主张；他自恃枪多势众，公然向党争权，策动一部分人提出改组中革军委和红军总司令部，要求由他担任军委主席，给予"独断决行"的大权。其政治野心昭然若揭。徐向前将张国焘反党路线图概括为"伸手要权——分庭抗礼——自立'中央'的三部曲"。

看清张国焘要挟中央的企图后，徐向前积极为增强红一方面军的实力和维护一、四方面军的团结而努力。针对红一方面军保存的干部较多、兵员较少的情况，徐向前同陈昌浩商定并报中央同意，抽调红四方面军3个团（四军三一二团1100人、三十军二七〇团1600人、三十三军二九四团1100人），共3800人补充到红一方面军；又从红一方面军抽调了一些有指挥和参谋工作经验的干部，到红四方面军各军任参谋长。

党中央为了团结红四方面军继续北上，向张国焘作出多次让步。6月29日，中央政治局常委会议决定增补张国焘为中革军委副主席；7月18日，任命张国焘为红军总政治委员。但好景不长，张国焘离开阿坝，刚进入草地，就又变卦。9月8日，他电令徐向前、陈昌浩率右路军南下。面对重大事变，徐向前与陈昌浩商量后决定向中央报告。在党中央经过深入研究，并以周恩来、张闻天、博古、徐向前、陈昌浩、毛泽东、王稼祥7人名义发出致朱德、张国焘、刘伯承电后，9日，张国焘密电陈昌浩，令其武力挟持中央南下。这一密电恰被右路军参谋长叶剑英看到，叶剑英紧急通知了毛泽东。毛泽东、周恩来、张闻天、博古等紧急磋商，为避免红军内部可能发生的冲突，决定率右路军中的红一、红三军和军委纵队迅速转移，脱离险境，先行北上。对叶剑英关键时刻为党立下大功，毛泽东曾多次称赞"吕端大事不糊涂"。

就在9月9日夜中共中央突然连夜开拔、向俄界集中之后，10日晨徐向前、陈昌浩得知此讯。徐向前回忆说："那天早晨，我刚刚起床，底下就来报告，说叶剑英同志不见了，指挥部的军用地图也不见了。我和陈昌浩大吃一惊。接着，前面的部队打来电话，说中央红军已经连夜出走，还放了警戒哨……前面有人不明真相，打电话来请示：中央红军走了，还对我们警戒，打不打？"陈昌浩拿着电话筒，问徐向前怎么办？危急关头，徐向前果断地说："哪有红军打红军的道理！叫他们听指挥，无论如何不能打！"就这样，一场可能发生的危机得以避免。

严于责己，让功揽过，对红四方面军南下和西路军失败后执行返回陕北的"决议"，"抱憾终身"

徐向前是一个十分谦虚谨慎的军事领导人。他功高不自傲，位高不自居，名重不自恃。他1924年4月，考入黄埔军校第一期。毕业后留校任排长。1925年春，参加第一次东征。后到国民革命军第二军第六混成旅任教官、参谋、团副等职。1927年3月，加入中国共产党。后任中国工农革命军第四师第十团党代表，第四师参谋长、师长等职。1929年6月，被中共中央军事委员会派往鄂东北，先后任中国工农红军第三十一师副师长、中共鄂豫边特委委员、鄂豫边革命委员会军事委员会主席。1930年春，任中国工农红军第一军副军长兼第一师师长。1931年初，第一军与第十五军合编为中国工农红军第四军，任军参谋长。参与指挥挫败国民党军对鄂豫皖苏区的第一、第二次"围剿"。7月，任第四军军长。11月，当选为中华苏维埃共和国中央革命军事委员会委员，任红四方面军总指挥兼第四军军长。组织指挥了一系列战役，粉碎了国民党军对鄂豫皖苏区的第三次"围剿"。1932年10月，率红四方面军主力撤出鄂豫皖苏区，开辟川陕革命根据地。1933年11月至1934年8月，指挥所部参加抗击国民党军对川陕苏区的"六路围攻"。1935年6月，第一、四方面军会师后，任红军前敌总指挥部总指挥。1936年7月，第四方面军与第二方面军会师后，任中共中央西北局委员。会宁会师后，任西路军军政委员会副主席兼西路军总指挥。

全面抗战爆发后，红四方面军及其他部队被改编为八路军第一二九师，徐向前任副师长，而师长一职则由曾是徐向前任红四方面军总指挥时的参谋长刘伯承担任。徐向前愉快接受中央的这一安排，他在回忆录中称赞刘伯承："为人处事光明磊落，豁达大度，熟思断行，军事理论和指挥能力都相当强。"感到与刘伯承"再次共事"，"很高兴"。对周围的一些同志为他抱不平，徐向前说，部下成为上司，这是很正常的。"革命就是为党工作，叫做什么就做什么。中央叫做的就坚决去做，我们是干革命的，不是为当官的呀。"

不计较名利地位的徐向前，对于工作中的一些缺点错误却从不回避。有两件事一直到晚年徐向前仍认为自己"犯了终生抱愧的错误"。

一件是在长征途中曾经执行过张国焘的南下命令。那时，张国焘与党中央围绕"南下"还是"北上"的斗争已经白热化。1935年9月8日，陈昌浩收到张国焘关于右路军南下的电令后，经与徐向前商议决定报告中央。这时，担任右路军总指挥的徐向前与政治委员陈昌浩的意见是一致的：支持中央关于北上的主张。在当晚22时张国焘再度致电徐、陈："一、三军暂停向罗达进，右路即准备南下，立即设法解决南下的具体问题……"后，陈昌浩改变了态度，同意南下。陈昌浩的态度转变，把徐向前置于进退两难的境地：同意南下，明显违反中央精神；但南下是张国焘定的，右路军直接受张国焘指挥，当时政治委员有最后决定权，在陈昌浩同意南下的情况下，即使他反对也无力回天。为了使红四方面军不再分开，徐向前只好同意南下。

9日晚，毛泽东来到徐向前的住处，与其谈话，希望得到他的支持。毛泽东站在院子里，问道："向前同志，你的意见怎么样？"徐向前回答："两军既然已经会合，就不宜再分开，四方面军如分成两半恐怕不好。"①毛泽东见此遂告辞而归。

在这个问题上没有支持毛泽东，徐向前十分痛苦，曾长夜难眠，痛哭了一场。在回忆录中，忆起当时的情景，徐向前写道："我的内心很矛盾。一方面，几年来自己同张国焘、陈昌浩共事，一直不痛快，想早点离开他们。两军会合后，我对陈昌浩说，想去中央做点具体工作，的确是心里话。我是左思右想，才说出来的。另一方面，右路军如单独北上，等于把四方面军分成两半，自己也舍不得……我想，是跟着中央走还是跟着部队南下呢？走嘛，自己只能带上个警卫员，骑着马去追中央。那时，陈昌浩的威信不低于我……他不点头，我一个人是带不动部队的，最多只能悄悄带走几个人。想来想去，还是决定和部队在一起，走着看吧！这样，我就执行了张国焘的南下命令，犯了终生抱愧的错误。"②

另一件是西路军失败后执行了陈昌浩关于返回陕北的"决议"。三大主力红军会师后，徐向前、陈昌浩、李先念等率红四方面军的3个军担负渡过黄河、占领宁夏及甘州，打通与苏联联系的任务。1936年11月，根据中共中央决定，西渡黄河的第五军、第九军、第三十军共2.18万名红军

---

① 徐向前：《历史的回顾》，解放军出版社1988年版，第302页。
② 徐向前：《历史的回顾》，解放军出版社1988年版，第303页。

组成西路军，由徐向前任总指挥、陈昌浩任政治委员。同时成立西路军军政委员会，以陈昌浩为主席、徐向前为副主席，对西路军实施统一指挥。

面对兵力强悍的国民党马步芳、马步青部的围追"兜剿"，西路军军政委员会主席陈昌浩却犹豫不决，由于在张国焘分裂党和红军的斗争中追随张国焘，犯了严重路线错误，此时，他生怕政治上再出闪失，不听徐向前的多次正确建议，这就导致一再丧失战机。

第一次西进，九军在古浪遭敌包围，吃了大亏。一仗下来，兵力损失达1/3，军长孙玉清负伤，参谋长陈伯稚及二十五师师长王海清、二十七师政治委员易汉文等不少干部壮烈牺牲。

第二次西进，五军在高台遭到数万马家军的进攻。董振堂指挥部队孤军奋战，拼死坚守阵地。经一周激战，终因敌众我寡，被敌消灭。军长董振堂、政治部主任杨克明、十三师师长叶崇本、参谋长刘培基以下三千余人，大部壮烈牺牲。少部突围进入南山的部队，亦被反动民团俘获残害。

西路军在甘肃省河西走廊地区，同军阀马步芳部优势兵力血战4个多月，毙伤俘敌2.5万余人，有力地策应了河东红军的战略行动。但由于无根据地作依托，无兵员和物资补充，最终兵败祁连山。

在西路军陷入重围时，党中央曾作出援救计划，决定成立援西军，任命刘伯承为司令员、张浩为政治委员。但此时国共谈判已进入"拍板"阶段，和平协议即将达成，在不影响和平大局、不使增援军又陷困境前提下的援西行动，已经远水不解近渴。

到1937年3月13日，西路军进入康龙寺地区时，能够直接掌握的成建制的战斗人员仅剩一两千人。于是，陈昌浩主持召开西路军军政委员会会议，决定：徐向前、陈昌浩离开部队，回陕北向党中央报告，其余部队分成3个支队，转入祁连山区打游击。最后，这支部队只有400多人在第三十军政治委员李先念率领下冲出包围。

对离开部队一事，徐向前事后在回忆录中写道：陈昌浩"可能和别的军政委员会成员酝酿过，但我毫无思想准备。我说：我不能走，部队打了败仗，我们回去干什么？大家都是同生死、共患难过来的，要死也死到一块嘛！陈昌浩说：这是军政委员会的决定，你如果留下，目标太大，个人服从组织，不要再说什么了。""散会后，我还想动员陈昌浩，不要回陕北。我拉着他的手，恳切地说：昌浩同志，我们的部队都垮了，孤家寡人回陕北干什么,我们留下来,至少能起到稳定军心的作用。"① 但陈昌浩坚决地拒绝了徐向前的建议。徐向前说:"我那时的确不想走,但没有坚持意见,坚持留下来。事实上,李先念他们,并不想让我们走。我迁就了陈昌浩的意见,犯了终身抱憾的错误。"②

对部下"教之严,爱之深",对群众温暖如春,"是帅又是兵"

徐向前认为,作风就是战斗力,因此,他特别重视战斗作风的培养。在红四方面军,通过长期的战争实践和日常养成教育,他培养出部队"狠、硬、快、猛、活"和不骄、不躁、不馁的战斗作风。指定部队进入的战斗位置,必须按时到达,"跑不动爬也要爬到战斗岗位上去";指定死守的阵地,哪怕打到只剩下一个排、一个班、一个人也要坚持到底。徐向前说:"当我们最困难、最熬不住的时候,往往也是敌人最困难、最熬不住的时候。打仗就要有股狠劲、硬劲,要熬得过战局中的'最后五分钟'。"③ 他认为,培养部队过硬的作风,是对战士最大的关心爱护。训练时多流汗,战场上才能少流血。

徐向前与人民群众有着很深的感情。他十分关心曾经战斗过的老区人民的生产和生活,当了解到七里坪、紫云、华河这些老区的群众由于各种原因,生活还不那么好,心情非常沉重,一连几天闷闷不乐。家里人准备为他庆贺80寿辰,他坚决反对,说:"老区一些群众的生活还不大好,我们还过什么生日哟!"为帮助老区人民尽快致富,他多次向中央建议关注老区建设,在深入调查研究的基础上,向中央写了关于请关注老区建设的意见,受到中央的高度重视。不久,中央老少边穷办公室宣告成立,统一部署帮助老区人民脱贫的工作快速展开。

徐向前一直保持着艰苦朴素的生活作风。一滴水、一滴油、一度电,对很多人来说,是微不足道的。但直到20世纪80年代,徐向前80高龄之后,他都对此予以关注。听说家里有人洗澡时水龙头总是开着,他都提出批评。到部队视察工作,他让秘书打电话通知接待的部队:不准搞招待,干部战士平时吃什么,我就吃什么,否则就不去。他对家人制定了特殊的

---

① 徐向前:《历史的回顾》,解放军出版社1988年版,第369页。
② 徐向前:《历史的回顾》,解放军出版社1988年版,第369页。
③ 《徐向前元帅百年诞辰纪念文集》,解放军出版社2003年版,第80页。

家规：要求子女不准询问和介入首长的工作，看首长的文件。作为党和国家领导人享受的待遇不准子女分享，如自己用的贵重保健药品，不准亲属使用；重要的参观和文艺演出，不准子女"沾光"；配备的专车，不让子女乘坐。一次，徐向前年过80高龄、双目失明的妹妹来看他，实在行动不便，徐向前破例同意用车接送，但叮嘱司机："绝不能忘了替我交费。"

徐向前的高风亮节，教育着广大党员、干部和群众。

历史评说

中共中央、全国人大常委会、国务院、中央军委在徐向前逝世后发表的讣告中说：徐向前是杰出的、忠诚的共产主义战士，伟大的无产阶级革命家、军事家，中国人民解放军的缔造者之一，长期担任党、国家和军队重要领导职务的卓越领导人。在半个多世纪的革命生涯中，他对共产主义具有坚定的信念，对党、对人民、对革命事业无限忠诚，百折不挠，义无反顾，鞠躬尽瘁。他坚持马克思主义与革命实践相结合，好学不倦，实事求是，具有无产阶级的革命胆略和政治远见。他襟怀宽广，光明磊落，顾全大局，维护团结，严守党的纪律，是党性坚强的模范。他谦虚谨慎，联系群众，作风民主。他心里总是装着人民群众，"先天下之忧而忧，后天下之乐而乐"，廉洁奉公，艰苦朴素，严格教育子女。徐向前同志为中国人民的革命和建设事业贡献了毕生精力，深受全党、全军和全国各族人民的爱戴和尊敬。

毛泽东曾称赞徐向前："好人，好人！"还赞扬他"有作战经验"，"仗打得好"。

邓小平称赞徐向前是个顾全大局的人。

江泽民称赞徐向前是真正的布尔什维克，是共产党人的楷模。江泽民说："徐向前同志戎马一生，身经百战，战功卓著，具有高超的指挥艺术和深厚的军事理论造诣，为丰富和发展毛泽东军事思想作出了重要贡献。土地革命战争时期，他率领部队打了许多大仗、硬仗和恶仗，表现出卓越的军事指挥才能。""徐向前同志治军严明，带兵有方，具有丰富的治军经验。他始终强调坚持党对军队的绝对领导，注重部队思想政治建设，倡导红军内部发扬民主精神。他一向对部队要求严格，重视部队的作风建设。强调在残酷艰险的作战环境下要'硬着头皮顶住'，能够'坚持最后五分钟'，练就'狠、硬、快、猛、活'和不骄、不躁、不馁的战斗作风。他把爱护士兵与严格管理教育统一起来，把民主与纪律结合起来，善于在实践中总结带兵、练兵、强兵的经验。他指挥靠前，临危不惧，处变不惊，以自己的模范行动鼓舞和带动官兵完成艰巨的作战任务。""徐向前同志清正廉洁，作风民主，堪称全党全军的表率。他一贯艰苦朴素，勤俭办事，家风清廉。他保持普通劳动者和人民公仆的本色，位高不自傲，功高不自居，名重不自恃，谦虚谨慎，从善如流，对同志温暖如春，对群众感情深厚，人民群众亲切地称他为'布衣元帅'"。[1]

洪学智在徐向前诞辰90周年纪念会上的讲话中，代表党中央高度评价徐向前的一生，号召"我们要学习他克己奉公、廉洁清白的高尚品质。徐向前同志功高不自傲，位高不自恃，总是以普通劳动者的姿态出现，常以'人民的公仆'自勉。他以节俭朴素为荣，奢侈浪费为耻，一生克勤克俭，两袖清风。他反对拉关系，走后门，搞特殊，对以权谋私、贪污受贿等不正之风深恶痛绝。他和人民群众保持着血肉联系。大别山、大巴山、太行山、沂蒙山等老区人民想着他，他也时常惦念着老区人民"。[2]

聂荣臻在徐向前90岁写的祝词这样评价徐向前："向前同志一生忠于人民，忠于革命，忠于党。他为人正直，原则性强，顾全大局，善于团结同志，生活艰苦朴素，为全党全军树立了光辉榜样。大家要学习他的革命精神和高尚情操，为把我国社会主义革命和建设事业搞好而共同奋斗！"[3]

李先念经常说："在军事上，徐向前是我最好的老师。"

徐向前逝世后，灵堂里摆放的赞扬其优秀品质的挽联写道："一生光明正大，从不为己诉屈"，"赫赫战功将，堂堂正正人"。

---

[1] 《江泽民在纪念徐向前同志诞辰一百周年座谈会上的讲话》（2001年11月7日），见《人民日报》2001年11月8日。
[2] 《人民日报》，1991年11月9日。
[3] 《聂荣臻年谱》，人民出版社1999年版，第1241页。

聂荣臻

功劳是大家的，责任是自己的

| 经典摘录 |

☆要善于与人共事，不要什么事都以自己想法为标准而去与人相争。工作上的意见分歧，有时也可争辩，但要心平气和，不可盛气凌人。至于个人之间一般性的分歧，最好采取"和为贵"的态度。因为谁是谁非很难说清，大多是由于个人经历、性格、爱好等等不同造成的。

☆士气从哪里来？靠广大指战员的阶级觉悟，知道为何而战。这就要靠政治思想工作，靠平时经常的基本的和时事性的政治思想教育和战场上强有力的宣传鼓动工作。

☆希望部队的高级干部对子女严加管教，要正视确有少数干部子弟依仗权势为非作歹，或靠父母之荫升官发财，希望各级领导一定要秉公处理，提拔不当的，该降就降，该罢就罢；为非作歹的，该关就关，该杀就杀，决不留情。

主要经历

聂荣臻,汉族,1899年12月生,重庆江津人,1923年春转为中国共产党党员,大学文化,元帅军衔。

1927年8月,参加南昌起义,任起义军第十一军党代表;12月参与领导广州起义。1931年1月任中共中央军事部参谋长。1931年底起,任中国工农红军总政治部副主任、红一军团政治委员。抗日战争时期,任八路军第一一五师副师长、政治委员、晋察冀军区司令员兼政治委员。解放战争时期,历任晋察冀军区司令员兼政治委员,中共晋察冀中央局书记,华北军区司令员,平津卫戍司令员,中国人民解放军副总参谋长,北平市市长兼军事管制委员会主任。中华人民共和国成立后,任解放军副总参谋长、代总参谋长、中共中央华北局第二书记、华北军区司令员。1954年6月,任中央人民政府人民革命军事委员会副主席。1956年4月起,任国务院航空工业委员会主任、国防科学技术委员会主任、国务院副总理。1959年9月,任中共中央军事委员会副主席,主管尖端武器的研制工作。是第八届、十一届、十二届中央政治局委员,第四届、五届全国人大常委会副委员长,第一届、二届、三届国防委员会副主席,先后4次出任中共中央军委副主席。

主要著作有:《聂荣臻军事文选》《聂荣臻回忆录》《抗日模范根据地晋察冀边区》。

情操实践

**原则性的分歧必须讨论清楚,
工作上的意见分歧不可盛气凌人,个人之间的分歧"和为贵"**

聂荣臻1899年12月29日生于四川江津县吴滩镇石院子。他的名字是父亲聂仕先受《随身宝》一书的启发而取的。该书的最后一句是："百福骈臻得双全"，聂仕先认为"臻"字很吉利，"荣"字又是聂荣臻在家谱中的排列辈分，于是得名"荣臻"。1919年夏，聂荣臻在江津中学参加五四爱国运动。年底，赴法勤工俭学。1922年8月，参加旅欧中国少年共产党，与刘伯坚一起负责过旅比利时支部工作。1923年春转入中国共产党，曾任旅欧社会主义青年团执行委员会委员、训练部副主任。1925年2月，到苏联红军学校学习军事，任中国班党支部书记。9月，回国，任黄埔军校政治部秘书兼政治教官。1926年7月，任中共广东区委军委特派员，参加北伐战争。10月10日，随北伐军攻入武昌城。任湖北省委军委书记。1927年7月，被指定为中共前敌军委书记，赴九江准备组织武装起义。8月1日，在南昌起义中组织张发奎部第二十五师两个多团起义，后任起义军第十一军党代表，与军长叶挺率部南下。12月，参与领导广州起义。在起义军受挫的紧急情况下，与叶挺果断决定撤退，从而保存了部分革命武装力量。1928年1月，任中共广东省委军委书记。1930年初，任中共顺直省委组织部部长。5月，到中央特科从事地下工作。1931年1月，任中央军委参谋长，先后在香港、天津、上海等地坚持秘密斗争。1932年1月，任中国工农红军总政治部副主任。

在革命生涯中，坚持原则是聂荣臻的鲜明特色。他说："真正原则性的分歧，必须讨论清楚，是与非要明白。"

1932年3月，聂荣臻由总政治部副主任调任红一军团政治委员，与时任司令员的林彪开始共事。聂荣臻在黄埔军校就认识林彪，林彪从黄埔军校毕业后到独立团实习，还是聂荣臻具体分配的。在聂荣臻看来，林彪还年轻，世故也比较少一些，虽然气盛，但只要做好工作，还是可以团结共事的。因此，对林彪所持的态度是：尽量支持他的工作，遇到非原则问题，即使有不同的看法，也不多争论。但是遇到原则问题就不能让步。

不久，红一军团攻克福建第二大城市漳州。当时，为了进行下一步的战斗准备，"筹款"成了部队一项主要任务。然而，不愉快的事情发生了。有的部队在林彪的纵容下，对政策的执行一度搞得很混乱。一天，聂荣臻在街上看到，几名红军战士正在抽打一些商人。一些人光着身子，身上被打得青一道，紫一道。聂荣臻上前制止了这一违反群众纪律的现象。

聂荣臻愤然找到林彪，对林彪说：对一些不肯出钱的老财，给他们一定的惩戒是必要的，但我反对把他们弄到大街上去拷打的搞法。这种搞法不光不会得到一般市民的同情，甚至也得不到工人、农民的同情。其结果只会是：铺子关门了，人也逃走了，筹款筹不到，政治影响反而会搞得很坏。林彪当时反问说：我们究竟要不要钱？没有钱就不能打仗。聂荣臻回答他：我们既要钱，又要政治。我们是红军，如果政治影响搞坏了，即使你搞到再多的钱，你甚至把漳州所有的财产都没收了，都毫无意义。经过争论，林彪有所收敛。部队经过教育，也杜绝了只顾弄钱不讲政策的现象。

在回忆录中，聂荣臻回忆当时的情景，认为，"在漳州前线发生的分歧，的确是原则分歧，是我们红军这个执行政治任务的武装集团执行什么样政策的问题。这将直接影响到当时民心的向背，关系到新开辟的地区能否巩固和发展"。这是聂荣臻与林彪发生的两人共事史上的第一次争吵。

漳州战役开始前，中央局内部围绕打不打赣州发生了激烈的意见分歧。毛泽东极力主张红军的主力应向赣东北以及闽北、浙江、苏南、皖南等敌人力量比较薄弱和空虚的地区发展。执行王明"左"倾路线的人则仍坚持争取一省数省胜利的方针。聂荣臻认为毛泽东的意见是正确的，他与林彪联名致电军委，旗帜鲜明地表示："行动问题，我们完全同意毛主席意见。目前粤方开始派兵入闽赣讨赤情形下，更应采（纳）毛主席意见。"① 中央军委采纳了毛泽东意见，才有了漳州战役的胜利。漳州战役也是聂荣臻第一次在毛泽东直接领导下，带兵打仗和做群众工作。初次置身战役指挥并取得胜利，使聂荣臻深切感到毛泽东的正确军事战略思想。毛泽东一系列正确的战略、战术和政策思想以及领导才能，给了聂荣臻深刻的印象，使聂荣臻由衷地钦佩。

1933年初中共临时中央从上海迁至瑞金中央根据地后，排斥毛泽东的正确领导，导致红军遭受赣州战役、第五次反"围剿"等重大挫折。聂荣臻认识到，长征是王明"左"倾教条主义的必然结果，长征开始后继续这种"左"倾冒险主义，渡过湘江，中央红军只剩下3万多人。"只要毛泽东同志的主张得势，革命就大发展；反过来，如果王明路线占上风，革命就受挫折，红军和根据地老百姓就遭殃。"② 这是聂荣臻反思六届五中全会以来党和红军屡受挫折得出的一条基本结论。

---

① 《完全同意毛主席的行动方针的报告》，见《聂荣臻军事文选》，第18页。
② 《聂荣臻元帅回忆录》，解放军出版社2005年版，第192页。

长征路上，聂荣臻冥思苦想：为什么不能让毛泽东出来领导？这时，因负伤坐担架的总政治部主任王稼祥明确提出：博古、李德等人不行，必须改组领导，让毛泽东出来领导。王稼祥的想法与聂荣臻不谋而合。遵义会议前，教条宗派主义者也想争取主动，积极向中央领导同志和红军高级将领游说。聂荣臻回忆说：当时的政治局候补委员、共青团书记凯丰"三番五次找我谈话，一谈就是半天，要我在会上支持博古，我坚决不同意。我后来听说，凯丰向博古汇报说，聂荣臻这个人真顽固"。①

1935年1月，在具有重大历史意义的遵义会议上，聂荣臻坚定地支持以毛泽东为代表的正确路线。赞同对"左"倾军事路线的批判，拥护改组中央领导机构，取消博古、李德的最高军事指挥权，请毛泽东出来领导。对今后行动方向，聂荣臻和刘伯承建议：打过长江去，到川西北建立根据地，因为四川条件比贵州要好得多。会议接受了这一建议。历史证明，聂荣臻选择支持毛泽东是正确的。

几个月后，聂荣臻又一次面临新的重大是非的考验。那是在红一、四方面军会合之后。这时，中央红军只有1万多人，而张国焘带领的红四方面军共8万余人。凭着枪多势众和在党内的资历，张国焘想当领袖的野心急剧膨胀。他既瞧不起原中央临时总负责博古，说博古"虽然做过3年中央的书记，也遭受过遵义会议的贬斥，看来历练似仍不多，说话直率倒是他可爱之处。他是中共中央的一个小伙子，喜欢玩弄小聪明，仍不改当年在莫斯科中山大学那种'二十八宿'的神气"。②对遵义会议后产生的新的中央领导也不"买账"，张国焘认为张闻天只不过是名义上的负责人，毛泽东的资历也不及他，在党的一大毛泽东只是一个书记员，而他是一大的主持者，对党的创建有功。在回忆录中，张国焘大肆渲染中央红军的损失，指责中央犯了路线错误，极力以红四方面军保存的实力为自己涂脂抹粉。

两河口会议结束的第二天，聂荣臻就发现张国焘图谋不轨。那天，张国焘突然请聂荣臻、彭德怀去吃饭。这引起了聂荣臻的警惕。聂荣臻回忆说：席间，他东拉西扯，开始说我们"很疲劳"，称赞我们"干劲很大"。最后说，他决定拨两个团给我们补充部队……从张国焘住处出来，我问彭

---

① 《聂荣臻元帅回忆录》，解放军出版社2005年版，第196页。
② 张国焘著：《我的回忆》第三册，东方出版社1991年版，第237页。

德怀同志,他为什么请我们两人吃饭?彭总笑笑说,拨兵给你,你还不要?我说,我也要。往下我没再说下去,因为我那时脑子里正在打转转。①

在这些笼络感情的铺垫之后,张国焘就派红四方面军政治委员陈昌浩向聂荣臻展开攻势。一天,聂荣臻、林彪在右路军总指挥部开会后,陈昌浩把聂荣臻留下,说还有事情谈。聂荣臻回忆说:他问我,你对遵义会议态度怎样?你对会理会议态度怎样?我说,遵义会议我已经有了态度,会理会议我也早已有了态度,这两个会议我都赞成,我都拥护。陈昌浩的谈话明显是动员聂荣臻站出来反对毛泽东,否定遵义会议和会理会议。这次谈话一直谈到夜深10点多钟才结束。聂荣臻的回答没有如张国焘所愿。

联想到张国焘的"请客"和陈昌浩的"谈话",聂荣臻顿感事情严重,他提醒林彪,要防止一军的部队被张国焘吃掉。当时张国焘有一个方案,要把聂荣臻调到三十一军当政治委员,把林彪调到另一个军当军长。林彪不以为然,反说聂荣臻有宗派主义。两人都动了气。

8月20日,中共中央在毛儿盖召开政治局会议,毛泽东作夏洮战役下一步行动问题的报告,提出主力要积极占取以岷州为中心的洮河流域东岸,然后向陕甘发展。列席会议的聂荣臻完全拥护毛泽东的报告,认为张国焘西渡黄河,深入青海、宁夏、新疆荒僻地区的主张是错误的。鉴于张国焘分裂党和红军的严重错误,9月20日,中共中央在俄界召开政治局扩大会议,作出《关于张国焘同志的错误的决定》,聂荣臻出席这次会议,他在发言中表示:"完全同意中央对此次事件的处置,及毛泽东同志的报告。如果不这样处置,我们就要做张国焘的俘虏。"②

对于非原则问题,聂荣臻则主张采取灵活的态度。他说,要善于与人共事,不要什么事都以自己想法为标准而去与人相争。工作上的意见分歧,有时也可争辩,但要心平气和,不可盛气凌人。至于个人之间一般性的分歧,最好采取"和为贵"的态度。因为谁是谁非很难说清,大多是由于个人经历、性格、爱好等等不同造成的。朋友间的这类差异产生的分歧,只能互谅互让,互相尊重,以"和为贵"的态度来解决。

---

① 《聂荣臻元帅回忆录》,解放军出版社2005年版,第221~222页。
② 《聂荣臻军事文选》,解放军出版社1992年版,第33页。

"政治食粮和吃饭一样重要",在危机和困难面前,靠什么鼓舞士气?唯一的方法就是做思想政治工作

作为高级军事指挥员,聂荣臻特别重视发挥政治工作的优势。聂荣臻十分赞赏斯大林关于政治工作的名言:"知道自己为了什么而斗争的军队是不可战胜的。"他说:那时敌强我弱,我们的装备和火力都远不如敌人,在人数上,敌也数倍于我。我们之所以能打胜仗,除了靠正确的机动灵活的战略战术,避实以就虚之外,主要靠压倒敌人的士气。士气从哪里来?靠广大指战员的阶级觉悟,知道为何而战。这就要靠政治思想工作,靠平时经常的基本的和时事性的政治思想教育和战场上强有力的宣传鼓动工作。① 基于对政治工作强大威力的深刻认识,聂荣臻始终要求加强政治工作,要善于从政治上观察和处理问题。在回忆录中,他用很大篇幅阐发做政治工作的体会,并把长征以前红军政治工作的规律概括为七条:

一是要让官兵明白为什么打仗;二是"政策和策略是党的生命";三是做政治思想工作,一定要依靠党团干部,发动全体干部和党团员都来参加;四是必须从政治上到物质生活上关心群众,越是在困难时刻,越要注意关心群众的疾苦;五是搞好部队的文化教养,发动革命竞赛,培育和发扬部队革命英雄主义的荣誉感;六是一切政治工作必须为着前线的胜利;七是各级政治机关、政治干部必须经常注意发现好的干部苗子,推荐选拔干部、培养干部。

1937年全面抗战爆发后对日正面战场取得的第一个胜利——平型关大捷,政治工作发挥了重要作用。战前,日军大举侵犯中国内地,扬言"3个月解决中国事变",国民党军正面战场部队屡屡后撤。9月上旬,日军第21旅团突然出现在平型关附近,并打垮晋军刘奉斌师。如果任日军突破内长城,染指雁门关或太原,国民党军整个第二战区抗战形势将不可收拾。第二战区司令长官阎锡山被迫立即着手部署平型关会战。经周恩来、彭德怀同意,八路军第一一五师担负侧击向平型关前进的日军的任务。时任副师长的聂荣臻考虑到,当时日军气焰嚣张,友军锐气尽失,这一仗事关军威民心,非同小可。他建议利用平型关有利地形,居高临下,伏击气焰骄

---

① 《聂荣臻元帅回忆录》,解放军出版社2005年版,第162~163页。

纵的敌人，打出八路军的威风，给全国人民的抗战情绪来一个振奋!

在作好战斗准备之后，9月24日，召开了全师营以上干部战斗动员大会。师长林彪宣布了作战部署。聂荣臻进行了政治动员，强调为什么要打这一仗？为什么必须打好这一仗？他说：这一仗必须打胜！在"恐日病"和"亡国论"到处流行的时候，党中央和全国人民都在企盼着八路军出师后的第一个捷报。中华民族正在经历着巨大的考验，我们共产党人一定要担当起救国救民的重任。我们面对的是武器精良、训练有素的日军第5师团，在日军中颇有名气，等待我们的将是一场恶战，必须作好充分的准备。作战动员使指战员群情激奋，纷纷表示杀敌立功。这场战斗进行得异常惨烈。透过望远镜，聂荣臻看到经过武士道训练的日军虽然失去指挥，仍进行顽强抵抗。八路军指战员前仆后继，连伤员也与敌人伤兵扭打在一起，互相用牙齿咬，用拳头打……清理战场时，人们发现有位战士与敌人拼刺刀时，双方的刀同时刺向对方胸膛，一齐倒在血泊中。这场血战以全歼日军1000余名而结束。平型关战斗的胜利，粉碎了日军不可战胜的神话，提高了共产党和八路军的声威。毛泽东于次日致电朱德、彭德怀："庆祝我军的第一个胜利"，称赞"平型关的意义正是一场最好的政治动员。"

1940年8月，聂荣臻指挥晋察冀军区在正太、津浦、平汉、北宁线等铁路线进行破击战，使日军的交通枢纽陷于瘫痪。战斗中，三团一营的战士们救起了两个日本小女孩，大的五六岁，小的还在襁褓之中。她们的父亲——井陉火车站的日本副站长，受了重伤，经抢救无效殒命；她们的母亲也在战火中死亡。部队从战火中救起她们的时候，那个不满周岁的女孩伤势很重，经我军抢救脱离危险。像这类事情在战争年代是很多的。但聂荣臻得知后，没有简单地处理，而是从政治的高度看待这个事情。他认为，虽然日本军国主义对中国人民犯下滔天大罪，但"孩子是无辜的"。于是，他命令部队将两个日本小女孩送到战地指挥所。看到两个可爱的孩子，聂荣臻心潮难平：日本法西斯分子在这场野蛮的侵略战争中，为了使中国亡国灭种，令人发指地残杀了多少无辜的中国人民，而现在，他们的孩子却安静地躺在八路军战士的怀中，这是何等鲜明的对照！

经过一段时间的治疗并恢复健康后，聂荣臻决定将她们送回去。那天，聂荣臻找来一名可靠的老乡，让他把两个日本小女孩送到石家庄的日本兵营。为防止孩子在路上饥饿啼哭，他特意准备了各种食品。聂荣臻还

专门给日军写了一封信,介绍两个日本小女孩被救的经过,其中写道:

> 中日两国人民本无仇怨,不图日阀专政……致使日本人民起居不安,生活困难,背井离乡,触冒烽火,寡人之妻,孤人之子,独人父母……但中国人民决不以日本士兵及人民为仇敌……而侵略中国亦非日本士兵及人民之志愿,亦不过为日阀协从耳。为今之计,中日两国之士兵及人民应携起手来,立即反对与消灭此种罪恶战争,打倒日本军阀财阀,以争取两大民族真正的解放自由与幸福。①

多年后谈起此事,聂荣臻说:为什么要写这封信?我是这样考虑的:我们进行抗日战争,这中间不只是打仗的问题,还要注意不失时机地对敌军进行政治工作。这一点非常重要,它涉及到军心的问题。②

正如聂荣臻所想的那样,此事在日军产生很大震动。一些日军官兵知道此事来龙去脉后,非常感动和惭愧,更加认识到了侵华战争的罪恶。他们专门复信聂荣臻,说八路军这样做,他们很感谢。

1980年5月29日,《人民日报》刊登了《解放军》报副社长姚远方写的《日本小姑娘,你在哪里?》一文,将这段故事公之于众,引起了热烈反响。日本媒体对聂荣臻在40年后还记挂着日本小姐妹十分感动,很快就找到当年的姐姐,就是住在日本宫崎县都城市的美穗子。随后,中日友协盛情邀请美穗子一家访华,年过八旬的聂帅于1980年7月14日在北京接见了美穗子一家。此事成为中日友好的又一段美谈。

"人是不可以一天没有精神食粮的",我一辈子从事革命活动,怎么能不知道不关心国家大事呢?

关心国家大事,是聂荣臻毕生的追求。早在中学时代,聂荣臻就"一面读书,吸收科学文化知识,一面从当时国内国外所发生的许多重大事变中,不断地思考,寻求真理,摸索自己要走的人生道路"。那个时期,对聂荣臻影响最大的有两件事:一是袁世凯签订卖国的二十一条和复辟称

---

① 《聂荣臻传》,当代中国出版社1994年版,第304页。
② 《聂荣臻元帅回忆录》,解放军出版社2005年版,第407页。

帝，引发轰轰烈烈的五四运动。聂荣臻和同学们参加焚烧日货的行动，走上街头，集会游行，号召人民以抵制日货来反对日本帝国主义。二是连年的军阀混战，把国家搞得四分五裂，落后不堪。多年后，聂荣臻联想到青年时期对四川的感受，对毛泽东说：过去有人讲过，"天下未乱蜀先乱，天下已治蜀后治"，要解决四川问题，可不简单，不能掉以轻心。毛泽东听后笑了起来。正是把国家兴亡、民族复兴与个人联系起来，怀着变革现状的热情，1919年岁末，聂荣臻远渡重洋到法国勤工俭学，由此走上革命道路。

为了党和人民事业戎马一生的聂荣臻，晚年虽主动辞去所担任的一切领导职务，但关心党和人民事业的痴心不改。1986年7月30日下午，中央指定的党的十三大人事安排5人小组成员王震突然来访，征求聂荣臻对邓小平提出的十三大上他也全退一事的意见。对这一重大的问题，聂荣臻异常慎重，沉默了好一阵才缓缓说道："我认为，现在是过渡期，局面还不稳，小平暂时还不能全退，他可以不参加常委会。他全退了，不当军委主席，一旦有事，怎么号令全军？只有他能镇得住，他在，军队就不会乱。所以，小平还不能全退。"送走王震后，聂荣臻为了郑重起见，又委托秘书起草一份"备忘录"正式上报中央，其中写道：我总的想法是：我们党要有自己坚强的领袖……现在，我们党实际上的领袖就是小平同志。他是众望所归，自然形成的，无论党内外、国内外，一致公认他是我们的领袖。在当前形势下，小平同志不是退的问题，应该是继续进。他的健康状况也允许他再领导大家奋斗几年。由于我们现在没有党的主席职务，那就在政治局常委中仍然保持小平同志的重要的领导地位……当然，我们的事业还需要更多的新生力量，在政治局常委中再增加两三位年轻一点的同志也需要……人们对包括小平同志在内的政治局常委的充分信赖，正是构成我们今天建设事业发达的重要因素。关于军委主席一职，还是由小平同志兼一个时期好。当前大仗是一时难打，但自从宣布军队整编，裁军百万以后，基层思想很不稳定。如此时小平同志再退出，确实对稳定军心不利。① 中央对聂荣臻的意见高度重视，最后形成了"四老全退"（叶剑英、徐向前、聂荣臻、邓颖超）、"三老半退"（邓小平、陈云、李先念）的格局。

---

① 聂力著：《山高水长——回忆父亲聂荣臻》，上海文艺出版社2006年版，第369~370页。

聂荣臻对军队建设有操不完的心。早在1983年，他就向中央建议，尽快恢复军衔制。85岁那年，他又给军委副主席杨尚昆写信，强调："军衔制是我军正规化建设的一项重要措施……干部评定了军衔，有利于他们开展工作和提高责任感。"1988年，我军终于恢复了军衔制。听说社会上对高干子女反映比较大，他给时任总政治部主任余秋里写信，希望部队的高级干部对子女严加管教，要正视确有少数干部子弟依仗权势为非作歹，或靠父母之荫升官发财，希望各级领导"一定要秉公处理，提拔不当的，该降就降，该罢就罢；为非作歹的，该关就关，该杀就杀，决不留情"。①

1991年9月，聂荣臻因心力衰竭住进医院，经过两个半月住院治疗出院不几天，再次出现心力衰竭征兆。他知道自己将不久于人世，于是，聂荣臻叫来秘书设法在他的办公室里挂张放大的毛泽东主席像。在生命的最后时刻，想到要多看一看毛泽东，说现在眼睛视力不行，小的看不清。这件小事反映出聂荣臻对毛泽东的深厚感情。鉴于聂荣臻的病情，医生告诉秘书，不得向聂荣臻汇报任何事情，不给他读报、念文件、不听新闻。聂荣臻得知后对秘书说：医生的好意我知道。但我一辈子从事革命活动，怎么能不知道不关心国家大事呢？再说，一个人的思维是不能停顿的，不想这件事，就想那件事。与其如此，还不如给我听听国家大事。这叫精神食粮，人是不可以一天没有精神食粮的。在他再三要求下，医生同意他每天上午听读报，下午听念文件，晚上看电视新闻，每次都不得超过半小时。

聂荣臻这种为党和人民的事业鞠躬尽瘁、死而后已的精神，为我们树立了永远的丰碑。

历史评说

聂荣臻是伟大的无产阶级革命家、政治家、军事家，中国人民解放军的缔造者和领导人之一，中华人民共和国元帅，中国共产党创建初期的老党员。

---

① 聂力著：《山高水长——回忆父亲聂荣臻》，上海文艺出版社2006年版，第436~437页。

1938年6月，毛泽东在延安同聂荣臻谈话时说："中国有一部很著名的古典小说，叫作《水浒传》。《水浒传》写了鲁智深大闹五台山的故事，五台山就在晋察冀。"毛泽东接着风趣地说："五台山，前有鲁智深，今有聂荣臻。聂荣臻就是新的鲁智深。"

1967年，毛泽东在研究出席"八一"建军节招待会人员名单时，谈到聂帅。他说："聂荣臻是个厚道人。"

江泽民在《聂荣臻传》出版发行暨纪念聂荣臻诞辰95周年座谈会上的讲话中指出：聂荣臻同志一贯作风正派，严于律己，宽以待人……他为人清廉，生活俭朴，尤其是活到老学到老的精神感人至深。在他生命的最后一天，仍在病榻上听秘书读报、念文件、看电视新闻，关心着党和国家的大事，"生命不息，战斗不止"，体现了一位老共产党员的崇高精神境界。

在中央军委举行的纪念聂荣臻百年诞辰座谈会上，江泽民再一次强调说，聂荣臻同志一生胸怀坦荡，光明磊落。他严于律己、宽以待人，作风正派。他实事求是，不尚浮华，反对空谈，踏踏实实为党工作。他勤于学习，善于思考，直至生命的最后一刻。他谦虚谨慎，平易近人，从不居功自傲，始终与人民群众保持着密切的联系。他严守党的纪律，坚持原则，维护团结，为了党和人民的利益，从不计较个人得失。他艰苦朴素，廉洁奉公，始终保持共产党人的政治本色。聂荣臻同志的高风亮节，我们每个共产党员尤其是高级干部都应努力学习和发扬。

中共中央政治局委员、中央军委副主席、国务委员兼国防部长迟浩田指出，聂荣臻同志在70年的革命生涯中，对人民革命事业，对共产主义信念始终忠贞不渝。他一贯遵守党的组织原则，凡是中央的决定，无不坚决执行。他一贯坚持党的实事求是的思想路线，一切从实际出发，反对各种形式的主观主义。他胸怀坦荡，大公无私，严于律己，宽以待人。在新的历史时期，他坚决拥护以邓小平同志为核心的党的第二代中央领导集体，坚决拥护以江泽民同志为核心的党的第三代领导集体，坚决拥护党在社会主义初级阶段的基本路线。聂荣臻同志的一生，给我们留下了极其宝贵的精神财富。①

在纪念聂荣臻元帅诞辰110周年座谈会上，全国政协副主席万钢发表讲话，称赞聂荣臻元帅"是新中国科学技术事业的奠基者和拓荒者。""是

---

① 《中央军委举行纪念聂荣臻百年诞辰座谈会》，新华社1999年12月18日。

'两弹一星'事业的主要组织者和领导者"。"是贯彻党的知识分子政策的典范，尊重知识、尊重人才的楷模"。

著名作家魏巍 1985 年在给聂帅的祝寿诗中写道："一生厚道人称赞，千秋风流一元戎。"

叶剑英
虚心劲节是吾师

| 经典摘录 |

☆我们在学习马克思主义理论著作时，一定要提倡融会贯通，联系实际，实事求是，有的放矢。要运用马克思主义的原理，运用马克思主义的立场、观点、方法来分析、处理、解决我们遇到的一切问题。理论愈多接触实际问题，愈敢接触实际问题，不是绕开问题走，不是模棱两可，含混不清，理论就愈加彻底，愈能掌握群众，愈易变成物质力量。

☆我们老同志都想为党多干些时间，多做些工作，但是年纪不饶人，自然规律不可抗拒，革命事业总要有一个交班和接班的问题。因此，培养和造就接班人尤其是中央的接班人，的确是摆在我们面前的十分重要而又紧迫的战略任务。

| 主要经历 |

叶剑英　汉族，1897年4月生，广东梅县人，原名叶宜伟，字沧白，1927年7月加入中国共产党，元帅军衔。

1926年，参加北伐战争。1927年12月，参加领导广州起义。历任国民革命军第四军参谋长，中共中央军事部参谋长、中华苏维埃中央革命军事委员会参谋部部长、红一方面军参谋长、红军前敌总指挥部参谋长、中华苏维埃西北革命军事委员会参谋长兼红一方面军参谋长、八路军参谋长、中共中央军委参谋长，中国人民解放军总部参谋长、中共中央后方委员会书记，北平军事管制委员会主任、北平市人民政府市长，中共中央华南分局第一书记、华南军区司令员、广东省人民政府主席、广东省政协主席、广东军区司令员兼政治委员，中央人民政府人民革命军事委员会副主席、解放军武装力量监察部部长、解放军训练总监部代部长、军事科学院院长、军事科学院院长兼政治委员，中共中央军委常委兼秘书长，军委副主席、国防部部长、人大常委会委员长等职。是中共第十届、十一届、十二届中央政治局常委，第十届、十一届中央委员会副主席，第一届、二届、三届国防委员会副主席。政协第四届全国委员会副主席。长期担任中共中央军委副主席，主持中央军委日常工作。1986年10月22日在北京逝世。

主要著作有：《叶剑英选集》《叶剑英诗词集》等。

| 情操实践 |

人生定向：为人民"矢志共产宏图业"

叶剑英，1897年4月28日生于广东省梅县，原名叶宜伟。1917年夏，考入云南讲武堂。为了表示投笔从戎的决心，特意把自己的名字"宜伟"改为"剑英"，立志做"民之利剑"，为国为民，英勇奋战。

叶剑英早年追随孙中山，投身于民主革命，曾任粤军江防舰队护航第二营营长。1922年6月，广东军阀陈炯明叛乱，孙中山蒙难，叶剑英率部接应孙中山登上"宝璧"舰，转登"永丰"舰。他率部挺进白鹅潭，同叛军战斗，保护孙中山脱险。国民党一大后，深受孙中山信任的叶剑英被任命为建国粤军第二师参谋长，并以二师代表身份参加筹办黄埔军校，后任黄埔军校教授部副主任。在与蒋介石的共事中，叶剑英的才能特别是忠厚、尽职，多谋、多智，得到蒋的赏识。叶剑英是唯一可以佩剑进入蒋介石卧室的高级将领。在此后一年多时间里，叶剑英不断得到重用，1925年1月任梅县县长；5月任建国粤军第二师新编团团长；12月，任蒋介石的嫡系部队教导团团长；1926年1月，被任命为国民党第一军第二十师第二团团长，旋即升任该师副师长，11月，再升新编第二师代理师长。

但在国民党里，叶剑英没有找到自己的理想追求。于是，他开始接触共产党。叶剑英曾回忆说："1920年打下广东……那时广州就可以读到列宁的传记了。广州有共产党，有无政府主义，还有国家主义，面包、药瓶什么都有，真是'百家争鸣'。那时在广州一看戴软帽子的就知道是共产党，一看戴硬帽子的就知道是国民党。我最初还读过克鲁泡特金的东西，后来才逐渐从无政府主义转到共产主义。"① 1924年第一次国共合作开始后，叶剑英与共产党人有了更多接触，受到马克思主义的熏陶，开始了他思想上的重大转折。1925年，在两次东征过程中，他恰好与苏联顾问加伦和罗加乔夫一起共事，对马列思想和共产党人又有了更深入的了解，进一步点燃了叶剑英向共产党靠拢的理想之火。

这时，蒋介石发动了"四一二"反革命政变，大肆屠杀共产党人。叶剑英面对人生的第一次重大考验：是继续留在蒋介石的嫡系部队，走个人荣华富贵的路，还是为了天下穷苦人的解放事业，放弃个人荣辱，冒着被砍头的危险，走一条共产党人的路。经过内心深处一番激烈的思想斗争，叶剑英最终选择了后者。多年后回顾这次人生的抉择，叶剑英说："宁汉分家以后，蒋介石说汉口反革命，武汉说蒋介石反革命，两边吵。我当时对武汉没有多少怀疑，但蒋介石还是总司令。究竟跟着谁走？那时没人

---

① 《叶剑英在一次谈话中的回忆》，1982年8月。转引自张廷栋著：《叶剑英的伟大一生》，中央文献出版社2008年版，第86页。

来,也没有电报来。我就自己看报纸,关上门,想了几天,什么问题都想到了。我想到自己年轻时立志为国为民做点事,参加革命后当了师长。那时师长每月差不多有二三万元收入。二三万元不少了……做二三年师长就是个百万富翁……如果只是为了个人,跟蒋介石走,至少可以做大官。但是,蒋介石在上海屠杀工人,屠杀群众,变成了十足的反革命!一个革命,一个反革命,阵线已很分明了。参加革命,还是反革命?想了又想,只有革命才有出路。所以,我就下决心,通电全国反蒋,转到武汉方面去。"①

叶剑英作出了正确的选择,并于几个月后经李世安介绍、周恩来同意、党中央批准,秘密加入中国共产党。但此时他还没有从思想上入党。正如他自己所说:"从1927年就反对蒋介石,经过这个考验,决心就定了,所以1927年7月上旬正式参加了党。当时也不是对共产党完全理解了。只觉得国民党不行,享乐腐化,必然失败,共产党朝气蓬勃,必然要胜利。后来经过学习马克思主义,树立了共产主义世界观,懂得了社会发展的客观规律,懂得了资本主义必然灭亡,共产主义必然要代替它,如同资本主义必然要代替封建主义一样。这样,共产主义必然胜利的信念就始终坚定不移了。"②

以上回忆可以看出,叶剑英投身革命,首先选择了孙中山领导的民主革命道路,并坚决贯彻执行孙中山制定的革命方针和政策,但是,三民主义不能救中国。他看到蒋介石公开背叛革命,对国民党的希望幻灭之后,接受马克思主义和中国共产党的主张,最终选定把共产主义作为毕生信念。

关键时刻:"吕端大事不糊涂"

作为久经考验的共产主义忠诚战士,坚定的马克思主义者,叶剑英从入党那天起,就始终把党的利益放在第一位。他常对自己的子女们说:"我是一个打杂的,一切都听从党的,党叫我做什么,我就做什么,从不去计较什么名利地位。"③ 正是"党的利益高于一切"的坚强党性,促使叶

---

① 张廷栋著:《叶剑英的伟大一生》,中央文献出版社2008年版,第73页。
② 张廷栋著:《叶剑英的伟大一生》,中央文献出版社2008年版,第86~87页。
③ 范伟力等:《学习叶剑英的革命品格》,转引自人民网中国共产党新闻。

剑英认真学习马克思主义科学理论，掌握真理和坚持真理。他指出："我们在学习马克思主义理论著作时，一定要提倡融会贯通，联系实际，实事求是，有的放矢。这就是说，要运用马克思主义的原理，运用马克思主义的立场、观点、方法来分析、处理、解决我们遇到的一切问题。可以说，理论愈多接触实际问题，愈敢接触实际问题，不是绕开问题走，不是模棱两可，含混不清，理论就愈加彻底，愈能掌握群众，愈易变成物质力量。"[①] 不断的理论武装，使叶剑英成为有胆有识、具有高超政治智慧的政治家。

叶剑英把检验革命者的坚定党性，检验革命者捍卫真理的能力，放在能否经受关键时刻的考验上。他曾赋诗：

彩笔凌云画溢思，虚心劲节是吾师。
人生贵有胸中竹，经得艰难考验时。

在这首诗里，叶剑英启发人们要以虚心学习为师，练就胸有成竹的本领，像竹子那样，具有搏风击雨的风骨和壮志凌云的豪气，经得起任何艰难困苦的考验。

在中国革命转折的重大关头，在大是大非面前，叶剑英总是成竹在胸，坚定地朝着正确的方向前进，为党和人民立下丰功伟绩。

1935年6月中旬，红一方面军与红四方面军在四川懋功胜利会师。那时，红一方面军有1万多人，红四方面军有8万人。党中央根据全国抗日运动日益高涨的形势，提出北上抗日的战略方针，以便领导和推进全国抗日运动。但当时担任红四方面军主要领导职务的张国焘，依仗人多枪多，个人野心膨胀，向党闹独立，加之他对中国革命前途悲观失望，于是提出了向青海、新疆或西康退却的方针，反对党中央的北上方针。

为解决这个重大分歧，统一战略思想和行动方针，6月26日，党中央在两河口召开政治局会议，通过了《关于一、四方面军会合后战略方针的决定》，否定了张国焘的西进方针。两河口会议后，张国焘借传达会议精神召开红四方面军师以上干部会议，继续反对北上抗日方针，说中央会议没有解决"统一指挥"和"组织问题"等，下令部队按兵不动。

---

① 《叶剑英选集》，人民出版社1996年版，第463页。

他还策动一部分人向中央提出改组中革军委和红军总司令部，要求由他担任军委主席，给以"独断决行"大权。党中央坚决拒绝了张国焘等人的无理要求，但为了有利两大主力红军团结对敌，共同北上，于7月18日任命张国焘为红军总政委。7月21日，中革军委决定：红四方面军总指挥部为前敌总指挥部，徐向前兼总指挥，陈昌浩兼政委，叶剑英任参谋长。此后，根据红军总部制定的《夏洮战役计划》，将一、四方面军编为左、右两路军，以一方面军的第五军、第三十二军，四方面军的第九军、第三十一军、第三十三军为左路军，在朱德、张国焘、刘伯承率领下，从卓克基出发，经阿坝北进；以一方面军的第一军、第三军，四方面军的第四军、第三十军为右路军，在徐向前、陈昌浩、叶剑英率领下，从毛儿盖出发，经班佑北上阿西。党中央、中革军委随右路军行动。

叶剑英到右路军之后，利用一切机会向干部战士宣传党中央北上抗日的正确战略方针，使红四方面军的干部战士进一步了解党中央、中央红军坚持北上抗日方针的正确性。为了推动中央制定的右路军行动计划的实施，叶剑英提出愿率一部分兵力先行开路，探索从毛儿盖地区北上，度过一望无际、渺无人烟的茫茫大草原的行动路线。经党中央、毛泽东同意，8月18日，叶剑英率第三十军二六四团、二六五团向草地进发，为右路军开路，并顺利地完成了开路先锋的任务。

到8月底，前敌总指挥部胜利进驻古城潘州，中共中央和军委直属单位随后进驻潘州及其附近的上、下巴西和牙弄、阿西茸一带。这时，张国焘又改变主意。9月3日，他致电徐向前、陈昌浩并转呈中央，继续南下论调，要求"右路军即乘胜回击松潘敌，左路军备粮后亦向松潘进"，强令已经东进至墨洼附近的左路军先头部队第五军返回阿坝。5日又命令当时尚在松岗、党坝、卓克基等地的左路军部队停止北上，就地"筹粮待命"。8日，张国焘电令红四方面军第三十一军军长詹才芳："令军委纵队蔡树藩将所率人员转移到马尔康待命，如其（不）听则将其扣留，电复处置。"这就是历史上著名的"草地电报"。它表明，张国焘不但不听党中央和毛泽东等劝告，反而公然违抗中央的北上战略方针和历次决定，命令右路军南下，并企图分裂和危害党中央。

那时，前敌总指挥部驻在巴西潘州的一个喇嘛庙里，离党中央驻地不远。随右路军行动的前敌总指挥部政委陈昌浩，对执行中央的北上方针持消极态度。毛泽东、张闻天、博古等几次劝说陈昌浩等改变态度，但陈昌浩无动于衷,一切等待张国焘的电示行事。在这种情况下,张国焘的电令严重地威胁党中央的安全。

叶剑英抢先获取了张国焘的密电。后来他回忆说:9号那天,前敌总指挥部开会,新任总政治部主任陈昌浩讲话。他正讲得兴高采烈的时候,译电员进来,把一份电报交给了我,是张国焘发来的,语气很强硬。我觉得这是大事情,应该马上报告毛主席。我心里很着急,但表面上仍很沉着,把电报装进口袋里。过了一个时候,悄悄出去,飞跑去找毛主席。他看完电报后很紧张,从口袋里拿出一根很短的铅笔和一张卷烟纸,迅速把电报内容记了下来。然后对我说:"你赶紧先回去,不要让他们发现你到这来了。"我赶忙跑回去,会还没有开完,陈昌浩还在讲话,我把电报交回给他,没有出漏子。①

当晚,毛泽东、周恩来、张闻天、博古等召开紧急会议,决定军委纵队和右路军中的红一、三军团迅速北上甘南。9月10日凌晨,军委纵队和红一、三军团单独北上,脱离了险境。张国焘危害党中央,分裂红军的阴谋破产了。

对于叶剑英在中国共产党与张国焘企图分裂党和红军的斗争中所发挥的关键作用,毛泽东等多次谈及并给予高度评价。1935年9月,毛泽东在哈达铺,向陕甘支队干部说:一、四方面军分家时,剑英给我送了电报,立了一大功。1937年3月,毛泽东在有张国焘等人在场的延安政治局扩大会议上说:"张国焘一到毛儿盖就反了,他就在这里大开其督军会议,用枪杆子来审查党中央路线。"接着,在谈到左路军和右路军的问题时,毛泽东说:"叶剑英同志便将秘密的命令偷来给我们看,我们便不得不单独北上了。因为这电报上说:'南下,彻底开展党内斗争。'当时如果稍微不慎重,那么会打起来的。"②

后来,毛泽东把宋太宗评价当时宰相吕端的两句话:"吕端小事糊涂,大事不糊涂",修改为"诸葛一生唯谨慎,吕端大事不糊涂"送给叶剑英。前一句赞扬叶剑英一生谦虚谨慎,居功不傲;后一句则称赞叶剑英在中国革命的关键时刻,在历史转折的危难关头,总是忠贞不渝,洞察局势,挺身而出,力挽狂澜,对革命事业一再作出重大贡献。据薄一

---

① 《叶剑英传》,当代中国出版社1995年版,第188~189页。
② 《叶剑英传》,当代中国出版社1995年版,第195页。

波回忆，20世纪50年代末或60年代初，毛主席指示我把北戴河会议上的发言修改后在中央工作会议上再讲一次。当我讲到旧戏中王佐断臂"为国家尽忠心，昼夜奔忙"时，几位同志插话，会场气氛活跃起来。毛主席突然站起来讲：剑英，我送你一句话："诸葛一生唯谨慎，吕端大事不糊涂。"又说："吕端大事不糊涂，剑英足以当之！"①

江泽民在谈到这两句话时也说："纵观叶剑英同志一生在中国革命和建设的紧要关头所作出的重大贡献，这个评价他是当之无愧的。"②

伟人暮年："应向青年寻后继"

叶剑英一贯主张，要重视年青一代，重视培养和造就革命事业后辈人才。早在1956年11月，他就写下《西游杂咏》的组诗，其中就有这样的诗句："引得春风度玉关，并非杨柳是青年。英雄一代千秋业，敢说前贤愧后生。"③ 在这里，叶剑英以历史唯物主义的眼光，看到"长江后浪推前浪"的历史规律，认识到要使革命后继有人，长盛不衰，就要重视革命事业接班人的培养。1973年8月24日，在出席海军的一次重要会议上，当看到海军司令员萧劲光年已古稀，仍在为海军的发展日夜操劳时，联想到中国古代王濬的故事，叶剑英挥笔写了题为《在海军总结会上》一诗赠予萧劲光，诗曰：

沧溟列舰耸层楼，王濬年高雪满头。
应向青年寻后继，不拘一格莫嫌仇。

叶剑英这里说的王濬，是中国古代西晋的一代名将，他在70岁高龄时还披挂上阵，拼杀疆场，直捣吴国首都建康（今南京），接受吴国孙皓投降。叶剑英借用"老将王濬发兵征吴"的典故，意在提醒人们，老将披甲征战，终非长久之计。因此，他提出"应向青年寻后继"，不拘一格降人才。进入改革开放的新时期，叶剑英多次强调加强干部队伍建设，在革命化的前提下，重视年轻化、知识化、专业化。1982年2月24日，

---

① 范硕著：《叶剑英在关键时刻》，辽宁人民出版社2001年版，第2页。
② 范硕著：《叶剑英在关键时刻》，辽宁人民出版社2001年版，第1页。
③ 《文韬武略 功勋卓著——纪念叶剑英元帅诞辰110周年文集》，中国社会科学出版社2007年版，第137页。

叶剑英在党的十一届五中全会第一次会议上的讲话中指出："我们共产党的最终目标是实现共产主义，这是漫长而艰巨的伟大事业，不是一两代人所能完成的，需要世世代代奋斗下去、传下去！……我们老同志都想为党多干些时间，多做些工作，但是年纪不饶人，自然规律不可抗拒，革命事业总要有一个交班和接班的问题。因此，培养和造就接班人尤其是中央的接班人，的确是摆在我们面前的十分重要而又紧迫的战略任务。"①

叶剑英不仅从理论上深刻阐述而且在实践中带头为实现干部队伍年轻化作贡献。叶剑英在粉碎"四人帮"反党集团的斗争中立了大功，起了决定性作用，再一次从危难中挽救了党。但是，他把这场伟大胜利归功于党和人民，从来不强调他个人的作用。粉碎"四人帮"后，他扶助年轻的华国锋，并力主邓小平出来工作。

叶剑英为荐引年富力强的同志担任党和国家的领导职务，做了大量的工作，同时准备"以己之退，促党的事业之进"。1977年11月，他在广州松园宾馆赋诗一首："四面青山列翠屏，松园终不老闲身。会当再奋十年斗，归读阴那梅水滨。"表达了他早已萌生退休之意。1979年，鉴于党的马克思主义路线已重新确立，年富力强的同志已挑起了重担，他给中央政治局常委逐个做工作，要求退出中央的领导岗位，但中央仍希望他留在领导岗位上。1981年6月，叶剑英又给中央写信，要求改变中央政治局常委名次的排列，将他的名字放到邓小平之后。中共中央经过慎重考虑，还是没有同意他的要求。1982年9月，在党的第十二次全国代表大会上，他引用唐朝诗人李商隐"雏凤清于老凤声"的诗句，再次谈到干部新老交替问题，强调后来者居上，年轻的超过年老的，是历史发展和社会进步的一个基本规律。希望新上来工作的年轻同志，同老同志亲密合作，挑起重担，奋勇前进。他恳切地说道：我今年85岁了，年老多病。做事已力不从心，从党的事业着想，我曾多次要求退出领导岗位。在中央没有决定我退出之前，当尽力而为，"鞠躬尽瘁，死而后已"。② 1983年2月，叶剑英担任五届全国人大常委会委员长任期将满。

---

① 《文韬武略 功勋卓著——纪念叶剑英元帅诞辰110周年文集》，中国社会科学出版社2007年版，第137～138页。

② 叶剑英：《在党的第十二次全国代表大会上的讲话》，见《叶剑英选集》，人民出版社1996年版，第578～579页。

他又写信给人大常委会，请求不再提名他为六届人大常委会委员长的候选人。1985年9月，在中共十二届四中全会召开前夕，叶剑英同其他几位老同志一起，致函全会，请求不再担任中央委员和候补中央委员。全会同意了他们的请求。自此，叶剑英退出了他在党中央和中央军委的所有领导岗位，再次以自己的模范行动，为促进中央领导机构成员的新老交替，促进党的事业的发展作出了表率。

看到党中央领导核心逐步形成，党和国家开始出现新的局面，叶剑英由衷地感到喜悦。他在《八十书怀》诗中满怀激情地写道：

> 八十毋劳论废兴，长征接力有来人。
> 导师创业垂千古，侪辈跟随愧望尘。
> 亿万愚公齐破立，五洲权霸共沉沦。
> 老夫喜作黄昏颂，满目青山夕照明。

这首诗，不仅抒发了叶剑英对革命事业的忠诚和热爱，也是叶剑英革命一生高尚情操和风范的写照。

历史评说

1986年，时任中共中央政治局常委、中共中央总书记胡耀邦代表党中央在叶剑英同志上追悼会上所致的悼词中说：叶剑英是"久经考验的共产主义忠诚战士，伟大的无产阶级革命家、政治家、军事家、中国人民解放军的缔造者之一，长期担任党和国家重要领导职务的卓越的领导人"。"是中华人民共和国德高望重的开国元勋之一，是我们党、国家和军队的一位杰出领袖，在中国革命和建设漫长的充满艰难险阻的道路上建立了卓越功勋，因而赢得了全党、全军和全国各族人民的衷心爱戴和尊敬"。"他追求真理，服从真理，坚持真理，随着历史的潮流不断前进。在对敌斗争、党内斗争和各种严峻考验面前，他置个人得失于度外，始终不渝地坚持党的原则，维护党和人民的利益。他有胆有识，深谋远虑，缜密周到，实事求是。在重大的历史转折关头敢于挺身而出，毫不犹豫地作出正确的决断，显示了他的坚强的党性、非凡的机智、伟大的革命气魄和高超的斗争艺术。他具有无产阶级政治家的风范，顾全大局，团结同志，豁达大度，宽厚待人。他谦虚谨慎，有很好的民主作风和自我批评精神。他好学深思，锲而不舍，具有广博的知识和才能……叶剑英同志的崇高品德和优良作风，是我们应当永远学习的"。①

毛泽东多次称赞叶剑英在关键时刻"救了党，救了红军"。

1997年4月28日，江泽民在纪念叶剑英同志诞辰一百周年座谈会上的讲话中说："叶剑英同志党性坚强，信念坚定。他对社会主义、共产主义事业矢志不渝，对党和人民无比忠诚。他无私无畏，有胆有识。在各种严峻的考验面前，他总是把党和人民的利益放在首位，坚决同一切危害党和人民利益的行为作斗争。在重大和紧要的历史关头，他总是挺身而出，力挽狂澜，表现出伟大的革命气魄和高超的斗争艺术。毛泽东同志给予他很高的评价，说他是'诸葛一生唯谨慎，吕端大事不糊涂'。周恩来同志也引用'疾风知劲草，板荡识诚臣'来赞誉他。叶剑英同志胸怀宽广，谦逊质朴。他顾全大局，团结同志，严于律己，富于批评与自我批评精神。他不计浮名不畏难，能上能下，任劳任怨。他始终保持高尚的革命气节，为党为民，一身正气。他一生勋业卓著，但从不夸耀自己，把一切功劳归于党和人民。叶剑英同志好学深思，实事求是。他孜孜不倦地学习马克思主义理论，坚持理论联系实际，注重向实践学习。他博览群书，熟谙历史。耄耋之年，仍坚持不断地吸取新知识，真正做到了'攻城不怕坚，攻书莫畏难'。他还是一位受毛泽东同志称赞的诗人。他的许多诗句，'人生贵有胸中竹，经得艰难考验时'；'笃信马列依真理，不移不屈不苟同'；'全心全意一为公'，'老骥仍将万里行'；'应向青年寻后继'，'长征接力有来人'等等，都深含人生和社会发展的哲理，对我们一代一代的后继者都具有深刻的教育、启示和鞭策作用。"②

叶剑英去世后，国际媒体纷纷发表评论。美联社记者发表评论说，叶剑英"是共产党革命的一位大战略家"。路透社在评论中说："叶在中国现代史上起过关键性作用"，"在毛泽东主席1976年逝世之后，叶在推

---

① 胡耀邦同志在叶剑英同志追悼会上的悼词。
② 《人民日报》1997年4月29日。

翻江青及其三个极左同伙的过程中起了领导作用。"路透社在另一篇评论中，称叶是"中国革命的一位巨人，这个国家现代历史的一位昂然屹立的人物"。合众国际社的评论称叶剑英是"具有传奇色彩的长征领导人"。日本《东京新闻》称叶"谦虚谨慎、公私分明的态度受到党内外的高度评价"。

革命家的品格

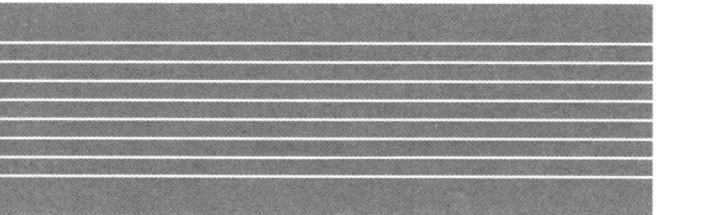

张闻天
要为实现自己的理想奋斗到底

经典摘录

☆生命充实的人，就是有人格的人……我始终相信一个人的主张和行动，如其希望对于他人有丝毫的影响，有一分的效力，非有高尚的人格不可，没有人格的人们，不配谈什么运动，主张什么主义。修养高尚的人格，第一最要紧的我以为还是要养成一种不为声色势利所诱惑的心，保存天真的明净的心，用这种心去观察事物，实行最合理的判断，那就不会有堕落的行为发生了。

☆要有伟大的胸怀与气魄——决不要把党派的偏狭成见去看待无党无派的人，似乎除了本党本派的人外，那些无党无派的人都是不中用或不好的人。决不要以一个幻想的公式去对待人，似乎只有合乎这个公式的人才是好人，而不合乎这个公式的，就是坏人。决不要把自己的眼光限制在个人的家属、朋友、师生、同事、亲戚等更狭小的圈子之内，似乎只有在这个圈子内的人才是可靠的，在这个圈子以外的人就不可信任。

☆要有"循循善诱"与"诲人不倦"的精神——决不要为人们觉悟程度的不齐而表示失望，决不要轻视或鄙视任何思想落后与思想复杂的人。决不要以强迫命令的方法去让人们接受我们的意见。对于人们的错误与缺点，要诚恳地劝导，采取忠恕的态度。要善于根据当时当地的具体情形，群众具体的要求和情绪，去进行教育和说服群众的工作。

☆对人要有很好的态度——决不要高傲自大，目空一切，盛气凌人。必须要尊重与仁爱；要能发扬自我批评的精神；要真诚、坦白与婉转；要言而有信；要以身作则。

主要经历

张闻天，汉族，1900年8月生，上海浦东人，曾用名洛甫、思美，1925年加入中国共产党并参加革命工作，大学学历。

五四运动时参加学生运动。1931年2月起，先后任中共中央宣传部部长、中共中央党报委员会书记。1934年1月至1943年3月，任中共中央书记处书记，1934年2月，当选为中华苏维埃共和国第二届中央执委会人民委员会主席（相当于总理）。遵义会议后，代替博古在中共中央负总责，1935年2月至抗日战争初期主持中共中央日常工作。1937年7月后，先后兼任《解放》周刊总负责人、延安马列学院院长、西北工作委员会主任、《共产党人》杂志总负责人。长期兼任中共中央宣传部部长。1945年8月至10月，任中共中央政治研究室主任。1948年6月至12月，任中共中央东北局组织部长。9月，为东北局起草《关于东北经济构成及经济建设基本方针的提纲》，对于新中国经济具有重要理论意义。1951年4月起，任中国驻苏联大使。1954年12月至1960年11月，任外交部副部长。是中共临时中央政治局成员，第六届、七届中央政治局委员，第八届中央政治局候补委员，临时中央政治局常委、第六届中央政治局常委。1976年7月1日在江苏无锡逝世。

主要著作有：《张闻天选集》《张闻天文集》等。

情操实践

赤心向党，最年轻的马克思主义传播者

1917年，17岁的张闻天考入国内第一所培养现代水利专门技术人才的高等专科学校——河海工程专门学校。品学兼优的张闻天后来并未成为水利专家。在新文化运动的春风吹拂下，张闻天如饥似渴地阅读《新青年》《每周评论》等宣扬新思潮的刊物，从而奠定了他的人生基石。1941

年，他在自传中写道："'五四'前《新青年》的出版给了我很大影响，我的自我觉醒也于此开始。"①

五四运动爆发后，张闻天立刻成为南京五四爱国学生运动的活跃分子。在1919年5月9日举行的南京大中学校学生"五九"国耻纪念大会、5月27日举行的南京20多所高等学校自行罢课斗争、6月2日举行的4000多名南京学生爱国誓师典礼中，张闻天始终走在运动的最前列。

60多年后，许德珩（当时南下组织全国学生联合会的北京大学学生）对张闻天在学运中的出色表现仍然记忆犹新，并称："那时候张闻天年纪很轻，大约十七八岁，很活跃，所以我的印象很深。"②

1919年7月11日，张闻天在《南京学生联合会日刊》第十七号上发表《"五七"后的经过及将来》一文，分析五四运动中全国纪念"五七"国耻日的群众示威行动后的时局，认为五四爱国运动所得到的斗争经验是：对反动军阀政府"不声不响无用"、"空文鼓吹无用"、"电报战争无用"、"切实劝告无用"、"奔走呼号无用"、"奔都请愿无用"。而"这一切问题""迎刃而解"最好的办法就是"釜底抽薪法"，将"武力政治、强横的中央集权、卖国贼、安福系、腐败的政党，一切废除，然后建设这健全的民主共和国。""要做这种大事业，我们一定：（一）抱定正鹄；（二）勇往直前；（三）不屈不挠。"③ 这是五四以后最早提出彻底推翻军阀统治，建立民主共和国革命主张的少数文献之一，反映了张闻天的政治远见，也是他对成就革命事业的远大抱负的流露。

入党之时，张闻天以创作小说《飘零的黄叶》的形式向党抒发自己的思想发展轨迹，立下永远赤心向党的誓言：

  妈妈，贫穷的，飘泊的流浪的命运，我已经决意去接受了，我将从这种生活中间去发现而且去创造出人生的真意义来。我相信，我将永远地相信，人生虽是到处充满了黑暗，但是在这黑暗的中间，时时有一点点光明闪耀着。不过从前因为我的眼睛被自己的幻想所封闭，没有看清楚这种闪光究竟含有什么意义，不肯去接受罢了。以后，我

---

① 《张闻天年谱（1900～1941）》，上卷，中共党史出版社2000年版，第9页。
② 《张闻天年谱（1900～1941）》，上卷，中共党史出版社2000年版，第12页。
③ 《张闻天文集》第一卷，中共党史出版社1995年版，第2页。

亲爱的妈妈，你的长虹，将认真的要开始做一个无私的光明的找求者了。他将把那一点光明拿来，高举在无穷的黑暗中间。妈妈，他更借你的精神上的帮助，自己变做光明，照亮这黑暗如漆的世界！①

在张闻天向党表达这一坚定决心之前，他已经"开始做一个无私的光明的找求者了。"最新发掘的史料证明，张闻天开始传播马克思主义，与我国最早的马克思主义传播者李大钊发表的类似文章几乎是同时的。在1919年8月17日李大钊发表《再论问题与主义》公开信，批判胡适《多研究些问题，少谈些"主义"》两天后，8月19日至21日，张闻天即在《南京学生联合会日刊》发表《社会问题》一文，明确表示要用马克思的"唯物的历史观"来观察人类社会，对比当时中国军阀政府的黑暗统治，张闻天在文中提出分两步走完成革命：

第一步，"实行普通选举，选举真正代表吾们说话的人"；"遇到什么重大问题，大家公开讨论，发表国民的主张"。"等到这一次的革命和振兴教育等成功了，再讲第二步"。②

张闻天提出的第二步，一是实行"共产主义"。他认为共产主义"是一种有组织的、有秩序的、积极的、建设的。组织：脱离强权的少数的政治统治。另自组织自由的、多数人的、自由团体……经济：生产，主张生产机关（如土地、机械等）与所生产之物（如衣、食、房屋）皆归社会全体所有，各尽所能，各取所需。道德：是'劳动与互助'五个大字，因为有劳动才可以生活，要互助才可以进化"。③ 二是实行"国家社会主义"。他认为国家社会主义的"组织：是劳动者把资本家推翻，由劳动者组织一切。生产机关都收归政府掌管，实行中央集权。用国家资本组织一国家银行，有总理一切的权……经济：是集合主义。就是把生产机关收归公有。所生产的物品，除可以作生产的，仍许私人所有。各尽所能，各取所值"。④

此文的发表，标志着张闻天跻身于早期传播马克思主义者的行列。此时，张闻天年仅19岁，是青年学生中自觉积极传播马克思主义的第一人，

---

① 程中原著：《张闻天传》，当代中国出版社2000年版，第118页。
② 《张闻天文集》第一卷，中共党史出版社1995年版，第8页。
③ 《张闻天文集》第一卷，中共党史出版社1995年版，第8~9页。
④ 《张闻天文集》第一卷，中共党史出版社1995年版，第9页。

邓小平曾称他是"五四新文化运动的热情战士"。

坚持真理，修正错误，毕生不悔

致力于为在中国实现社会主义和共产主义而奋斗的张闻天，1931年3月从苏联留学回国刚刚两周，即以中央宣传部长的身份列席中共中央政治局常委会和中央政治局会议。接着又兼任党报委员会书记和苏区委员会负责人。9月，在时任中共中央总书记向忠发被捕叛变后成立的以博古为"总负责"的中共临时中央中，张闻天出任政治局常委，成为王明"左"倾中央的主要成员。在此后的几年中，中共临时中央按照共产国际的"第三时期"理论、"进攻"路线和具体指示以及王明的"左"倾冒险主义路线来观察形势和决定策略。张闻天则写了《满洲事变中各个反动派别怎样拥护着国民党的统治？》（1931年10月26日）、《上海事变与中国的统治阶级》（1932年2月9日）、《在争取中国革命在一省与数省的首先斗争中中国共产党内机会主义的动摇》（1932年4月25日）、《烟幕中的"民主政治"》（1932年5月15日）等大量文章，宣传"左"倾教条主义错误主张。张闻天在《1943年延安整风笔记》中披露，他在1931～1932年间发表文章共102篇。

1933年1月，随临时中央迁至中央苏区后，张闻天开始逐步挣脱"左"的桎梏。促使这一转变的原因：

一是对待福建事变的不同认识。张闻天在延安整风时的一段笔记《从福建事变到遵义会议》中说，他与博古产生分歧发端于福建事变爆发后围绕贯彻中共驻共产国际代表团关于在"停止进攻苏区、保证民众的民主权利、武装民众的三个条件下与任何部队订立共同作战协定"一事，张闻天批评博古等人孤立十九路军的关门主义策略，而主张要"慎重其事，在军事上积极配合"。

二是1934年1月当选为中华苏维埃共和国中央执行委员会人民委员会主席后，与中华苏维埃共和国中央执行委员会主席（即国家主席）毛泽东工作接触的增多，使张闻天很快改变了过去对毛泽东的错误认识，看到毛泽东关于中国革命的一系列主张是正确的。

三是苏区活生生的斗争实践，特别是调往闽赣地方巡视，离开了"左"倾思想的中心，接触到根据地基层干部群众和实际斗争，使张闻天体验到"左"倾错误的危害，逐步认识到苏联经验具有历史局限性，不能照搬照抄到中国这块土地上。

四是广昌战役的失败使张闻天对中共临时中央的错误军事指挥的失望达到顶点。1934年3月，国民党军集中9个师的兵力进攻中央苏区的北大门——广昌。张闻天、毛泽东坚决反对组织广昌战役，但博古、李德不听劝阻，执意与敌人决战，结果红军损失惨重。4月27日，在红军被迫撤离广昌、中央苏区第五次反"围剿"败局无可挽回的当天，张闻天写下《我们无论如何要胜利!》的著名社论，批评临时中央提出的当着"敌人采取'长驱直入'，'并进长追'的战术条件下，我们的坚壁清野可以配合红军胜利。饿困敌人到不得不退出苏区的地步"，"是一种机会主义的幻想"。强调"我们不放弃坚壁清野的群众动员，而且我们要组织这一动员，但我们必须坚决反对把坚壁清野当做单纯的退却路线的右倾机会主义。"针对博古、李德在组织广昌战役中采取的分兵把口等错误军事战术，张闻天批评"分兵把口，同堡垒主义，是紧密的联系着的，这是单纯防御的机会主义倾向的又一种具体表现。这种倾向，实际上不但不能保卫苏区，而且正便利于敌人的各个击破"。①

五是长征开始后博古、李德的一系列错误军事指挥特别是湘江之战的惨败，促使张闻天下定改变临时中央领导的决心。1935年1月15日，在贵州遵义举行的中央政治局扩大会议上，在博古作第五次反"围剿"总结报告后，张闻天第一个发起了反对这一单纯防御军事路线的报告，他尖锐地指出，前一段错误的军事指导思想主要表现在对待蒋介石的堡垒设防，采用堡垒对堡垒的错误战术；在反"围剿"战斗中，不应当与敌人进行主力抗击，而且作战分散兵力；不能够利用十九路军起义的有利时机，打击蒋介石，粉碎敌人的"围剿"战略；在部队突围的时候，张皇失措，犯了逃跑主义的错误；转移中明知敌人已经设好罗网，还坚持继续与二、六军团会合的错误主张等等。会议留下的陈云关于《遵义政治局扩大会议传达提纲》显示，"扩大会议中恩来同志及其他同志完全同意洛甫及毛（泽东）王（稼祥）的提纲和意见"。② 会议决定改组中央领导机构，取消"三人团"和博古、李德的军事指挥权，仍由最高军事首长朱德、周恩来为军事指挥者，而周恩来是党内委托的对于指挥军事上下最后决心的负责者；增

---

① 《张闻天文集》第一卷，中共党史出版社1995年版，第499~501页。
② 《陈云文选》第一卷，人民出版社1995年版，第43页。

选毛泽东为政治局常委，以"泽东同志为恩来同志的军事指挥上的帮助者。"张闻天是非分明的坚定立场，使党和红军重新回到以毛泽东为代表的正确路线上来。

张闻天与博古是留学苏联的同学，都是王明倚重的具有留苏背景的"左"倾中央的负责人。在张、博产生分歧时，博古曾找张闻天谈心，并转达李德关于"这里的事情还得靠莫斯科回来的同志办"的意见，意在拉近与张闻天的感情距离，保持"左"倾中央的一致。张闻天没有理睬，他想的远远超越了个人得失。他清楚地意识到，博古已经把中国革命引到了危急关头，不能让博古再这样领导下去了。

1959年7月，又一次中央政治局扩大会议在江西庐山召开。在这次会议上，张闻天没有支持毛泽东。同样选择了拥护真理——赞成彭德怀的主张。

庐山会议本来的任务是总结"大跃进"和人民公社化运动的经验教训，纠正"左"倾冒进的错误，但由于彭德怀秉笔直书，给毛泽东写了一封令他反感的信，使会议急转直下，由反"左"转向反右，开展对彭德怀的错误批判。由于会议安排张闻天与彭德怀比邻而居，会议期间，两人碰到一起时自然会聊上几句，对彭德怀给毛泽东信的主要内容张闻天也略知一二，并有着相近的认识。因此，当彭德怀的信招致会议预定日程的改变时，张闻天决定挺身而出。事先得知他发言内容的田家英、胡乔木等曾分别打电话，劝他"有些问题就别讲了"，但张闻天声称不能退缩。7月21日上午，张闻天作了共13个问题、长达3个小时的长篇发言。在谈到对彭德怀那封信的看法时，张闻天认为彭德怀的"本意是很好的……不少同志似乎对彭德怀同志这个出发点研究不多，只注意了他这封信中的一些具体说法。"关于对得和失的提法，张闻天也认为彭德怀"是就局部问题而言的……在这一方面有得有失，考虑一下是可以的"。关于彭德怀信中说"小资产阶级的狂热性，使我们容易犯'左'的错误"。张闻天认为"这个问题不说可能更好一点，说了也可以……但是，刮'共产风'恐怕也是小资产阶级的狂热性"。①

张闻天的发言可以概括为两点：一是要按经济规律办事；二是要发扬民主。他的发言比彭德怀的信阐述得更加清晰，并且作了理论说明。其理

---

① 《张闻天文集》第四卷，中共党史出版社1995年版，第341~342页。

论高度,是当时党内无与伦比的。对毛泽东批评彭德怀信的主要方面,张闻天一一作了力挺彭德怀的说明,这种敢于坚持真理的精神是难能可贵的。对于由此可能带来的严重后果,张闻天也考虑过,但他想的是,"封建社会还提倡犯颜直谏,共产党还能怕这怕那吗?如果大家都不讲,万马齐喑,会出现什么局面呢?"①

此后,由于这篇发言,张闻天被列为"彭德怀反党集团成员",被戴上了"左倾机会主义"的帽子。回到北京,夫人刘英就埋怨他捅了马蜂窝。张闻天平静地说:"庐山那篇讲话,谈思想方法和民主作风的一些话可能尖锐一些,但这个问题非解决不可,不然难免要犯斯大林晚年的错误。"他认为,自己非讲不可,老百姓没有饭吃,经济这样搞下去怎么行,人民生活怎么得了。张闻天坚持认为,只讲好话不是共产党人的作风,要讲该讲的话。"后悔就不对了……共产党员不言后悔。"

淡泊名利,三让"总负责",被毛泽东称为"明君"

遵义会议后,张闻天接替博古,担任中共中央"总负责"。对于这一决策过程,周恩来后来说:"当时博古再继续领导是困难的,再领导没有人服了。本来理所当然归毛主席领导,没有问题。洛甫那个时候提出要变换领导,他说博古不行。我记得很清楚,毛主席把我找去说,洛甫现在要变换领导。我当时说,当然是毛主席,听毛主席的话。毛主席说,不对,应该让洛甫做一个时期。毛主席硬是让洛甫做一做看,人总要帮嘛。说服了大家,当时就让洛甫做了。"② 在被推为"总负责"后,张闻天感到自己并不完全适合于领袖地位。于是,每逢机会他就主动表达辞意。他认为,真理在谁手里,就跟谁走,谁当都一样。

第一次是1935年4月,红军长征渡过北盘江后,中央讨论要派一位负责同志到白区工作,张闻天主动要求离职前去。毛泽东等人没有同意他的意见,改派陈云前往。

第二次是1935年6月,红一、四方面军会师后,身为政治局委员、西北革命军事委员会主席的张国焘向中央伸手要权。那时,张国焘统帅的红四方面军共8万多人,而党中央率领的中央红军经过长征到达懋功地区与

---

① 刘英:《身处逆境的岁月》,转引自《回忆张闻天》第323页。
② 《历史选择——长征中的红军将领》,中共党史出版社2006年版。

红四方面军会师时只有1万多人。仗着人多枪多，张国焘想当领袖的欲望急剧膨胀。他认为，中央犯了路线错误，所以打了败仗，丢掉了苏区，一路逃到这里。如果不是他的接济，很快就会被消灭。所以，中央现在应该听他的，让他来领导。在两河口会议作出红一、四方面军共同北上的决策后，张国焘以需要"统一指挥"和"组织问题"有待解决为由故意延宕。7月1日，他向中央慰问团明确提出应改组充实总司令部，推荐徐向前任红军副总司令，陈昌浩任总政委。接着，又授意中共川陕省委领导成员联名致电党中央："为统一指挥，迅速行动，进攻敌人起见，必须加强总司令部。向前同志任副总司令，昌浩同志任总政委，恩来同志任参谋长。军委设主席一人，仍由朱德同志兼任，下设常委，决策军事策略问题。请中央政治局速决速行。并希立复。"7月18日，红四方面军政委陈昌浩又开出一个新名单：要张国焘任军委主席，朱德任前敌总指挥，周恩来任参谋长，并要挟说"不然无法顺利灭敌"。①

面对张国焘的错误行径，为了团结四方面军北上御敌，党中央决定向张国焘作出让步，而张闻天首先表示自己作出牺牲。张闻天的夫人刘英回忆说："我听到毛主席和闻天反复商量，谈得很具体。毛主席说，'张国焘是个实力派，他有野心，我看不给他一个相当的职位，一、四方面军很难合成一股绳。'毛主席分析，张国焘想当军委主席，这个职务现在由朱总司令担任，他没法取代。但只当副主席，同恩来、稼祥平起平坐，他不甘心。闻天跟毛主席说，'我这个总书记的位子让给他好了。'毛主席说：'不行，他要抓军权，你给他做总书记，他说不定还不满意。但真让他坐上这个宝座，可又麻烦了。'考虑来考虑去，毛主席说，'让他当总政委吧。'毛主席的意思是尽量考虑他的要求，但军权又不能让他全抓去，同担任总政委的恩来商量，恩来一点也不计较个人地位，表示赞同。"② 这样，根据7月18日中共中央政治局常委会议决定，张国焘担任了红军总政委。事后证明，不让张国焘担任总书记是正确的，因为后来张国焘对抗中央的北上决定，并另立中央，从组织程序上是严重的反党行为。如果张闻天让掉总书记而由他担任，张国焘就可以总书记名义发号施令，党和红军的损失就大了。

---

① 刘统著：《北上：党中央与张国焘斗争纪实》，广西人民出版社2004年版，第58~59页。
② 《在历史的激流中——刘英回忆录》，中共党史出版社1992年版，第79页。

第三次是1938年秋，召开六届六中全会前，共产国际确认毛泽东为中国共产党的领袖，但职务并未明确。于是，张闻天向毛泽东提出，"把总书记一职让掉"，并"推举毛泽东同志为中央总书记"。毛泽东经过全面考虑，认为目前还不是提这个问题的时候。所以，张闻天也就没有将这个问题提到中央政治局会议上讨论。

在毛泽东一次次诚恳下，张闻天决定逐渐向毛泽东转移总书记的工作。在《1943年延安整风笔记》中，他回忆说："六中全会期间我虽未把总书记一职让掉，但我的方针还是把工作逐渐转移，而不是把持不放。自王明留延工作后，我即把政治局会议地点，转移到杨家岭毛泽东同志处开。我只在形式上当当主席，一切重大问题均让毛泽东决定。特别是在七八月政治局会议之后（所谓'神仙会议'），我实际上是做了宣传教育部门的工作。""我一方面提出把我的名义上的书记职务完全解放（在任弼时、周恩来二同志未回国前提过，在他们回来之后，我更正式提过，我自己及中央秘书处在1940年5月间也搬了过来，实际上把我的全部工作交了出来。）另一方面，我尽量推掉自己的工作（如出版发行部、文委、西北工委等），只管宣传部及马列学院一部分工作。"①

张闻天一次次主动且真心实意地让位举贤，使毛泽东很受感动。他不止一次地赞叹："洛甫这个同志是不争权的。"② 在六届六中全会期间，他对张闻天说："洛甫，你是'明君'，开明之君。"

勤于学习，博学多才，为党留下丰富精神财富

张闻天早年曾留学日本、美国、苏联，是当时党内唯一的具有留美经历的重要领导人。他还是我国现代文学史上第一代革命文学家中的一员，具有深厚的文学修养，入党前，张闻天就创作和翻译了大量新诗、散文、小说、戏剧、评论等作品，并获得"少年文学家"的美称。1920年冬，在填写"少年中国学会会员终身事业表"时，张闻天写下4项志愿："终身欲研究之学术：哲学；终身欲从事之事业：精神运动；事业着手之时日及地点：从今后起无一定所；将来维持终身生活之方法：译著。"③ 这反映了张

---

① 张闻天：《1943延安整风笔记》。
② 王震：《杰出的马克思主义理论家和革命家——忆闻天同志》，见《回忆张闻天》，第13页。
③ 《张闻天年谱（1900～1941）》，上卷，中共党史出版社2000年版，第23页。

闻天早就抱定远大的志向，从后来看，张闻天也是这样严格要求自己，并逐渐实现远大理想的。

在哲学和理论研究方面，张闻天的刻苦是出了名的。为了提高马克思主义理论水平，他在一年多时间里，坚持双周半天对马克思《资本论》的学习研究，常常把德文原版与中、英、俄、法、日文等译本，对照起来进行分析和研究。不懈的深入钻研，使张闻天成为党内著名的马克思主义理论家。1931年从莫斯科回国后，他即成为党的重大方针决策的理论阐释者。1935年11月，红军长征到达陕北不到一个月，他就写出《日本帝国主义的新进攻与民族革命战争的紧迫》一文，把运用广泛的统一战线策略，推动广大群众走上直接的民族革命战争道路作为党面临的中心问题明确地提了出来，从而奠定了瓦窑堡会议党的策略方针转变的基础。

全国解放战争时期，张闻天在党内最早开始全面论述新民主主义的经济构成和新中国经济发展的基本方针，为新中国经济建设经过新民主主义走向社会主义规划蓝图。他为东北局起草的《关于东北经济构成及经济建设基本方针的提纲》，明确提出新民主主义经济的六种成分及党对其不同的方针，是我们党最早全面论述新民主主义社会经济结构的重要文献，其基本思想被毛泽东吸收在党的七届二中全会上的报告中。

1959年后，张闻天专心从事社会主义经济建设理论的研究，写下了《要正确认识和运用客观经济规律》《社会主义建设的首要任务是发展生产力》《关于按劳分配提纲》《社会主义经济若干理论问题》《关于生产关系的两重性问题》等论著，指出经济工作不能凭一时的热情前进，也不能跃进，而要尊重经济规律，按照客观规律办事；"发展生产力，提高人民生活水平，是社会主义建设中的首要任务"等重要思想观点，成为党的十一届三中全会后进行工作重点转移和实行改革开放的理论先声。

在译著方面，张闻天先后发表了《托尔斯泰的艺术观》《泰戈尔的诗和哲学观》《泰戈尔对于印度和世界的历史使命》《泰戈尔的妇女观》《狱中记》和《王尔德介绍》；法国哲学家柏格森的《笑的研究》；日本伊达源一郎的《近代文学》；俄国作家柯罗连科的长篇小说《盲音乐家》、安特列夫的四幕剧《狗的跳舞》；西班牙作家倍那文德的剧本《热情之花》和《伪善者》；意大利作家邓南遮的名剧《琪娥康陶》；美国著名历史学家房龙的名著《人类的故事》等近100万字的多部西方历史、文化作品，内容涉及西方文学、文艺理论、历史科学等各方面。

"诲人不倦"的"红色教授"

1933年进入中央苏区后，张闻天就开始创办党的"马克思共产主义学校"，从事培养和造就党的高级干部的工作。为了使党的干部"切实了解马克思主义的精神和方法"，张闻天要求学生认真读书，养成自学的习惯。对学生学习的成效，张闻天则每隔一两个星期亲自进行综合提问和测试。为了给干部教育提供教材，张闻天亲自编著《中国现代革命运动史》《中国革命基本问题》等教本。

张闻天十分重视培养党的干部的正确世界观和人生观。早在1921年7月23日，即党的一大召开那天，在为李大钊发起创办的少年中国学会所写的《对少年中国学会问题的意见》中，张闻天就提出："生命充实的人，就是有人格的人……我始终相信一个人的主张和行动，如其希望对于他人有丝毫的影响，有一分的效力，非有高尚的人格不可，没有人格的人们，不配谈什么运动，主张什么主义。"张闻天认为，修养高尚的人格，"第一最要紧的我以为还是要养成一种不为声色势利所诱惑的心，保存天真的明净的心，用这种心去观察事物，实行最合理的判断，那就不会有堕落的行为发生了。"[①]

兼任中央宣传部部长和马列学院院长之后，张闻天将主要精力用于宣传和干部教育上。1938年4月，他亲自到陕北公学作了《论青年的修养》的演讲。在分析青年自身特点的基础上，张闻天教育青年必须"要有坚定的高尚的理想"、"要为实现自己的理想奋斗到底"、"要学习实现理想的办法"、"要同群众在一起去实现自己的理想"。7月26日，张闻天又在延安抗日军政大学对第三期毕业同学发表《论待人接物问题》的演讲，寄希望于即将奔赴抗战前线的同志们，正确认识和处理待人接物问题，在实际工作中尽快成长起来。他要求同志们在处理与他人的关系上：

第一，"要有伟大的胸怀与气魄"——"这就是说，决不要把党派的偏狭成见去看待无党无派的人，似乎除了本党本派的人外，那些无党无派的人都是不中用或不好的人。""决不要以一个幻想的公式去对待人，似乎只有合乎这个公式的人才是好人，而不合乎这个公式

---

① 《张闻天文集》第一卷，中共党史出版社1995年版，第22页。

的,就是坏人。""决不要把自己的眼光限制在个人的家属、朋友、师生、同事、亲戚等更狭小的圈子之内,似乎只有在这个圈子内的人才是可靠的,在这个圈子以外的人就不可信任"。

第二,"要有'循循善诱'与'诲人不倦'的精神"——"这就是说,决不要为人们觉悟程度的不齐而表示失望,决不要轻视或鄙视任何思想落后与思想复杂的人。""决不要以强迫命令的方法去让人们接受我们的意见。""决不要对什么人都使用千篇一律的八股文章与老调。""对于人们的错误与缺点,要诚恳地劝导,采取忠恕的态度。""要善于根据当时当地的具体情形,群众具体的要求和情绪,去进行教育和说服群众的工作"。

第三,"对人要有很好的态度"——"这就是说,决不要高傲自大,目空一切,盛气凌人。""必须要尊重与仁爱";"要能发扬自我批评的精神";"要真诚、坦白与婉转";"要言而有信";"要以身作则"。①

这两篇文章对于增强青年的党性锻炼和道德修养,树立正确的人生观,产生了积极、深远的影响。以致引起日本宣传机关的注意。《论青年的修养》一文被编入东京出版的《支那共产党之现势》,编译者称张闻天是"中共军中第一论客",说中共及其领导的军事斗争已经成为"世界一大难题",是日本对中国作战的一个"肿瘤",而中共领导的"思想游击战"比他们的武装游击战更其可怕。②

张闻天不仅坚持以自己丰富的知识育人,而且带头践行。

1976年4月,在生命的最后时刻,张闻天对爱人刘英说:"我不行了……别的倒没有什么,只是这十几年没能为党工作,深感遗憾。"他一再重复:"我死后替我把补发的工资和解冻的存款全部交给党,作为我最后一次党费。"便立即与刘英商定,并由刘英写下字据:"二人生前商定,二人的存款,死后交给党,作为二人最后所交党费。"③张闻天去世后,刘英按照他的遗愿,向中央要求将他们两人在银行的存款作为党费上缴中央。

---

① 《张闻天文集》第二卷,中共党史出版社1995年版,第431~445页。
② 《张闻天研究在日本》,载《党的文献》1991年第2期。
③ 《张闻天年谱》下卷,中共党史出版社2000年版,2010年修订,第930页。

经同意，刘英将张闻天的储蓄4万元，连同利息169.6元，作为党费上交。1981年，刘英将自己4万元储蓄捐献给少年儿童福利基金会。

张闻天的光明磊落、无私无畏的人格魅力，坚持真理、修正错误的崇高品德；孜孜不倦、刻苦学习的治党精神，实事求是、谦虚谨慎、艰苦朴素的优良作风，在全党有口皆碑。

历史评说

张闻天是杰出的无产阶级革命家和理论家，忠诚的马克思主义者，中国共产党早期的重要领导人。他对中国新民主主义革命、社会主义革命和社会主义建设事业的胜利，对作为党的集体智慧结晶的毛泽东思想的形成和发展，作出了重要贡献。

1979年8月25日，邓小平在张闻天追悼会上致悼词，代表党中央对张闻天的一生给予高度评价。他说："张闻天同志的一生，是革命的一生，是忠于党、忠于人民的一生。"称赞张闻天是"五四新文化运动的热情战士"。号召学习张闻天同志"处事民主，善于团结干部的优良作风；学习他终身好学，不断求知，重视调查研究，坚持实事求是的科学态度；学习他胸怀坦白，光明磊落，爱憎分明，敢于斗争的革命精神"。

邓小平曾经说，在我们党的历史上，真正形成成熟的领导，是从毛刘周朱这一代开始。以前的领导都是很不稳定，也很不成熟的。从陈独秀起，一直到遵义会议，没有一届是真正成熟的。[①] 这就是说，自遵义会议后，从张闻天担任党中央"总负责"起才开始了形成成熟稳定的中央领导集体的进程。在这个进程中，张闻天的作用功不可没。他不仅以杰出的无产阶级革命家、党的理论家的政治智慧，完成了党和人民赋予的崇高使命，而且以其人格魅力为团结全党共同奋斗，与毛泽东建立亲密的合作关系，起了重要的作用。

1985年4月，时任中共中央总书记胡耀邦给《回忆张闻天》一书题词："毕生勤奋，坚持真理，严于律己，诲人不倦，是老一辈革命家张闻

---

① 《邓小平文选》第三卷，人民出版社1993年版，第298页。

天同志最突出的优点,值得我们永远学习。"

在张闻天诞辰85周年之际,杨尚昆撰文称赞张闻天:从遵义会议到党的七大,"是我们党的重要领导人。他对我们的党、我们的军队、我们的民族是立了大功的。但他谦虚谨慎,平等待人,从不计较名位,从不独断专行。他总是无情地解剖自己,以期引起党内同志的警戒。这种虚怀若谷的胸襟,令我非常感动"。1990年8月28日,纪念张闻天诞辰九十周年时,时任国家主席杨尚昆再次发表纪念文章,称颂张闻天是"共产党人的楷模,革命知识分子的典范"。

1990年8月,时任中共中央总书记江泽民在给张闻天夫人刘英的信中说:"他(指张闻天)对共产主义矢志不移的坚定信念,他的政治家的宽阔胸怀和学问家的谨严风范,他为人民利益而坚持真理、修正错误的崇高品德,他深入实际、实事求是、谦虚谨慎、艰苦朴素的优良作风,永远值得我们大家学习。"

2000年8月30日,在纪念张闻天同志诞辰一百周年座谈会上的讲话中,江泽民指出:"张闻天同志具有深厚的马克思主义理论修养、高度的党性原则和敏锐的政治眼光,他一生光明磊落,无私无畏。我们缅怀张闻天同志,要学习他对党和人民事业的坚定信念,不论环境多么恶劣,道路多么崎岖,都一往无前,矢志不移。学习他敢于坚持真理、修正错误的崇高品德,当实践证明自己犯了错误的时候,勇于改正错误,同时也敢于坚持正确意见。学习他孜孜不倦、刻苦学习的精神,善于运用马克思主义的立场、观点、方法研究和解决实践中出现的新情况新问题。学习他实事求是、谦虚谨慎、艰苦朴素的优良作风,坚持深入实际,调查研究,密切联系群众,全心全意为人民服务,自觉当好人民的公仆。"

张闻天逝世后,一些熟悉他的同志赋诗《怀念张闻天》,对其一生作出如下评价:

留日留美复留苏,遵义庐山何嗟如。
残冬未尽身先逝,化作春泥香如故。
闻公立志解民忧,逆风疾雨劲更遒。
诲人不倦深得益,甘为孺牛照千秋。

李先念
不能把成功的事业当成自己私人的家当

| 经典摘录 |

☆参加革命工作以后毛主席是我终生的导师,还有三位老师:军事上从徐向前同志那里学来的,经济上陈云同志是我的老师,外交上是周总理直接指导的。

☆我们一切事业的成功,是全党力量的成功,也是全体干部与群众力量的成功,决不是个人力量的成功。我们不能把成功的事业,当成自己私人的家当。

☆1983年初,我写了《关于西路军几个问题的说明》。大量史实证明:西路军执行的任务是中央决定的。西路军自始至终都在中央军委领导之下,重要军事行动也是中央军委指示或经中央军委同意的。对此,小平、陈云同志都作了批示,当时的中央政治局常委都已圈阅。我坚决要求:最少应该加上"奉中革军委命令"几个字。

| 主要经历 |

李先念，汉族，1909年6月生，湖北红安人，1926年参加革命工作，1927年12月加入中国共产党。

1927年11月，参加黄麻起义。1931年10月，调入中国工农红军第四方面军任第十一师三十三团政治委员。1932年起，任红十一师政治委员。1933年起，任红三十军政治委员。1936年11月起，奉命执行宁夏战役计划。西路军失败后，负责军事指挥，率余部转战到新疆，为党保存了一批骨干力量。1939年起，任新四军豫鄂独立游击大队、豫鄂独立游击支队、豫鄂挺进纵队司令员。1941年初皖南事变后，任新四军第五师师长兼政治委员。1949年5月至1954年5月，任中共湖北省委书记、湖北省人民政府主席。1954年6月起，任政务院财政经济委员会副主任、财政部部长。1954年9月至1980年9月，任国务院副总理。1976年10月，在粉碎江青反革命集团的斗争中起了重要的作用。党的十一届三中全会后，参与制定和组织实施新时期的路线、方针和政策。1983年6月至1988年4月，任中华人民共和国主席。1988年4月，当选为政协第七届全国委员会主席。是中共第八届、九届、十届、十一届、十二届中央政治局委员，第十一届、十二届中央政治局常委，第十一届中央委员会副主席，第八届中央书记处书记，1992年6月21日在北京逝世。

主要著作有：《李先念文选》。

| 情操实践 |

为革命发奋学习

李先念，1909年6月23日生于湖北省黄安（今红安）县一个贫苦农民家庭，仅读了两年私塾就辍学，当上"小李木匠"。参加革命后，深感知识不足的他，十分重视学习。他首先从学文化开始，坚持每天清晨提前起床抽出时间自学。从事领导工作后,他意识到,当一个指挥员,必须从头学起。骑马、射击、行军、宿营、布阵、战术动作、指挥要领,一道道难题,要靠自己勤学苦练,加倍努力,才能做出合格的答卷。这段学习经历,李先念记忆很深。后来,他回忆说:1931年秋,我当红军三十三团政委,孙玉清当二营营长。他告诉我一些军事知识,如怎么下命令,什么是前卫、后卫等。我从地方转到军队,拼命学,钻军事,读日本兵书、苏联战斗条令,还有《三国演义》《水浒传》等。①

把学习当成了工作的一部分、生活的一部分、生命的一部分的李先念,通过如饥似渴的学习使思想政治素养、军事技术和组织指挥能力提高很快。在张国焘的回忆录中曾这样描述李先念:

这个细长身材的青年人,原系木匠,是一个党龄较老的能干的游击家,他的态度严肃,说话也很谨慎……李先念所说的,使我对当时苏区有一个清晰的概念。我敬佩他的能干,后来他被调任红四军某团的政治委员,我们从此在一起对敌作战,他也逐渐成为红四军少数领导人之一。②

张国焘的这段历史见闻,只是李先念刻苦钻研、学有所成的生动剪影。总结自己从"小李木匠"到职业革命家的成长过程,李先念曾说:"我是一穷二白,一无所有,什么工作方法,指挥水平,领导艺术,都是学来的。"③ 他还说,参加革命工作以后毛主席是我终生的导师,还有三位老师:军事上从徐向前同志那里学来的,经济上陈云同志是我的老师,外交上是周总理直接指导的。④

然而,学习是艰苦的。李先念曾经说:"要与别人比革命工作的多少和艰苦性,不与别人计较享受的优劣,更不允许贪污腐化。"⑤ 1942年10月,在新四军第五师干部大会上的讲话中,李先念再次强调反对轻视学习的倾向。他指出:不学习政治理论,就谈不上运用政治理论来指导自己的行动。军事学问也不是一成不变的,这就要求我们重视学习,以适应形势的变化。我们绝对不能停留在固定的阶段而心满意足。我们必须努力学习,力求进步。

---

① 1990年12月6日李先念谈话要点。见《李先念传》(1909～1949),中央文献出版社2009年版,第56页。
② 张国焘著:《我的回忆》第三册,现代史料编刊社1989年版,第18～19页。
③ 胡锦涛:《在纪念李先念同志诞辰100周年座谈会上的讲话》(2009年6月23日)。
④ 《我想说的话》,见《李先念传奇之旅——从乡村木匠到国家主席》,红旗出版社2009年版,第1页。
⑤ 胡锦涛:《在纪念李先念同志诞辰100周年座谈会上的讲话》(2009年6月23日)。

为信仰历尽艰辛

在革命战争血与火的磨炼中成长起来的李先念,经历了艰苦卓绝的生死环境的考验。在艰难险阻面前,他从不动摇、毫不退缩,始终坚韧不拔、乐观向上、英勇斗争。他说:"革命军人要坚决与勇敢。对革命决不动摇,对敌人决不投降。头可断,真理不可丢,这是我们的美德。"只有具有对崇高信仰的坚定性,"才能保持永久的热情和毅力,才能迸发出惊人的积极性和创造性,才能对党、对国家、对人民、对孕育和繁衍我们这个伟大民族的土地,产生无限的热爱和血肉相关的情感"。

1936年10月,红军三大主力在会宁会师之后,红四方面军奉中共中央和军委的命令,率第五军、第九军、第三十军和总部直属队、教导团、妇女抗日先锋团、少年先锋团、骑兵师共2.2万人西渡黄河,执行宁夏战役计划。目的在于打通苏联,取得必要的军事援助和建立巩固的战略后方。当部队渡过黄河后,摆在面前的是异常困难的局面。《李先念传》描述道:

一条山区路,除了几个堡寨和一条数十米高的长长小山丘外,周围尽是荒凉而坚硬的戈壁滩。不仅缺粮,更严重的是缺水。仅有的几处水眼很难供大部队需用,且水质极差,又苦又咸,许多人喝了都闹肚子……几天过后,指战员们口干唇裂,喉咙生烟,只能靠坚强的革命毅力,忍受干渴的折磨。

当面的敌人,是刚刚被蒋介石任命为西北"剿匪"第二防区司令的青海省军阀马步芳指挥的"马家军",拥有正规军3万余人,民团武装10万人。

鉴于"此地人稀、粮缺、水苦,大部队难久作战"的情况,中央军委认为宁夏战役计划已没有执行的可能,于是决定:将在黄河以东的红军组成南路军、北路军共渡黄河入晋,进行大规模战略转移;河西部队组成西路军,"以在河西创立根据地,直接打通远方为任务,准备以一年完成之。"

李先念被任命为西路军军政委员会委员、第三十军政治委员。在执行战略任务中,李先念、程世才率第三十军发挥了主力的作用。首先,率先西渡黄河,"开辟了执行新任务的第一步胜利"。其次,在执行党中央关于西路军暂停西进,在永凉一带建立根据地,制造河东、河西红军即将会合于河西的假象,以便河东红军伺机东出。进行战略转移的任务中,第三十军勇敢迎敌,在一周多时间内,连续进行了四场恶战。四十里铺之战,数度与敌人肉搏,杀伤敌4400余人,其中被大刀砍死700多人;八坝之战,与敌拼杀两天一夜，弹药耗尽，全靠大刀、刺刀将敌杀退。

西路军战至1937年3月，已遭受严重损失。1月20日，红五军军长董振堂率全军3000名将士激战9天8夜，终因寡不敌众（除少数突围外其余）壮烈牺牲。第九军和第三十军所剩的几个建制团每团仅有三四百人。疲惫不堪、饥肠辘辘的指战员们，在零下二三十度的严寒下冻得不停地哈气、搓手、跺脚……

面对衣食无着和近乎弹尽粮绝的严重局面，陈昌浩主持召开军政委员会会议，并作出决定：（一）徐向前、陈昌浩离开部队回陕北，向中共中央汇报情况。（二）李卓然、李先念等组成西路军工作委员会，李先念统一军事指挥，李卓然负责政治领导。（三）将现有兵力和人员分为三个支队进行游击活动，等待与援西军会合。由李先念率第三十军的5个营和总直属队人员共1500余人，组成左支队，到西面大山游击；由王树声率第九军剩下的3个步兵连、2个骑兵连共700余人组成右支队，到南面大山游击；由张荣率一部兵力及伤员等，编成一个支队就地转移。

李先念临危受命。他认为摆脱敌军追剿的最佳选择是西越祁连山。因为，向东、向北都是马家军重兵集结、反复搜索追剿的地区，西路军没有立足生存的条件；向南是青海柴达木盆地，属马步芳的势力范围，他不会坐视西路军余部在那里生存与发展；向西虽然是渺无人烟的冰山雪岭，自然条件异常恶劣，但易于摆脱追敌。后来的事实证明，李先念的选择是正确的。在此后的47个日日夜夜，李先念带领战友们在海拔5000米左右，没有人迹，没有道路，只有深可没膝的雪层和呼啸刺耳寒风的冰山雪岭中艰难前进。大家你拉着我，我推着你，有的披着毛毯、羊皮，有的仅着单衣、夹衣，有的打着赤脚，身上、腿上、脚上裂出一道道口子。红军战士的赤诚终于使死神止步。1937年4月底，西路军左支队仅剩的417名指战员，在李先念率领下抵达新疆星星峡，回到党的怀抱。

为维护真实的历史挺身而出

李先念是一位十分谦逊的领导者，他为党和人民事业屡建奇功，但从不居功自傲。他说："我们一切事业的成功，是全党力量的成功，也是全体干部与群众力量的成功，决不是个人力量的成功。我们不能把成功的事业，当成自己私人的家当。"他把为维护全局利益而牺牲个人和局部利益看作是党性的体现，强调"凡是对全局有利的事情，大家都要勇于承担义务，坚决去办，而且一定要办好。凡是对全局不利的事情,即使从局部来看是必需的、有利的,也决不能办"。这件事情"说起来容易,做起来难。但是,如果我们共产党人连这一点都做不到的话,那就不可能战胜前进道路上的困难"。①

西路军的大多数官兵为新中国的解放洒尽最后一滴血。其中,战死者7000多人,被俘1.2万多人。被俘后惨遭杀害者6000多人,回到家乡者3000多人,经过营救回到延安者4500多人,流落西北各地者1000多人。西路军幸存者大多命运坎坷,受到极不公正的对待。特别是在"文化大革命"中,许多西路军人员在备受摧残之后,死于非命。

但由于张国焘曾是第四方面军的最高领导人,1935年在长征途中他另立中央,犯了"分裂党和红军"的路线错误;1938年4月逃离延安,投奔国民党,当了可耻的叛徒,使得红四方面军付出巨大生命代价执行的西渡黄河的使命复杂化了。

首先是中共中央、中央军委在1936年3月4日、17日两次电令中,把西路军败局与过去张国焘擅令四方面军南下、另立中央的错误相提并论,严厉谴责西路军领导人的所谓"机会主义的路线"和"一贯反中央及军委指示"的行为。

其次,毛泽东在1936年12月所写的《中国革命战争的战略问题》一文中说:"为敌人吓倒的极端的例子,是退却主义的'张国焘路线'。红军第四方面军的西路军在黄河以西的失败,是这个路线的最后的破产。"

再次,1937年12月,毛泽东接见西路军余部领导人时说:"红西路军的失败,主要是张国焘机会主义错误的结果。他不执行中央的正确路线,他惧怕国民党反动力量,又害怕日本帝国主义,不经过中央,将队伍偷偷地调过黄河,企图到西北去求得安全,搞块地盘称王称霸,好向中央闹独立。这种错误的路线,是注定要失败的。"

在开展反对张国焘斗争的特定形势下中央和毛泽东的上述言论,后来成为对西路军定性的依据。1951年,《毛泽东选集》第一卷出版。经毛泽东本人审定的对西路军问题的注释表述为:"1936年秋季,红四方面军与红二方面军会合后,从西康东北部出发,作北上的转移。张国焘这时候仍然坚持反党,坚持他一贯的退却主义和取消主义。同年10月,红二、四方面军到达甘肃后,张国焘命令红四方面军的前锋部队2万余人,组织西路

---

① 胡锦涛:《在纪念李先念同志诞辰100周年座谈会上的讲话》(2009年6月23日)。

军,渡黄河向青海西进。西路军1936年12月在战争中受到打击而基本失败,至1937年3月完全失败。"

这个结论,把西路军的失败乃至组成贴上了张国焘的标签,与张国焘的退却主义和取消主义联系起来,使得西路军的历史被误读。

然而,历史总归是历史。作为这段历史的亲历者,李先念对西路军到底是奉中央军委命令还是执行张国焘退却主义和取消主义十分清楚。

1980年初,党史专家朱玉在整理徐向前元帅回忆录中,从文献史料中惊异地发现了毛泽东下令四方面军西渡黄河和成立西路军的电文。这说明部队西进是领受了党中央的命令肩负打通国际路线重大使命,以接应共产国际给予党和红军的物资接济,并策应河东红军和友军的战略行动。

12月2日,朱玉以"竹郁"笔名写成了《"西路军"疑》一文,就西路军西渡黄河、建立永(昌)凉(州)根据地、拒绝东返等问题提出疑问,向传统观点发起了挑战。不久,这篇文章被报送到邓小平那里。邓小平对西路军问题极为重视,他将此文批给李先念研究。

邓小平的批示,为李先念研究、查找历史证据,还西路军历史清白,提供了新的契机。这时,西路军问题的另一个重要历史见证人陈云出面主持公道。

1981年11月22日,陈云同李先念谈起西路军问题,指出:"这个问题不能回避。西路军过河是党中央为执行宁夏战役计划而决定的,不能说是张国焘分裂路线的产物。"三个月后,陈云、李先念再次谈到西路军问题。李先念提到邓小平去年批给他看的一篇有关西路军问题的文章。陈云说:"西路军是当年根据中央打通国际路线的决定而组织的。我在苏联时,曾负责同他们联系援助西路军武器弹药的事,而且在靠近新疆的边境上亲眼看到过这些装备。西路军问题是一件和自己有关的事,我今年七十七岁了,要把这件事搞清楚。"

1982年,李先念根据邓小平的批示和陈云的建议,组织干部查阅大量历史档案。在找到了足够铁证的有关档案资料的基础上,于1983年写出《关于西路军历史上几个问题的说明》,指出:"西路军执行的任务是中央决定的。西路军自始至终都在中央军委领导之下,重要军事行动也是中央军委指示或经中央军委同意的。因此,西路军的问题同张国焘1935年9月擅自命令四方面军南下的问题性质不同。西路军根据中央指示在河西走廊创建根据地和打通苏联,不能说是执行张国焘路线。"

3月22日,邓小平在李先念写的说明和附件上批示:"赞成这个说明,同意全件存档。"这样，有关西路军历史问题终于澄清了。

然而，要把对西路军历史问题的新认识变为全党的共识，还要走很远的路。

1991年6月，经中央批准，《毛泽东选集》第二版出版发行。新版《毛泽东选集》第一卷所收入的《中国革命战争的战略问题》一文中，就对西路军的注释作了重大修改。修改后注释这样写道："1936年7月，红四方面军和红二方面军会合后，由于中共中央的积极争取，并经过朱德、刘伯承等以及四方面军广大指战员的斗争，张国焘被迫同意与二方面军共同北上，于同年10月到达甘肃会宁。10月下旬，四方面军一部奉中革军委指示西渡黄河，执行宁夏战役计划。11月上旬根据中共中央和中革军委的决定，过河部队称西路军。他们在极端困难的条件下孤军奋战4个月，歼敌2万余人，终因敌众我寡，于1937年3月失败。"

这时，新编写的中共党史上卷有关西路军一段内容的阐述，还使用过去的表述，只讲"奉命过河"，不讲奉谁的命。

李先念很生气地于7月8日写信给中央党史工作领导小组组长杨尚昆和副组长薄一波、胡乔木、胡绳、邓力群，对此提出尖锐批评，他指出："'奉命'，'奉命'，奉谁的命令?! 几十年来一直说'西路军是奉张国焘之命西渡黄河的'，甚至说'西路军是张国焘擅自组成的'，'西路军是张国焘错误路线的牺牲品'，等等……现在中央正式出版的党史版本，竟用如此含糊不清的春秋笔法，对得起壮烈牺牲的一万多名西路军将士吗?"

在李先念的强烈要求和过问下，新版《中国共产党历史》第一卷修改了此前对西路军问题的表述，采用了经中央批准的最新党史研究成果。不仅详细叙述了三大主力红军会师后中共中央和中央军委制定和实施宁夏战役的前因后果，还讲清了西路军是奉中共中央和中革军委之命成立的，其作战行动是在中革军委的指挥下进行的。新版《中国共产党历史》第一卷充分肯定"西路军所属各部队，是经过中国共产党长期教育并在艰苦斗争中锻炼起来的英雄部队。在极端艰难的情况下，在同国民党军队进行的殊死搏斗中，西路军的广大干部、战士视死如归，创造了可歌可泣的不朽业绩，在战略上支援了河东红军主力的斗争。西路军干部、战士所表现出的坚持革命、不畏艰险的英雄主义气概，为党为人民的英勇献身精神，是永远值得人们尊敬和纪念的。"[①]

---

① 中共中央党史研究室编：《中国共产党历史》第一卷上册，中共党史出版社2002年版，第510—511页。

为党和国家前途命运殚精竭虑

在粉碎江青反革命集团的斗争中，李先念作为主要决策人之一，为从危难中挽救党、挽救国家作出重大贡献。

1976年1月8日，周恩来总理去世。出任国务院代总理的华国锋预感到"四人帮"正加快篡党夺权步伐，而党内可赖信任的重量级人物之一就是李先念。华国锋回忆说：

"这时，我去找先念同志，对他说，现在同'四人帮'的斗争这样尖锐和复杂，你是不是不离开北京，就在北京养病，有什么事也好商量。当时我想我是从地方来的，对中央的许多事情心中无底，老同志不离开北京休养，有些事随时和老同志商量好办些。本来先念同志是可以到外地休养的，听我讲了以后，他决定留下来，不去外地了。"①

为应对"四人帮"的夺权阴谋，李先念给叶剑英打电话，商定"约法三章"：（1）两人不去外地，就在北京休息；（2）不互相探望；（3）无特殊事，不相互打电话。

毛泽东去世后，王洪文背着华国锋私自通知各省（自治区、直辖市），在治丧期间有重要情况要向他指定的人汇报。"四人帮"还监视华国锋的行动。这些迹象使华国锋警觉到必须急谋对策。

9月11日，与张春桥、王洪文、汪东兴一起在中南海值班的华国锋，处理完事情后，说身体不好，以要去北京医院检查为由，出来转到西黄城根9号李先念临时住处，与李先念交谈。

华国锋说："我在守灵，是借出来检查身体到你这里，只能坐几分钟。"接着谈了"四人帮"在政治局会议上发难的简要情况，他说："'四人帮'在紫光阁架了电话和各省联系，我们同'四人帮'的斗争是不可避免的，现在到解决时候了。"

李先念问："你下决心了吗？"

华国锋说："下了，现在不能再等待了。问题是什么时候解决好，采用什么方式好，请你考虑。如果你同意，请你代表我去见叶帅，征求他的意见，采取什么方式，什么时间解决'四人帮'的问题。"华还说："他们

---

① 蒋冠庄、程振声访问华国锋谈话记录，2000年5月30日，见《纪念李先念诞辰95周年文集》，中央文献出版社2005年版，第365页。

(指'四人帮')很注意我,我不能到叶帅那里,现在中南海有事,请你到叶帅那里去一次。"①

李先念以惊喜的心情表示,完全支持和赞成华国锋的看法和意见,说一定尽快去见叶剑英。

与华国锋谈话后的第三天,9月14日,李先念来到叶剑英在西山的住所。两人落座后,叶剑英打开收音机,以防有人窃听。李先念问:"你这里还不安全呀?"叶帅说:"很难说。"李先念说,我是奉命来的。接着,转达了华国锋的意见。叶帅有点耳背,又加上收音机哇啦哇啦干扰,李先念说的话他听不清楚。两人商议用笔,然后烧掉。

李先念写道:"这场斗争是不可避免的。"

叶剑英回应写道:"这是你死我活的斗争。"

李先念又写道:"请你考虑时机和方式。"

叶剑英点头表示同意。随后叶帅写了陈锡联等人的名字,打了一个问号。

李先念写道:"完全可靠,请放心。"②

李先念从叶剑英处回来后,当天就把两人谈话的情况向华国锋作了报告。李先念、叶剑英与华国锋的一致意见,对顺利粉碎"四人帮"是至关重要的。此后,华国锋与叶剑英商定采取隔离审查的办法解决。李先念听了后马上表示支持,并说:"我们想到一块了,这正是我想说而未说的话,无论怎样先抓起来再说。"

对于为什么选择这一形式来处理"四人帮",时任北京市委第一书记兼北京卫戍区第一政治委员吴德回忆说:"华国锋、李先念和我分析和估计了当时党中央委员会成员的情况。我们认识到:在政治局开会投票解决'四人帮',有把握,但在中央委员会投票解决'四人帮'的问题我们没有把握……采取隔离审查的办法才是上策。"③

"四人帮"就这样被一举粉碎。对于李先念在这一斗争中立下的不朽

---

① 李先念在中央政治局会议上发言,1980年11月29日。见《纪念李先念诞辰95周年文集》,中央文献出版社2005年版,第370页。

② 李先念在中央政治局会议上发言,1980年11月29日。见《纪念李先念诞辰95周年文集》,中央文献出版社2005年版,第371页。

③ 吴德:《关于粉碎"四人帮"的斗争》,见《当代中国研究》,2000年第5期,第57~58页。

之功，中共十一届六中全会通过的《关于建国以来党的若干历史问题的决议》评价说："在粉碎江青反革命集团的斗争中，华国锋、叶剑英、李先念同志起了重要作用。"

晚年的李先念继续关心党和中国特色社会主义伟大事业。1989年后，他先后9次给中央领导同志写信，就有关重大问题提出意见和建议。这一年9月5日，李先念致信江泽民、李鹏，提醒中央注意"进一步稳定中国的政治形势，继续搞好经济建设，是以江泽民为核心的第三代领导集体面临的首要任务"。信中说："历史证明，帝国主义和西方大国亡我之心是不会死的，他们会采用各种手段来颠覆我们。我建议根据这份报告，认真地好好想想我们的问题。用鲜血换来的经验教训，是应该引起全党切实注意了。要加强党的领导和思想政治工作，要加强机关特别是武警部队、公安干警队伍的建设，不仅要增加数量，而且要注重政治素质……当前，我们要团结一致，自力更生，艰苦奋斗，进一步稳定政治形势，把经济工作切实搞好。政治稳定了，经济繁荣了，群众就会更加拥护我们，那我们就什么都不怕了。不管是帝国主义的'二次进攻'，还是多少次进攻，都是注定要失败的。"

1992年1月16日，李先念第8次致信江泽民并中共中央政治局常委。中心内容还是吸取苏联教训，防止帝国主义的"和平演变"。信中说："作为一个老共产党员，我想就宣传报道问题说几句话。十三届四中全会以来，江泽民、李鹏和中央其他领导同志，在外有压力、内有困难的情况下，做了大量工作，取得了举世瞩目的成就。现在，东欧剧变、苏联解体，而我们国家政治稳定、经济发展，这个大好局面确实来之不易。全党同志、特别是党的高级干部，都应该十分珍惜这个局面。谁在这个问题上不清醒，谁就会犯历史性的错误！维护以江泽民同志为核心的党中央，这是全党利益的关键所在，也正是邓小平、陈云等老一代的心愿。"

5个多月后，李先念与世长辞。他一生致力于中国人民伟大事业的崇高精神和高尚品德，赢得了党和人民的爱戴和敬仰。

历史评说

《李先念同志逝世讣告》称：李先念"是伟大的无产阶级革命家、政治家、军事家,坚定的马克思主义者,党和国家的卓越领导人。""在粉碎江青反革命集团的斗争中,李先念同志是主要决策人之一,为从危难中挽救党、挽救革命作出了重大贡献。"粉碎"四人帮"后,他是党和国家主要领导人之一,他协助邓小平同志领导全党实现历史性的伟大转折,制定以经济建设为中心、坚持四项基本原则、坚持改革开放的基本路线。他为拨乱反正,调整国民经济,推动改革开放,全面开展社会主义现代化建设,竭尽心力。"为加强各党派、各民族和各界人士的团结,巩固和发展爱国统一战线,为推动海峡两岸交往,促进祖国统一,为发展与各国人民、政府和政党的友好关系,进行了广泛的活动,作出了突出贡献。""不愧是德高望重,功勋卓著,深得全党、全军和全国各族人民爱戴的老一辈无产阶级革命家。"

长征途中,毛泽东初次见到李先念,曾上下打量,连声说道:"名不虚传,果真英雄少年!"

1939年底,党中央高度评价李先念创建的挺进纵队,认为:挺进纵队的创造,是一个伟大的成绩,并证明在一切敌后地区的党均可建立武装,而且可以存在和发展。

1940年5月4日,毛泽东在为中共中央起草的给中共中央东南局关于"放手发展抗日力量,抵抗反共顽固派的进攻"的指示电中明确指出:"李先念纵队反对顽固派对鄂中和鄂东进攻的自卫战争,……是绝对必要和绝对正确的。"

1946年10月1日,毛泽东在为中共中央起草的对党内的指示《三个月总结》中,对李先念率部中原突围给予高度评价:"过去三个月内,我中原解放军以无比毅力克服艰难困苦,除一部分转入老解放区外,主力在陕南、鄂西两区,创造了两个游击根据地。此外,在鄂东和鄂中均有部队坚持游击战争。这些都极大地援助着老解放区作战,并对今后长期战争起更大的作用。"

毛泽东曾称赞陈云、薄一波、邓小平、李先念为中国经济工作中的"四大名旦"。毛泽东还曾称赞"李先念是将军不下马的"。

在纪念李先念逝世一周年之际,江泽民为他题词:"伟大的人民公仆。"

2009年6月23日,在纪念李先念诞辰100周年大会上,胡锦涛高度评价李先念:"是党领导的人民军队的杰出将领。他骁勇善战,功勋卓著,在重大历史关头不怕牺牲、勇挑重担,敢于斗争、屡建奇功。""是鄂豫边区抗日根据地和新四军第五师的主要创建者和领导人。""是党和国家财经工作的卓越领导人。""是以邓小平同志为核心的党的第二代中央领导集体的重要成员。"胡锦涛说：在60多年的革命生涯中，对共产主义具有坚定的信念，对党、对人民、对无产阶级革命事业无限忠诚。在任何艰难困苦的条件下，始终坚韧不拔，不屈不挠，坚持斗争。具有无产阶级革命家的胆略和才华，善于把马克思主义与实际相结合，创造性地进行革命斗争和领导经济工作。具有坚强的无产阶级党性，一贯顾全大局，坚持原则，维护团结，模范地遵守党的纪律。襟怀广阔，光明磊落，谦虚谨慎，廉洁奉公，生活俭朴，要求子女严格。特别重视加强共产党人的品格修养，表示"一个共产党员，一个革命家，必须永远保持革命热情和奋斗精神，把为人民服务，把改造客观世界，当成自己的天职和应尽的义务"。① 他把艰苦奋斗、全心全意为人民服务作为自己人生座右铭，树立了共产党人学习的榜样。

国防大学教授朱玉评价李先念是中国改革开放的奠基人之一，主要贡献是：（1）在经济领域的各条战线上，全面拨乱反正，提出"理直气壮地抓经济"的指导思想，消除"四人帮"的流毒。（2）积极建议和支持邓小平复出，早日恢复工作。邓小平复出后，成为我国改革开放的总设计师。（3）派团出国参观访问取经，组织大规模的技术引进，提出引进工作的"九条原则"。1978年下半年，根据中央决定，组织引进国外先进技术和项目1200多项，成交额达78亿美元。（4）适当利用国外资金，加快经济建设。提出借用外债的三原则：一是不可不借；二是用得好，这是关键；三是还得起，借外债必须考虑偿还能力。（5）打开对外开放的窗口，批准建立蛇口工业区，为我国创办经济特区提供了宝贵经验。（6）积极推动中外合资企业的创办和发展，使之成为我国经济发展的重要形式。（7）把扩大企业自主权作为经济体制改革的突破口。通过放权让利，改变过去那种政企不分、统得过死、吃大锅饭和企业负担过重的状况。（8）推动财政体制和外贸体制改革。围绕放权、让利、搞活的思路，打破过分集中统一的格局，充分发挥中央和地方两个积极性。（9）主持1978年的国务院务虚会议，全面探索实现四个现代化的新路子，为十一届三中全会的召开作了准备。（10）强调改革开放要坚持社会主义道路，决不能搞全盘西化，要把改革开放与坚持四项基本原则统一起来，二者不能偏废。

---

① 胡锦涛：《在纪念李先念同志诞辰100周年座谈会上的讲话》（2009年6月23日）。

杨尚昆

为人民甘当『马掌铁，磨灭方休』

| 经典摘录 |

☆我在建国以后基本上就是起个"听用"的作用。打麻将不是有一张可以当作任意一种牌使用的"听用"吗？办公厅主任的工作也是"听用"，党需要你干什么就干什么。

☆甘草是中药里使用最广泛的一种辅药，一种调和药，一剂药里加上一点甘草，就能使这剂药更好地发挥疗效并减少副作用。起个甘草作用就是成绩。

☆本分本分，自有你一份。事事让三分天宽地阔，心田留半亩子孙耕。

主要经历

杨尚昆,汉族,1907年生,重庆潼南人,1926年转为中国共产党党员,大学文化。

1925年至1931年,在苏联莫斯科中山大学学习并任支部局宣传部副部长、中国问题研究院研究生。1931~1933年,任全国总工会党团书记,中共中央宣传部部长,参加组织领导上海工人运动和抗日救亡运动。1934年1月,任红三军团政治委员。1935年1月,参加遵义会议,坚决拥护毛泽东的正确主张。红军三大主力胜利会师后,任红军前敌总指挥部政治部主任、中央革命军事委员会总政治部副主任。1945~1948年,任中共中央军委秘书长。1948~1966年,任中共中央办公厅主任、中共中央副秘书长兼中共中央书记处第一办公室主任,中共中央书记处候补书记。1978~1980年,任中共广东省委第二书记,参与领导广东实行特殊政策、试办经济特区等工作。1980~1993年3月,任第五届全国人大常委会副委员长兼秘书长,中共中央军委常务副主席兼秘书长,中华人民共和国主席。是中共第十二届、十三届中央政治局委员,十二届一中全会、十三届一中全会相继任中央军委常务副主席,中共十三届五中全会,任中央军委第一副主席,中央整党工作指导委员会顾问。1998年9月14日在北京逝世。

主要著作有:《杨尚昆日记》《杨尚昆回忆录》等。

情操实践

破数万卷书,秘诀在于"精读加速读"

杨尚昆一生钟爱读书。对于政治类书籍,他认真研读,每次读都会作出批注。小说名著被杨尚昆视为好友知音,与它们对话,从它们身上取经,获取力量。

杨尚昆去世后,其子杨绍明分批捐出了父亲生前所阅所藏的图书达四五万卷，为此，重庆图书馆专门腾出400多平方米的空间做"杨尚昆赠书阅览室"。古人虽有"读书破万卷"的诗句，但要真读书万卷并非易事。为此，杨尚昆采取精读与速读并重的读书方法。读文艺类书籍，主要采取一目十行的速读法，只看精要，不论情节。

正像杨绍明回忆父亲时说的："他每个晚上都看书，一晚上可以读两本小说……"杨尚昆看书时常将好几本书放在手边，这本看累了看那本，交替着看，花镜一上眼，没两三个小时是摘不下来的。① 读政治类书籍，则细读、精读，逐字逐句研究、揣摩，领会精要。长期夜以继日地发奋读书，使杨尚昆具有广博的知识储备和深厚的马克思主义理论功底。留学苏联时，他就是党内较少的研究中国问题的研究生，系统地学习掌握了马克思主义理论，对从诸子百家、上古史到近代历史等文学历史知识以及俄文、书法、刻写等其他知识都有较深的造诣。1983年12月28日，他在《人民日报》发表的《始终不渝地坚持和发展毛泽东军事思想》；1985年1月17日，他在中共中央纪念遵义会议50周年大会上发表的《革命和建设要走自己的路》重要文章，体现出他在马克思主义、毛泽东思想等思想理论方面的重要建树。

广博的知识，理论上的清醒，造就了杨尚昆政治上无比坚定。在遵义会议上，杨尚昆坚决支持毛泽东的正确主张，反对博古、李德的错误军事指挥。后来他回忆说："在两条军事路线的强烈对比中，我深刻地体会到以毛泽东为代表的军事路线的英明正确。对我来说，参加遵义会议是上了极好的一课。"②

在同张国焘分裂主义的斗争中，杨尚昆旗帜鲜明地维护党中央的正确领导。

两河口会议结束后的第二天，张国焘请聂荣臻和彭德怀两人吃饭，提出给三军团补充4个团的兵力，还让秘书黄超送来几斤牛肉干、大米和二三元光洋，说是给彭总"解决困难"。作为三军团政治委员，杨尚昆和彭德怀识破了张国焘拥兵自重的政治野心。事后彭德怀向毛泽东报告了此事。杨尚昆与张国焘在莫斯科时就认识，在上海全国总工会工作时又在一起，对外曾以表兄弟关系相掩护，曾经有较好的工作和个人关系，张国焘

---

① 徐文钦：《杨尚昆：精读与速读并重》，引自《学习时报》。
② 《杨尚昆回忆录》，中央文献出版社2001年版，第121页。

就想以这些历史渊源拉拢杨尚昆,并请杨尚昆吃饭,见面就说:"老杨啊,你原来是个文才,现在投笔从戎,抓枪杆子了,辛苦,辛苦!"不管张国焘如何亲热、套近乎,杨尚昆心中有数、不上圈套。杨尚昆的坚定意志深得毛泽东嘉许。

为了随时掌握张国焘的动向,沙窝会议后杨尚昆被派往由陈昌浩任主任的总政治部担任副主任。临走前,毛泽东对他说:"你本来就是总政治部副主任,调你去,顺理成章;你和陈昌浩又是中山大学的同学,有点老关系……你到那里,要强调一个'忍'字……你要做拉不断、扯不断的'牛皮糖',软不拉叽地富有韧性;切记不要当玻璃,一敲就碎,一碰就破裂,那样就不好工作啦!"①

这件事,足见毛泽东对杨尚昆政治上的高度信任。

在张国焘企图危害中共中央的关键时刻,杨尚昆坚定地站在党中央的一边。他在得知张国焘向陈昌浩发来企图危害中共中央的"密电"后,坚决贯彻执行党中央和毛泽东关于单独北上、脱离险境的方针,协助毛泽东通知叶剑英和罗迈,把总政治部的干部带出来。为了避免节外生枝,那天,在总政治部宣传队工作的爱人李伯钊去看他,临走时还问他:有什么事交待?杨尚昆也没敢透露半句,害得他爱人和警卫员被张国焘扣留,裹胁南下,还被当作奸细进行审查,吃了不少苦。后来,毛泽东曾风趣地说:"你是赔了夫人又折兵啊!"

尽"听用"之责:中办的工作必须忠诚和低调

杨尚昆自1945年9月开始主持中央办公厅工作,在中办主任的岗位上一干就是20年。对于怎样当好中办主任,杨尚昆说,我在建国以后基本上就是起个"听用"的作用。打麻将不是有一张可以当作任意一种牌使用的"听用"吗?办公厅主任的工作也是"听用",党需要你干什么就干什么。当然,建国前我的工作也是"听用",不过那时办公厅的工作相对单纯多了。②

时刻听从党召唤,这是杨尚昆对他20年中办主任生涯的高度概括!它不仅是因为中央办公厅作为党中央的办事机关,工作高度敏感、极其重

---

① 《杨尚昆回忆录》,中央文献出版社2001年版,第143~144页。
② 苏维民著:《杨尚昆谈新中国若干历史问题》,四川人民出版社2010年版,第13页。

要,而且因为工作范围包罗万象,关乎全局,必须时刻以昂扬的精神状态,听候党中央调遣。"听用",不是被动地等待任务来临,而是时刻准备着完成党中央赋予的新使命……

为了高质量地完成中央交办的各项任务,杨尚昆注重加强机关的自身建设,提高制度化、规范化水平。在西柏坡时期,由于处在战争环境,办公厅为党中央服务的制度也不健全,有时毛泽东起草了一份电报,秘书叶子龙就把它揣在口袋里跑到少奇、恩来、朱老总和弼时几位书记处书记那里请他们当面过目,最后交给李质忠发出去就完了。这种办法虽然省事、便捷,但程序不够严密,一旦在哪个环节上出现问题,后果不堪设想。后来逐渐建立起文件传阅制度,对文件在各个环节的运行明确了具体规定,一份文件什么时间传到谁手里,阅后有什么批示,都清清楚楚。

许多工作本来是由专门部门负责的,但中央领导同志一声令下,立即成为中办义不容辞的职责。比如公安工作是毛泽东直接过问的,但是每次召开公安工作会议,都安排杨尚昆去讲话。中苏两党之间的联系,应归口中央联络部,涉及中苏两国之间的问题,应由外交部处理,但那时却把这项工作放到了中央办公厅。1962年的精减城市人口工作,本来是劳动部门的事,结果也落在杨尚昆的头上。1964年的全国人口普查,又让杨尚昆担任全国人口普查领导小组组长。国家领导人出访的安全保障,本来主要依靠公安部和国家安全部,但需要中办组织、协调各方面力量,督促检查,确保万无一失。

20世纪五六十年代,我国领导人出访不多,但是当时国际环境恶劣,敌情十分复杂,一遇有领导人出访,中办的工作就成倍增加,最紧张的一次是1955年4月周恩来率中国代表团出席亚非会议。由于台湾国民党特务企图加害周恩来总理,4月11日,我国向印度租用的克什米尔公主号专机在香港被国民党特务秘密安装了炸弹,飞机在加里曼丹岛上空时爆炸失事。

虽然周恩来因故没有乘坐这一专机,蒋介石的阴谋没有得逞,但这一事件发生后如何确保周恩来一行的绝对安全,给安全保卫工作提出了很高要求。杨尚昆和同志们一道,一方面通过外交途径同印、英当局进行交涉,要求他们彻底查明情况,严惩凶犯;另一方面,进一步加强安保措施,内外两条战线忙得不亦乐乎。直到4月29日,周恩来从印尼返抵昆明,杨尚昆才松了一口气。

对于党所交给的各项任务，杨尚昆一丝不苟、认真完成。几十年后，回忆20世纪五六十年代的中办，一些老同志概括出两句话："工作节奏紧张，政治环境宽松；工作条件艰苦，生活服务周到。"

杨尚昆亦有切身感受。但他谈得更多的不是工作上的成绩，而是研究办公厅工作的规律。他从以下几个方面多次论及办公厅的工作：

一要发挥"听用"和"不管部"的作用。他说：中央办公厅归根到底就是为中央服务，保证中央工作正常运转的。"中央让我干什么就干什么"。

二要加强业务建设。他说：中央办公厅的工作包罗万象，但最初机构和制度并不健全，能应付下来，同20年来自身建设做了一些工作是分不开的。

三要默默无闻，敢于担当。杨尚昆认为，任劳任怨，不图个人名利，是对办公厅工作人员的基本要求。他谦虚谨慎，生活低调，从不居功自傲。他常说"功劳不能记在我一个人头上"，主要是下面同志兢兢业业、辛辛苦苦工作的成果。至于我自己，只能说横竖在这里20年，办公厅的工作没有出大的问题就是了。

他评价自己"大概起个甘草的作用。甘草是中药里使用最广泛的一种辅药，一种调和药，一剂药里加上一点甘草，就能使这剂药更好地发挥疗效并减少副作用。起个甘草作用就是成绩。"

杨尚昆是勇于担当的榜样。"文化大革命"前夕中办曾发生了一起所谓"秘密录音"的问题。这件事的起因是，毛泽东讲话历来不喜欢人家做记录。但是毛泽东是我们党的领袖，讲话没有记载，留不下个资料也不行。20世纪50年代初，杨尚昆曾向毛泽东提出，以后不管开什么会都应该做个记录才好。毛泽东说，那你和胡乔木两个记一下吧。后来，毛泽东又不让做会议记录了。这样，1956年毛泽东《论十大关系》的讲话，既未录音也无速记，后来根据几位同志的笔记整理的稿子，毛泽东阅后很不满意。为了汲取这次教训，以后开大会，毛泽东准备讲话时，杨尚昆就请示他要不要扩音？他说"可以"，再顺便问是不是也录一下音，他说"可以"，中办才安排扩音、录音。1957年2月，毛泽东在最高国务会议上作《关于正确处理人民内部矛盾的问题》的讲话，就是毛泽东亲自指示叶子龙录音的。

由此来看，毛泽东并不是一律不让录音，而是反对未经他许可的擅自录音。1959年11月和1961年4月,毛泽东先后到杭州召开中央工作会议和到长沙巡视。正是杨尚昆没有随行的这两次活动发生了未经事先请示就录音的现象,对此毛泽东非常生气,下令追查录音问题。杨尚昆虽然并不知情,但他主动承担责任,在向小平、彭真同志说明情况的同时,一方面向毛泽东作书面检讨,说在录音问题上疏于检查,请求处分;另一方面责成机要室的同志抓紧组织力量,选择最重要的录音尽快转化为文字记录,然后把所有的录音带清点登记销毁。此后,中央书记处召开会议,专门讨论了录音问题,通过了《关于录音、记录问题的决定》。《决定》提出:中央重要的正式会议,经书记处批准,可以进行记录。此外,党代表大会、中央全会、中央工作会议、中央政治局和书记处会议等中央会议,中央领导同志和党内同志的谈话,中央领导同志接见外宾的谈话一律不准录音。为了严格执行这一决定,又不重复《论十大关系》无记录的错误,中央决定选调一批青年,培养成速记员,恢复会场速记的办法。

就是这么一个简单的问题,后来竟成了杨尚昆的一大罪状,把"秘密录音"上升为"秘密窃听",从中共中央副秘书长、中央办公厅主任降为一个地委的副书记,"监护审查"了12年。事实上录音并没有错。正如杨尚昆所说:我坚持认为,录音不但不是我的罪过,相反是一大功劳。录音,就是为了保存党的历史文献嘛!

靠清白传家,"廉洁是根本"

杨尚昆出生在一个开明地主家庭,父亲为人厚道,喜欢读书,常告诫家人要守本分,说:"本分本分,自有你一份。"他家的门楣上悬挂着"清白世家"的训言。书房里的对联是:"事事让三分天宽地阔,心田留半亩子种孙耕。"卧室里贴着三个字:"退一步。"杨尚昆的胞兄杨闇公是中国共产主义运动先驱者、四川党团组织主要创建人和大革命运动的主要领导人,重庆革命领袖。杨家清白做人、与人为善的家风和胞兄杨闇公的指引对杨尚昆后来的成长产生了重要影响。

参加革命后,杨尚昆一直以两袖清风自勉。建国初实行薪金制时,按资历和职务他应定四级,但却自定七级。退休以后,中央批准他写回忆录。为了节约经费,他给写作组订下规矩:第一,要坚持节约办事的原则。经费只许节余,不许超出,不许中途向中央要求追加经费,更不许去"募捐"。第二,写作班子不准住招待所。请人来,每人每餐6元标准,办公用品尽量用我们办公室闲置的东西，修旧利废，纸张尽量两面用等。

1998年，全国遭受特大洪灾，已病危的杨尚昆体重由80公斤锐减到50公斤，睡衣大了，他要求工作人员收收腰再穿，而把他夫妇俩的两万多元补发工资捐给了灾区人民。

9月2日下午，自知将不久于人世的杨尚昆，把全家人召集到病床前，开了他生前最后一次家庭会，安排后事。之后，向党中央递交了最后一个报告，报告的主要内容是：

> 江泽民同志并常委、政治局各同志：
> 我在医院病床上开了家庭会议，人总是要死的，我叫他们不要太伤心，我现在很平静。在党内我也算是一个老同志，我相信我的生平中央会作出评价，我告诉他们不必争这个高低。
> 关于我的后事，一是要向中央表示要求从简，今年遭了大灾更要从简；二是火化，火化以后送回我的老家潼南县去，同杨闇公埋在一起。还有几摊子事情，比如回忆录等，我也作了交待。①

这不足200字的报告，表达了杨尚昆对后事的态度和遗愿。字里行间闪耀着一名老共产党员一生追求真理，永远服务人民，鞠躬尽瘁、死而后已的崇高品质。一个即将走完生命历程的革命老人，连呼吸都很困难，心里却装着灾区人民。在弥留之际，在党和人民遭遇困难时，杨尚昆绝口不谈个人，而再三吩咐后事从简，这是杨尚昆用他的实际行动给我们谱写的一曲生命不息、奉献不止的颂歌！

| 历史评说 |

《杨尚昆逝世讣告》中说，杨尚昆是"伟大的无产阶级革命家、政治家、军事家，坚定的马克思主义者，党、国家和人民军队的卓越领导人"。中华人民共和国成立后，他领导调整和健全了中央办公厅工作机构，创立

---

① 《杨尚昆生平和思想研究》，第272页。

了行之有效的为党中央服务的工作运转机制。1978年12月至1980年底在广东省工作期间,积极参与领导广东实行特殊政策、试办经济特区等工作,使广东成为全国改革开放的前哨和示范区,为国家实行对外开放政策提供了宝贵经验。在担任中央军委副主席期间,他同党和国家其他领导人一道,处理了发生在1989年春夏之交的政治风波,维护了国家的独立、尊严、安全和稳定。

2007年7月20日,胡锦涛出席纪念杨尚昆诞辰100周年座谈会,高度评价杨尚昆的光辉一生。称赞"他为党领导的革命、建设、改革事业贡献了毕生精力,作出了重大贡献"。他"先后在西北革命军事委员会和红军前敌总指挥部等红军领导机关工作,为红军政治工作作出了重要建树"。"解放战争期间,杨尚昆同志担任中共中央机关和中央军委总部机关日常事务的主要负责人。他周密细致地组织了中央机关撤离延安的疏散工作,有力配合了党中央转战陕北战略部署的实施和展开"。中华人民共和国成立后,杨尚昆为使中央机关迅速适应我们党掌握全国政权的新形势新任务,努力探索中央机关工作规律,加强中央机关建设,健全中央办公厅工作机构,为提高机关办事效率、保证各项任务的完成作出了显著贡献。胡锦涛号召"我们要学习杨尚昆同志严于律己、公道正派,始终保持共产党人的优良品质。杨尚昆同志始终把自己看作人民的一员,密切联系群众,作风民主,平易近人,关心同志,爱护干部。他遵守党的纪律,维护党的团结,顾大局,讲原则。他生活俭朴,廉洁自律,始终保持和发扬党的优良传统和作风"。

粟 裕

勤勤恳恳打仗，战战兢兢做人

| 经典摘录 |

☆对中央和上级的指示的态度是：坚决执行而不机械呆板，灵活机动而不随心所欲。"不结合实际情况具体灵活地执行上级指示，即使是在正确路线的领导下也是应当加以反对的。"

☆我跟随毛泽东、朱德同志学习打仗所得到的最深刻的体会，是战争有它自己的规律，克敌制胜的办法必须依据敌我双方的实际情况和战争内在规律去寻找。我学到的这条道理，使我终身受益。

☆用"如饥似渴"、"如痴如呆"这八个字来形容我那时的学习劲头和情况，我看是很恰当的。学生上课的教室，就是课外的自习室，上课听讲的座位，就是课外自习的座位，我除了上饭堂吃饭、上厕所大小便外，几乎整天不离开座位。我几乎没有任何社交活动，只是同座位前后左右的4个同学打打招呼，把全部时间和精力都倾注在阅读、书写和做作业上。

主要经历

粟裕,侗族,1907年8月生,湖南会同人,1927年6月转为中国共产党党员,师范文化,大将军衔。

大革命失败后,先后参加南昌起义、湘南起义。1929年至1933年,任第一师支队长,中国工农红军第二十二军六十四师师长、政治委员,红四军参谋长,红一军团教导师政治委员,红十一军参谋长,红七军团参谋长。抗日战争爆发后,任新四军第二支队副司令员,先遣支队司令员。皖南事变后至1945年秋,任新四军第一师师长兼政治委员,苏中军区司令员兼政治委员,苏浙军区司令员兼政治委员。1948年5月起,任华东野战军代司令员、代政治委员、前委代书记。1949年2月起,任中国人民解放军第三野战军副司令员兼第二副政治委员、前委书记,华东军区副司令员。中华人民共和国成立后,任第三野战军兼华东军区副司令员、第三野战军前委书记。1951年1月至1954年10月,任解放军第二副总参谋长。1954年10月至1958年10月,任解放军总参谋长。后任国防部副部长,军事科学院副院长、第一政治委员。1967年3月至1969年4月、1975年2月至1982年9月,任中共中央军委常委。1980年9月,增选为第五届全国人大常委会副委员长。1982年9月至1984年2月,任中共中央顾问委员会常委。1984年2月5日在北京逝世。

主要著作有:《粟裕战争回忆录》《粟裕军事文集》。

情操实践

勇于探索,百战百胜

粟裕自幼聪慧,学习刻苦。后来回忆起学生时代,粟裕在回忆录中写道:"用'如饥似渴'、'如痴如呆'这八个字来形容我那时的学习劲头和情况,我看是很恰当的。学生上课的教室,就是课外的自习室,上课听讲的座位,就是课外自习的座位,我除了上饭堂吃饭、上厕所大小便外,几乎整天不离开座位。我几乎没有任何社交活动,只是同座位前后左右的4个同学打打招呼,把全部时间和精力都倾注在阅读、书写和做作业上。"①

长期刻苦的学习,奠定了粟裕扎实的科学文化基础,也使他较早地接触到马克思主义思想的影响,建立起共产主义的坚定信念。1927年5月,作为中国共产主义青年团团员的粟裕,投笔从戎,成为党掌握的革命武装——叶挺二十四师教导队的一员,参加了南昌起义,并在朱德、陈毅等率领下经过湘南起义与毛泽东领导的秋收起义的部队在井冈山胜利会师。从此,粟裕跟随毛泽东转战,学习如何建军、如何建设根据地、如何打仗,从而领悟到毛泽东指挥战争的精髓。在井冈山时期,粟裕就是小有名气的"青年战术家"。谈起由一名普通战士成长为著名军事家、战略家的历程,粟裕说:"我的学习道路是从战争中学习战争。""我跟随毛泽东、朱德同志学习打仗所得到的最深刻的体会,是战争有它自己的规律,克敌制胜的办法必须依据敌我双方的实际情况和战争内在规律去寻找。我学到的这条道理,使我终身受益。"②

运用从毛泽东、朱德那里学到的军事谋略思想和战争指挥艺术,粟裕指挥了一个又一个重大战役,取得了辉煌的战果。最为著名的:

一是1946年7月至8月的苏中战役,以3万多人迎击国民党军12万人之众,七战七捷,歼敌5.3万余人。中央军委将其作为集中兵力打歼灭战的范例,通报全军仿效。

二是1947年1月发起鲁南战役,全歼国民党军整编第二十六师、整编第五十一师和第一快速纵队共5.3万人。毛泽东评价此役"取得空前大捷"。"鲁南胜利,局面打开,我已取得主动,敌已陷入被动。"③

三是1947年2月举行莱芜战役,大踏步前进后退,把敌人搞得晕头转向,华东野战军以伤亡8000人的代价,三天时间消灭国民党军5.6万

---

① 《粟裕战争回忆录》,解放军出版社1988年版,第13页。
② 《粟裕战争回忆录》,解放军出版社1988年版,第74—75页。
③ 《毛泽东军事文集》第三卷,军事科学出版社、中央文献出版社1993年版,第632页。

余人，生俘第二绥靖区中将副司令官李仙洲、第七十三军中将军长韩俊和少将17名。莱芜战役的胜利，提前完成了中共中央给予的一个月至一个半月歼敌10个旅的作战任务，创造了解放战争以来华东战场的空前纪录。对此，陈毅发表谈话，认为：莱芜战役的空前大捷，"证明了我军副司令粟裕将军的战役指挥一贯保持其常胜纪录，愈出愈奇，愈打愈妙。"①

四是1947年5月打响孟良崮战役，一反先打弱敌的常规，欲擒故纵，虎口拔牙，全歼国民党军精锐主力整编第七十四师，极大地震撼了蒋军内部。蒋介石痛心疾首地说："孟良崮的失败，是我军剿匪以来最痛心最可惋惜的一件事"，"是空前的大失败"，"必须等到我们全军一番起死回生的改造之后，乃能做进一步的打算。"②

五是1948年9月实施济南战役，采取"攻城打援"的战法，一举歼灭国民党军第二"绥区"司令王耀武所部10.4万人。济南战役的胜利，标志着华东我军由不拘于一城一地的得失，转变为永久地占领大城市和统一大块解放区的新时期的到来。

粟裕的高超军事指挥艺术，赢得了"常胜将军"的美誉。毛泽东赞扬粟裕"指挥正确，既灵活又勇敢，故能取得伟大胜利"。朱德评价他"是学习毛泽东军事思想的模范"。刘伯承说："粟裕同志智深勇沉，非常优秀，百战百胜，有古名将之风，是我军最优秀的将领，是中国的战略家。"③

忠诚为国，三次直陈

粟裕是一个坦荡无私、对党的事业具有赤胆忠心的领导者，敢于坚持真理、修正错误是他的一贯作风。他对中央和上级指示的一贯态度是：坚决执行而不机械呆板，灵活机动而不随心所欲。他曾说："不结合实际情况具体灵活地执行上级指示，即使是在正确路线的领导下也是应当加以反对的。"④ 为了革命事业，他无畏无惧，不计较个人得失。在中共党内，粟裕是除罗荣桓之外又一个敢于和善于提不同意见

---

① 《陈毅年谱》上卷，人民出版社1995年版，第489页。
② 《粟裕战争回忆录》，解放军出版社1988年版，第504页。
③ 《粟裕纪念文集》，军事科学出版社2008年版，第5页。
④ 《粟裕战争回忆录》，解放军出版社1988年版，第139页。

的人。

第一次是建议中央改变外线作战的方针。

1946年6月,蒋介石完成了发动全面内战的部署。他们的战略企图是:以主要铁路干线为主线,主力由南向北进攻,将黄河以南的人民解放军逐步压迫至黄河以北,然后聚歼于华北地区,并于6月26日向我中原军区部队发动进攻,打响了全面内战的第一枪。

中共中央判断,全面内战爆发6个月后,如我军大胜,必可议和;如胜负相当,亦可能议和;如蒋军大胜,则不能议和。于是,党中央作出了蒋军向北,我军向南,敌进我进,迫蒋议和的外线出击战略方针。由毛泽东起草的中共中央致华中分局电,指令华中野战军西出津浦路作战。要求粟(裕)谭(震林)主力位于津浦路以东、运河以西地区,与陈(毅)舒(同)配合,一举占领蚌浦间铁路线,歼灭该地之敌,并准备打大仗。

粟裕认为,中共中央筹划的这一场大战,对未来战局的发展关系重大,必须做到初战必胜。从战场选点来看,在苏中打一个胜仗再西移淮南更为有利。于是,粟裕致电中央军委、陈毅军长和华中军区,提出了暂不西移的动议。与此同时,他长途跋涉300余里,赶到华中军区,当面征求张鼎丞、邓子恢、谭震林的意见,得到3人的赞同后,4人又联名致电中共中央和新四军军部。电报中,首先分析了华东野战军主力集中于苏中和在淮南作战的利弊,认为我军主力如果向淮南转移,将使苏中有迅速被国民党顽军攻占的极大可能,如果苏中失陷,淮南战局万一不能速胜,则使我军处于进退两难,这样不仅对苏中不利,而且对华中整个作战部队的供应更有极大的影响。

中央军委经过慎重考虑,采纳了粟裕的意见,决定先在内线作战,指出:我"先在内线打几个胜仗,再转至外线,在政治上更为有利"。这是解放战争初期中央军委对原定战略计划的一次重要调整,对于解放战争的胜利发展起着重要的作用。此后的苏中七战七捷就是在中央调整了战略计划指导下发起的。

第二次是建议中央将第五旅东调苏中。

1946年8月7日,粟裕致电中共中央和华中分局,报告"歼敌良机已到",同时建议在淮南的第五旅东调苏中参战,以便集中兵力于主要作战方向。8月8日,中央军委复电粟裕,同意他的作战建议,但对是否必须东调第五旅，没有明确表态，指示："预备部队或钳制部队如有可调者，望张邓谭尽可能满足粟之要求，集中最大兵力于主要方向。"① 显然，中央军委意在让华中分局灵活处置，既要集中最大兵力于主要方向，又未必仅限第五旅。

粟裕分析敌我双方态势，又于7月25日向华中军区、陈毅军长、中共中央建议在淮北战役尚未大打时，仍将第五旅调至苏中参战，比留淮南更为有效。这时，陈毅为执行外线出击的作战计划，已率领山东野战军主力从鲁南到达淮北。接到粟裕的电报后，陈毅于7月27日复电，提出："淮南五旅不改东调仍留淮南，粟部亦宜逐渐向西转移。"7月28日，再次强调，"五旅不宜东调，因津浦线是主战线已苦兵力不足"。

粟裕接到陈毅的复示，认为有必要向中共中央、陈毅军长、华中军区陈述自己的意见，再次提出第五旅东调、集中兵力歼敌的建议，同时对"只有全面大打才能制服蒋分区蚕食的狡计"的论断表明自己的看法。他说："我各战略区除在战略上应互相配合外，在战役上似不应要求一定之配合（事实上也很难做到），而在单独作战，以自己力量解决当面敌人，否则会影响到另一战略区之机动。依目前华中兵力，实无法组成两个野战军。现天长、盱眙既失，五旅等部留在淮南已无大作用。因此建议将淮南主力大部东移苏中参战。只要苏中局面打开，则淮南形势亦可能逐渐改善，而后我再以主力西移，则淮南局面亦可能打开。"② 8月4日，毛泽东为中央军委起草致陈毅、宋时轮的电报，指出："粟裕集团应否于此时调动各有利害，待考虑再定。"③ 毛泽东的电报表明，中央尚未完全接受粟裕的意见。

8月5日，粟裕再次致电中央军委，又一次建议第五旅到苏中参战。他认为，华中野战军主力的使用关系战争全局，必须慎重处理。指出："在五旅增到苏中条件下，于八月内再歼敌两个旅是有把握的。如五旅不来，而仅以现有兵力则感到吃力，对九月份战斗亦将有影响，且对苏中局面不能得较快的好转。"因此，"要求五旅及特务团仍东调

---

① 《毛泽东军事文集》第三卷，军事科学出版社中央文献出版社，1993年版，第392页。
② 《粟裕军事文集》，解放军出版社1989年版，第245—246页。
③ 《毛泽东军事文集》第三卷，军事科学出版社、中央文献出版社1993年版，第377页。

参战，以期早改变苏中战局，以便主力西移。否则淮南、苏中均成僵局，于整个战局亦不利。斗胆直陈，尚祈明示"。① 这是粟裕第一次使用"斗胆直陈"的措辞。粟裕对战争发展的准确判断和他的执着精神终于感动了毛泽东。五旅加入苏中作战，确保了海安、李堡作战的胜利。

第三次是建议中央改变关于华东野战军南渡长江执行宽大机动作战任务的计划。

1948年春，中共中央决定，由华东野战军主力组建东南野战军，执行南进战略任务，并由粟裕兼任东南野战军第一兵团司令员兼政治委员和中共中央东南分局书记。1月27日，中央军委致电粟裕，要他率3个纵队渡江南进，执行宽大机动作战任务。并指出，采取这个战略行动的意图，是迫使敌人改变集中强大兵力于中原的战略部署。

粟裕认真研究领会中央军委的电报精神，认为中央军委采取这一重大战略决定，显然是为了进一步把战争引向敌人的深远后方，以配合主要战场主要是中原战场作战，扭转中原战局，发起战略进攻。而要实现这一战略意图，有两种战略设想可供选择：一是分兵南进；二是集中兵力在中原地区打大歼灭战。粟裕认为，从全局来看，为了改变中原战局，进而协同全国其他各战场彻底打败蒋介石，中原和华东我军还要同国民党军进行几次大的较量，打几个大歼灭战，尽可能多地把敌人主力消灭在长江以北。从当时情况来看，要打大规模的歼灭战，分兵渡江南进是做不到的，而在中原黄淮地区打大歼灭战的条件却正在成熟。

1948年4月18日，粟裕再次"斗胆直陈"，向中央军委建议，华东野战军3个纵队暂不渡江南进，而集中兵力在中原黄淮地区打几个大规模的歼灭战。中央接到粟裕的电报后，立即电示陈毅、粟裕到中央当面汇报。粟裕郑重汇报了华东野战军3个纵队暂不渡江南进、集中兵力在中原黄淮地区大量歼敌的方案和提出这一方案的根据。毛泽东、刘少奇、周恩来、朱德、任弼时听后当即进行研究，同意了这一方案。正是由于粟裕的这一建议，才有后来的豫东战役、济南战役。《周恩来传》说，这"构成了以后淮海战役设想的最初蓝图"。

---

① 《粟裕传》，当代中国出版社2000年版，第486页。

淡泊名利，三次让贤

粟裕常说要"勤勤恳恳打仗，战战兢兢做人"。这是粟裕一生献身革命、谦虚谨慎的写照。刘少奇担任华中局书记兼新四军政委期间发现粟裕"堪当大任"。1943年进入中央领导集体核心后，刘少奇向毛泽东举荐："我在新四军发现了两位人才，一是新四军四师政委邓子恢，他是农村工作的专家；二是新四军一师师长粟裕，是新四军七个师中，打仗打得最多和最好的一个师长。"

英勇善战的粟裕进入毛泽东的视野。1944年，粟裕率领只有数千人的部队在苏北车桥歼灭日伪军逾千的捷报传到延安窑洞，毛泽东当场说了一句极有预言性的话："这个从士兵成长起来的人，将来可以指挥四五十万军队。"从此，好运一次又一次指向粟裕，而一向谦恭低调的粟裕则不断谱写二让司令、再让元帅的人间佳话。

"一让司令"，发生在1945年10月。

根据中共中央"向北发展，向南防御"的战略决策，中央决定在原华中地区组建华中分局和华中军区。于是，华中局提出的组织方案建议由粟裕任华中军区司令员。中共中央复电华中局，同意这一提名，并决定张鼎丞任华中军区副司令员。粟裕看到中央的任命后，当即向华中局负责同志提出建议，请求任命张鼎丞为司令员，自己改任副司令员。

张鼎丞是一位德高望重的老同志，年长粟裕9岁，新四军组建初期粟裕任第二支队副司令员时，张鼎丞就是司令员；后来，张鼎丞又担任中央党校二部主任。

粟裕认为，由张鼎丞任华中军区司令员更有利于工作。华中局没有同意他的建议。10月15日，粟裕致电中央，提出："以职之能力，实不能负其重任。而鼎丞同志不论在才德资各方面均远较职为高超：抗战以前，均为长辈；抗战初期，则曾为职之上级；近数年来，又复在中央直接领导之下，功绩卓著，且对于执行党的政策与掌握全局均远非职所能及。"因此，"请求中央以鼎丞同志为司令。职当尽力协助，以完成党中央所给予之光荣任务"。[①] 中共中央和华中局经过认真考虑，认为由粟裕担任是适当的，

[①] 《粟裕传》，当代中国出版社2000年版，第412页。

因此，没有接受粟裕的建议。10月27日夜，粟裕第二次致电中央，再次建议由张鼎丞任司令员自己改任副司令员，党中央最终采纳了粟裕的建议，由张鼎丞任华中军区司令员，粟裕任华中军区副司令员兼华中野战军司令员。

"二让司令"，发生在1948年5月。

解放战争时期，粟裕虽屈为副职，但其军事指挥才能甚至超越同时期的正职。1946年9月，山东野战军与华中野战军会师淮海后，成立由陈毅任司令员兼政委、粟裕任副司令员、谭震林任副政委的华东野战军，由毛泽东起草的中共中央指示电明确："在陈领导下，大政方针共同决定……战役指挥交粟负责。"① 在司令员在位的情况下，党中央赋予副司令员以战役指挥权，这不仅在当时各战略区、各野战军中是绝无仅有的，在古今中外的战争史上也是极为罕见的。这充分体现出毛泽东对粟裕的高度信任和器重。

为更好地发挥粟裕的军事指挥才能，1948年5月，中共中央决定调华东野战军司令员兼政委陈毅任中原军区、中原野战军第一副司令员，粟裕任华东野战军司令员。这一被常人看来天大的好事，又一次被粟裕坚辞掉。粟裕在回忆录中写道：中央书记处会议结束时，毛泽东亲自找我谈话。"毛泽东同志对我说，陈毅同志不回华野去了，今后华野就由你来搞。这个消息对我真是太意外了，我非常着急，当即再三要求让陈毅同志仍回华野。毛泽东同志又说，中央已经决定了，陈毅同志和邓子恢同志到中原军区、中原局工作。最后我又提出，陈毅同志在华野的司令员兼政委的职务要继续保留。毛泽东同志沉思了一下，然后说：那好吧，陈毅同志仍任华野司令兼政委，但是那边工作很需要他，现在必须马上去。"②

此后，中央虽然仍任陈毅为华野司令兼政委，粟裕任华野代司令员兼代政委，但在5月21日中央军委复陈毅、粟裕电部署夏季作战任务时，却明确"粟裕全权指挥一、三、四、六、八及十一纵之作战，并指挥许、谭在津浦线上之配合作战。""陈毅不参加此次作战，尽可能迅速地偕同邓子

---

① 《毛泽东年谱》（1893—1949）下卷，第141页。
② 《粟裕战争回忆录》，解放军出版社1988年版，第542页。

恢及大批干部去豫西与刘、邓会面,建立中原军区及中原局经常工作。"①此后,粟裕成为华东野战军实际上的主持者。

再让元帅,发生在1955年人民解放军第一次实行军衔制之时。

经第一届全国人民代表大会常委会第六次会议通过,由国家主席毛泽东批准公布的《中国人民解放军军官服役条例》规定:对创建和领导人民武装力量或领导战役军团作战、立有卓越功勋的高级将领,授予中华人民共和国元帅军衔。

按照这个标准,粟裕是符合的。他虽然没有"创建"人民武装力量的功勋,但在"领导人民武装力量"的中央军委中,是28位军委委员之一,排名第15位。对"领导战役军团作战、立有卓越功勋的高级将领"这一条,粟裕更为符合。从1948年起他就实际主持华东野战军全面工作,评定军衔时任中央军委总参谋部第二副总参谋长,且战功卓著,是保持不败纪录屈指可数的著名军事家、战略家。正因为如此,毛泽东主张把粟裕评为元帅。据《无冕元帅:一个真实的粟裕》一书披露:"评定军衔时,最初的元帅名单里,林彪排名第5位,粟裕排名第7位。"当时确定评为元帅的数额是10位,即是说符合评元帅条件的高级将领不可能都当元帅。于是,毛泽东又提出一个原则,工作重点在地方的同志不授衔。这样,随着周恩来、刘少奇、邓小平的退出,符合评定元帅条件的范围逐渐缩小。粟裕评帅似有希望。

但粟裕主动向中央提出不当元帅。1955年9月中旬,毛泽东赴邯郸视察。回到北京的一天深夜,与周恩来、朱德、刘少奇在中南海颐年堂的小会议室里商讨高级将领授衔事宜。毛泽东再次谈到了粟裕。他说:"论功、论历、论才、论德,粟裕都可以领元帅衔;在解放战争中谁人不晓得华东粟裕呀!"周恩来谈到了粟裕主动让帅,同时也考虑到需要兼顾中国革命的各个历史阶段和各野战军的情况。这实际上提出了粟裕和陈毅谁评帅的问题,陈毅是中国人民解放军的创建者和领导者之一,在新四军、在华野一直是粟裕的老上级,而粟裕则在解放战争期间贡献比较大。

综合各方面意见,毛泽东选择了陈毅,但他更为粟裕的高风亮节而感动。他说:难得粟裕!壮哉粟裕!竟三次辞帅,1945年让了华中军区司令

---

① 《毛泽东年谱》(1893—1949)下卷,第311页。

员，1948年让了华东野战军司令员，现在又让元帅衔，比起那些要跳楼的人强千百倍么！[①]

功高的、杰出的军事家粟裕工作中也得罪了一些人。1958年在军委扩大会议上遭到错误批判，并被免去总参谋长职务，调任国防部副部长兼军事科学院副院长。1959年庐山会议时，有人向粟裕建议，把1958年受错误批判的事乘机提一提。粟裕坦荡地表示，他不愿在彭德怀受批判的时候提自己的问题。并且说：我绝不利用党内政治风浪的起伏！我相信我几十年的革命实践足够说明自己！

多年后，中央军委为粟裕平反。他赋诗表达自己对功名利禄的淡泊心情：

半世生涯戎马间，一生系得几危安。
沙场百战谈笑过，际遇数番历辛艰。
松苍敢向云争立，草劲何惧疾风寒。
生死沉浮寻常事，乐将宏愿付青山。

把生死看作"寻常事"的粟裕，对与他同生死、共患难的昔日战友却念念不忘。生前，粟裕立下遗嘱："我在革命战争年代，在党的领导下，身经数百战，在和我共同参加战役、战斗的同志中，牺牲了的烈士有十数万，而我还活着，见到了革命的胜利。在我身后，不要举行遗体告别，不要举行追悼会，希望把我的骨灰撒在曾经频繁转战的江西、福建、浙江、安徽、江苏、上海、山东、河南几省市的土地上，与长眠在那里的战友们在一起。"

与战友同葬——这就是粟裕的群众观。

粟裕对党的事业无限忠诚、为了党的事业不计个人得失的精神，居功不傲、让功揽过的高尚品格，为我们加强共产党人的党性党风，树立了永远的丰碑。

[①] 《无冕元帅：一个真实的粟裕》，人民出版社2008年版，第287页。

历史评说

粟裕是卓越的无产阶级革命家、杰出的军事家和战略家、中国人民解放军的重要领导人,中国人民解放军大将。

毛泽东曾赞扬华野和粟裕:"我华东军在第一年作战中,已表现自己为全国各区战绩最大的军队。"粟裕"指挥正确,既灵活又勇敢,故能取得伟大胜利"。1948 年开始的淮海战役共歼敌 55.5 万人,粟裕直接指挥的华东野战军就歼敌 44 万人。毛泽东又说:"淮海战役,粟裕立下第一功。"毛泽东还说:"粟裕同志战争年代打仗打得好,是为公的。到北京以后是为公还是为私?不能说都是为私吧!"1955 年,中央在讨论到粟裕军衔问题时,毛泽东说:"论功、论历、论才、论德,粟裕可以领元帅衔,在解放战争中,谁人不晓得华东粟裕呀?"

"文化大革命"期间,周恩来曾经在公开场合说:"你们都应该向粟裕同志学习!"他还提名粟裕主持国防工业,说:"主席对我讲,你是有战功的,现在打不倒,可以去搞国防工业。"

刘少奇曾评价粟裕领导的部队,指出:"我一师几年来工作是获得了最大的成绩,在抗战中建立了最大的功劳。在我全军中以第一师部队作战最多,战果最大。"

朱德总司令评价粟裕"是学习毛泽东军事思想的楷模"。

刘伯承称赞:"粟裕同志智深勇沉,非常优秀,百战百胜,有古名将之风,是我军最优秀的将领,是中国的战略家。"1949 年 9 月和 10 月初,刘伯承又说:"粟裕将军百战百胜,是解放军最优秀的将领之一。"

曾任海军司令员的萧劲光(大将)向毛泽东说:"粟裕为人正派,没有二心,是好人。"

20 世纪 60 年代,时任军事科学院院长的叶剑英对粟裕讲:"你要准备接大班,不要接小班,把院里的工作交给其他同志,将来的战争是需要你的,你要有准备。"

2007 年 8 月,在粟裕大将百年诞辰来临之际,原中央军委副主席张震发表文章，称赞粟裕"为丰富和发展毛泽东军事思想作出了重大贡献。在我军众多的将帅中，他以擅长大兵团作战指挥与著述辉煌而扬名中外，享有'常胜将军'的殊荣"。

黄克诚

写历史人物，要学司马迁

| 经典摘录 |

☆写历史人物志,要学习司马迁,用历史唯物主义的观点,秉笔直书,不要揪住一个人就把他的历史功绩一笔勾销了。林彪在我军历史上是有名的指挥员之一,他后来犯了严重罪行,受到党纪国法制裁,是罪有应得。但在评价他的整个历史时,应当两方面都写,不能只写一面。林彪确有指挥才能,不承认这个事实,不是历史唯物主义态度。

☆一个共产党员在党内受点委屈,算不了什么了不起的事,这比起我们为之献身的共产主义事业,实在微不足道。在我们党的历史上,有多少无辜的好同志含冤死去,他们连全国胜利这一天都没能看到,比起那些同志,我是幸存者。

主要经历

黄克诚，汉族，1902年10月生，湖南永兴人，1925年加入中国共产党，中等文化程度，大将军衔。

1928年初，在湘南起义中参与领导永兴年关暴动，后任红四军十二师三十五团团长、团党代表，湘南农军第二路游击司令员。1930年2月起，任红五军大队、支队、一师政治委员，红五军政治部主任，红三军团政治部宣传部部长、组织部部长、政治部代主任。1936年5月起，任红一军团四师政治委员，红一方面军政治部和红军总政治部组织部部长。抗日战争爆发后，任八路军总政治部组织部部长、第二纵队政治委员、冀鲁豫军区司令员兼政治委员。1941年初至1945年秋，任新四军第三师师长兼政治委员。1947年8月起，先后任东北民主联军副司令员兼后勤司令员、政治委员，东北军区副司令员，东北野战军第二兵团政治委员，中共天津市委书记、天津市军管会主任，中共湖南省委书记。1952年10月至1954年10月，任解放军第三副总参谋长兼解放军总后勤部部长、总后勤部党委书记，1954年10月起，先后任国防部副部长、中共中央军委秘书长、解放军总参谋长。"文化大革命"中受迫害。1978年12月至1985年9月，先后任中共中央纪律检查委员会常务书记、第二书记。是中共第八届中央书记处书记。1986年12月28日在北京逝世。

主要著作有：《黄克诚回忆录》《黄克诚军事文选》等。

情操实践

不盲从，不苟同，勇于坚持真理

黄克诚是个极有主见、敢讲真话，勇于逆错误潮流而进的领导者。在原则问题上，他始终坚持不苟同，不盲从，不赶浪头，不追时髦，服从真理，刚直不阿，无私无畏。

中共六大后，李立三"左"倾冒险主义一度统治中央。1930年6月，中央政治局通过《新的革命高潮与一省或几省首先胜利》决议案，机械地搬用俄国十月革命的经验，认为只要在产业区域或政治中心突然爆发一个伟大的工人斗争，就可以立即通过武装起义实现一省或几省的首先胜利，建立全国性的革命政权，进而夺取全国所有省区的胜利。为此提出红军的任务"是与主要城市的武装暴动配合，夺取政权，建立全国革命政权"。在许多人为中央关于攻打中心城市的指示摩拳擦掌时，黄克诚的反应却"感到有些不妙"。

他参加过南昌起义和湘南暴动。南昌起义时，我军一路攻坚披锐，结果在汤坑、三河坝遭到失败，三万多人的部队几乎打光了。朱德和陈毅收拢了南昌起义保存下来的八九百人，拉到湘粤交界一带，发动了著名的湘南暴动，近万农军揭竿而起，整个湘南树起了红旗，何等壮烈！但于井冈山会师不久，立足未稳，就把湘南农军派回攻打县城，结果纷纷失败，八千湘南子弟所剩无几。湘南暴动时装备最好、战斗力最强的第二十九团再度远离根据地，向湘南冒进，虽一度占领郴县县城，但很快又招致失败，只剩下约一连人回到井冈山。最后，还是靠毛泽东在井冈山坚持的这块革命根据地保存了革命力量。黄克诚从自己的亲身经历中意识到，靠我们现有的力量去夺取中心城市，无异于以卵击石，并有可能重蹈以往几次失败的覆辙。

基于上述分析，黄克诚致信彭德怀，建议放弃攻打中心城市。在红三军团前委、湖南省委、湘鄂赣特委联席会议上，黄克诚毫不含糊地表明自己反对攻打武汉、长沙的立场，说：现在提出夺取武汉的主张是不现实的，因为目前根本不具备夺取武汉的条件。长沙不是不可以打，但不是暴动夺取长沙，而只能是采取游击军事行动，设法将长沙守敌吸引到野外歼灭之。黄克诚的主张受到会议严厉批评，被指责为严重右倾机会主义。为此，上级撤销了关于提升黄克诚为纵队政委的任命。

1959年7月，在庐山会议上，彭德怀受到错误的批判。起因是7月14日晚，国务院副总理兼国防部部长彭德怀针对当时客观存在的问题，给毛泽东写了一封信，陈述了他对1958年以来"左"倾错误及其经验教训的意见，信中首先肯定1958年"大跃进"的成绩是正确的；接着指出"大跃进"的问题所在，直截了当地指出："浮夸风、小高炉等等，都不过是表面现象；缺乏民主、个人崇拜，才是这一切弊病的根源。"

总结1958年的经验教训原本是会议的主题，但是毛泽东把彭德怀信中提出的意见与党内党外出现的对"大跃进"和人民公社化运动存在的突出问题批评联系起来，认为这是向党进攻的右倾机会主义。7月16日，毛泽东突然批示将彭德怀的信印发给与会全体同志，随后，会议转入对这封信的讨论。7月23日，毛泽东在大会上讲话，认为彭德怀的信表现了"资产阶级的动摇性"，是向党进攻，是右倾机会主义的纲领。从此，会议转为对彭德怀、黄克诚、张闻天、周小舟等的所谓"右倾机会主义"、"反党集团"问题进行揭发批判。

黄克诚原本是没有与会任务的。彭德怀给毛泽东写信后，7月15日，毛泽东提出要北京再来一些人，参加最后几天的会议。这样，黄克诚、彭真等于7月17日赶到庐山。黄克诚对彭德怀的信的反应令毛泽东大失所望。黄克诚在自述中说："上山后刚进住房，彭德怀就拿着他写给毛主席的信给我看。我仔仔细细看了一遍，说：这封信提的意见我赞成，但信的写法不好，语言中有的提法有刺激性"。这个看法与中央其他领导人刘少奇、朱德等的意见也比较接近。

经过慎重考虑，黄克诚认为彭德怀给毛泽东信的基本观点是对的，于是，在19日的小组讨论发言中，他又作了比较全面的阐述，支持了彭德怀的意见。这个发言使毛泽东对黄克诚的忠诚产生怀疑，并把黄克诚看成是彭德怀集团的骨干成员。在7月30日的谈话中，毛泽东给黄克诚戴了几顶帽子：一是彭德怀的政治参谋长，二是湖南集团的重要人物，三是"军事俱乐部"的主要成员，指责黄克诚的观点与彭德怀基本一致，并说了"看来我不了解你和彭的关系，也不了解你这个人"这样的重话。

黄克诚逐渐认识到，他已被列入彭德怀的亲信。毛泽东召开一连串的会议，讲路线问题，谈党内有分裂倾向，右倾机会主义向党进攻，谈允许犯错误的同志改正错误，是在教育和争取自己回头。但是，他是一个说不出违心的话、办不出违心的事的人，他与彭德怀的关系堂堂正正，他确实说不出彭德怀的所谓反党问题。因而，屡屡不能过关。有一位中央领导找他谈话，以帮助他解脱的善意劝黄克诚对彭德怀"反戈一击"。黄克诚坚定地说："落井下石"得有石头，可是我一块石头也没有。我决不做诬陷别人、解脱自己的事。这一态度表现了黄克诚坚持真理的鲜明立场，但他却为此付出了极大的代价。在接着召开的党的八届八中全会上，黄克诚被撤销中共中央书记处书记、中国人民解放军总参谋长的职务。

不谋私，不懈怠，对党赤胆忠心

黄克诚从加入中国共产党那天起，就把自己的一切交给党的事业，一心想的是党和人民，从不计较个人的恩怨得失。

1928年初，黄克诚在担任永兴红色警卫团党代表兼参谋长时，因抵制乱烧滥杀的错误政策而被当作"右倾"，受到批判，被取消了参加党内会议的资格。而此时国民党集结重兵扑向永兴。黄克诚承受着无情的批判、指责的巨大压力，不顾个人安危，连续两次向县委负责人提出迎敌建议，并奋不顾身地组织指挥少数兵力守城拒敌，掩护县委机关和群众转移，终于突出重围到达井冈山，参加了朱毛红军会师。这在常人看来已经尽到了职责，但数十年后，黄克诚依旧为此深深自责，他说："我虽不能原谅李一鼎那种刚愎自用、固执己见的不负责任作风，但作为县委主管军事工作的负责人，我还是深深地责备自己被胜利冲昏了头脑，过于麻痹大意，缺乏应有的警惕性，未能做到及时掌握敌情，以致在敌人迫近的情况下，来不及采取应变措施，而使我们的同志付出了重大牺牲。"①

1932年，中央苏区开展了第二次大规模肃反打"AB团"运动。亲眼目睹第一次肃反打"AB团"沉痛教训的黄克诚，对这次打"AB团"坚决予以抵制。见到许多无辜的同志被杀害之后，黄克诚痛心疾首，冒着被杀头的危险为被诬陷的同志申辩："以前是说地主富农钻进革命阵营破坏革命，要进行阶级决战，可是在你们所要抓捕的人当中，没有一个是地主富农，全都是经过我们自己培养起来的干部，他们怎么会是反革命呢？"他质问肃反委员会："为什么要滥杀无辜？"许多被列入审查对象的人，"不是什么'AB团'，是革命的忠诚战士，党的好干部！"黄克诚的坚定态度挽救了一大批同志，但他却因此背上各种罪名，被肃反委员会抓捕，欲以"AB团"和"托派"罪名处决。幸亏军团长彭德怀亲自过问，方幸免

---

① 《黄克诚回忆录》上，解放军出版社1989年版，第62页。

于难。

从不为个人着想的黄克诚，一生光明磊落，工作中也不免得罪一些人，因此多次受到错误批判。包括毛泽东也曾对他产生误解。对自己曾经受到的不公平待遇，黄克诚从无怨言。他常说："一个共产党员在党内受点委屈，算不了什么了不起的事，这比起我们为之献身的共产主义事业，实在微不足道。在我们党的历史上，有多少无辜的好同志含冤死去，他们连全国胜利这一天都没能看到，比起那些同志，我是幸存者。"①

党的十一届三中全会后黄克诚担任中央纪律检查委员会常务书记，他虽已双目失明，年迈体弱，仍呕心沥血，为党的事业日夜操劳。在如何评价毛泽东的功过问题上，黄克诚不因毛泽东曾经犯过严重错误、对他产生过误解而改变对毛泽东思想的信仰和对毛泽东本人的正确评价。1980年，在中央纪委召开的第三次贯彻《关于党内政治生活的若干准则》座谈会上的讲话中，黄克诚回顾毛泽东的一生，旗帜鲜明地捍卫毛泽东思想，高度评价毛泽东为我们的党、我们的国家作出的不可磨灭的贡献。他举例说：

"大革命失败以后，毛主席领导秋收起义的部队放弃占领中心城市的方针，向井冈山进军。这是一个伟大的战略决策，代表了中国革命的方向和希望。毛主席当时在政治上、军事上创造了一套路线、方针和政策，现在看来似乎很简单，但那时大家都没有经验，能搞出一套简单的东西就很了不起呀！那时的党中央就没能提出来。毛主席当时比我们不知要高明多少倍。很明显，没有他，没有井冈山这面红旗，很难设想中国革命将会是什么样子。毛主席在这个时期的历史功绩谁能比得了呢？哪个有这样大的功劳呢？现在有人讲这段历史，想用其他人来代替毛主席，好像别人比毛主席更高明、功劳更大，我说这完全是对历史开玩笑！"

解放战争时期，斯大林担心我们打不赢，曾让我们和国民党搞联合政府，让我们交出武装，改编为国防军，以换取在联合政府中的合法地位。但毛主席顶住了，提出"寸土不让""一条枪也不交"的方针，并亲自指挥了许多重大决战，仅用了不到四年的时间就把蒋介石赶到台湾，建立了中华人民共和国。解放初期，搞土改、抗美援朝、解决所有制问题，社会主义革命和建设等等，毛主席的决策都是正确的。

---

① 《黄克诚纪念文集》，湖南人民出版社2002年版，第243—244页。

对于毛泽东晚年的错误，黄克诚也作了实事求是的分析，他认为，毛主席在晚年有缺点，有错误，甚至有某些严重错误。现在我们党纠正这些错误，总结我们夺取政权以来的经验教训当然是必要的。但我们应当有一个正确的态度。黄克诚说：有的同志把建国以来我们党犯的所有错误都算在毛主席身上，让他一个人承担责任。这样做不符合历史事实。有一个同志曾问我："不让毛主席一个人承担错误的责任，你承担不承担?"我说："我也要承担一些责任。但对搞'文化大革命'我不承担责任，因为那时我已不参加中央的工作，没有发言权了。"黄克诚说：凡是我有发言权的时候，我没有发表意见反对错误的决定，那么事后我就不能推卸对错误的责任。

在评价林彪的问题上，黄克诚同样表现出了实事求是的态度。1984年初，黄克诚看到《中国大百科全书》军事卷元帅条目释文稿中，唯独林彪条目的释文只写了简历和罪行，没有写历史功绩，认为这样写不真实，不全面，建议改写。他约请编辑组成员谈话，坦率地发表自己的意见。他说："写历史人物志，要学习司马迁，用历史唯物主义的观点，秉笔直书，不要揪住一个人就把他的历史功绩一笔勾销了。林彪在我军历史上是有名的指挥员之一，他后来犯了严重罪行，受到党纪国法制裁，是罪有应得。但在评价他的整个历史时，应当两方面都写，不能只写一面。林彪确有指挥才能，不承认这个事实，不是历史唯物主义态度。"①

黄克诚这种对党的事业负责、对历史负责的高尚品格，令人肃然起敬。

不居功，不擅权，始终谦虚谨慎

黄克诚在60余年的革命生涯中，为中国人民的解放事业和社会主义建设事业建立了不朽的功勋。他参加过北伐战争和湘南起义以及中央苏区历次反"围剿"作战，立下赫赫战功。长征开始，率部担任前卫，连续突破敌人封锁线，与数倍于我之敌鏖战于广西界首，扼守湘江渡口，掩护中央机关和部队顺利渡过湘江。抗日战争初期，担任八路军总政治部组织部部长，及时反映红军改编后政治工作有所削弱的情况，受命起草了建议恢复政治委员制度的报告；在整风运动中，坚持和风细雨和自

---

① 《黄克诚纪念文集》，湖南人民出版社2002年版，第256页。

我批评的方法，不搞"抢救运动"，做到既弄清思想又团结同志。1945年，黄克诚组织指挥阜宁、两淮等战役，使苏北和苏中、淮南、淮北解放区连成一片。抗日战争胜利后，黄克诚及时向中央建议，尽量多派部队去东北，以创建大的战略根据地；当国民党军队沿北宁路占领山海关、锦州等地后，他又建议东北部队暂不在大城市和交通干线作战，而以一部分主力占领中小城市，建立农村根据地，积蓄力量，作长期斗争准备。黄克诚亲率部队攻占四平、长春、齐齐哈尔等地。1952年，黄克诚调任人民解放军副总参谋长兼总后勤部部长、政治委员，主持建立军队后勤工作的正规制度，有效地保障了抗美援朝和国防建设的后勤供应。1954年先后担任中共中央军委秘书长、国防部副部长和总参谋长等职，参与制定国防战略和军队建设方针以及各种条令、条例，组织进行精简整编，调整全军组织机构，实行各种重大制度的改革，加强各军兵种建设。党的十一届三中全会后，黄克诚积极支持清除"左"的影响，坚决拨乱反正，平反了大量冤假错案，为重建和健全党的纪律检查工作，端正党风，作出了重大贡献。

功勋卓著的黄克诚，却居功不骄。在党的十一届三中全会上，黄克诚被增补为中共中央委员，当选为中央纪律检查委员会常务书记。对这一安排，他曾向中央领导同志提出，自己年龄太大，不宜担任领导职务。中央领导同志明确表示，你年纪大可以不坐班，但领导职务一定要担任，就是要你这个名字。① 黄克诚服从组织安排，不顾年高体弱，把全部身心扑到工作上，圆满地完成了为刘少奇等老一辈无产阶级革命家平反冤假错案，审理林彪、"四人帮"两个反革命集团案等重要工作。

黄克诚对自己要求很严，处处以身作则，艰苦朴素，廉洁奉公。"文革"前他一直不编设个人的办公室机构，到中央纪委工作后，仍坚持不编设个人的办公室。黄克诚以极大的热情为其他含冤受屈的同志平反，唯独没有想到自己也是一个应该平反的对象。当有人提出为他恢复原来的工资级别时，他坚决不同意，并说："我的遭遇比彭德怀好多了。"他长期住在一栋解放前留下来的破旧、简陋的房子里，下雨墙壁多处渗漏。管理部门多次劝他搬迁或者翻修住房，他均未答应。黄克诚说："现在国家还很穷，群众住房更困难，在北京有许多家庭几代人同住一间房子。

---

① 《黄克诚纪念文集》，湖南人民出版社2002年版，第254页。

我现在的住房条件，比起他们，不知要好多少倍。不搬迁、不翻修，照样可以住，还是把搬迁、翻修的钱节省下来，用在当用之处吧！"

黄克诚这种立党为公、坚持真理、不媚权贵、严于律己的高大形象永远活在人民心中；他崇高的革命精神和优秀品质，是最珍贵的精神财富，堪称共产党人的楷模。

历史评说

1985年9月16日，党的十二届四中全会给黄克诚同志的致敬信，评价黄克诚"是久经考验的共产主义的忠诚战士，是我们党和军队的卓越的领导人"，"是中国工农红军的杰出指挥员"，"为八路军的重要将领之一"，"为巩固国防，加强我军的正规化、现代化建设，做出了重要贡献"。"为拨乱反正，平反冤假错案，重建和健全党的纪律检查工作，端正党风，正确评价毛泽东同志的历史地位和作用，做了大量卓有成效的工作"。①

黄克诚去世后，杨尚昆代表党中央致悼词。称颂黄克诚是"久经考验的忠诚的共产主义战士，党和军队卓越的领导人，杰出的无产阶级革命家、军事家"。抗日战争胜利后，领导创建西满根据地，为东北人民解放战争的胜利作出了重要贡献。新中国成立后，参与制定国防战略方针和军队建设方针，参与领导全军各项重大制度的制定和落实，为加强人民解放军现代化、正规化建设，实现从单一兵种到诸军兵种合成的发展和转变作出建树。

在黄克诚去世周年之际，原中央纪律检查委员会常务书记王鹤寿和韩光撰文，称颂"他那历经艰辛坎坷、屡遭挫折而不屈不挠的人生道路，对党和人民的无限忠诚，全部身心投入到为共产主义事业奋斗中去的卓著勋劳，他那坚持真理、刚正不阿、无私无畏的高风亮节，他那顾全大局、不计个人得失、谦虚谨慎、平易近人、廉洁奉公的品德情操"，一齐涌上我们的心头，使我们感动和钦佩不已，黄克诚同志革命的、光辉战斗的一

---

① 《人民日报》，1985年9月17日。

生，堪称一代楷模，永远是我们学习的好榜样。①

在黄克诚诞辰100周年之际，中国人民解放军总后勤部发表署名文章，称赞"他文武兼备，雄才大略；无私无畏，刚正不阿；清正廉洁，克勤克俭；严于律己，宽厚待人；历经坎坷，忠贞不渝。他在军内党内和民众中享有崇高威望，倍受尊敬，连比他年长9岁的毛泽东主席也亲切地称他'黄老'"。

---

① 《人民日报》，1987年12月24日。